W0239455

Literatur der Psychoanalyse

Herausgegeben
von Alexander Mitscherlich

Bertram D. Lewin
Das Hochgefühl

Zur Psychoanalyse der gehobenen,
hypomanischen und manischen Stimmung

Übersetzt und mit einem Nachwort
von Heinrich Deserno

Suhrkamp Verlag

Titel der Originalausgabe:
The Psychoanalysis of Elation
© The Psychoanalytic Quarterly, Inc., New York 1961
Erstveröffentlichung bei W. W. Norton & Company, Inc., New York 1950

Erste Auflage 1982
© dieser Ausgabe Suhrkamp Verlag Frankfurt am Main 1982
Alle Rechte vorbehalten
Druck: Thiele & Schwarz, Kassel
Printed in Germany

CIP-Kurztitelaufnahme der Deutschen Bibliothek
Lewin, Bertram David:
Das Hochgefühl: zur Psychoanalyse d. gehobenen,
hypoman. u. man. Stimmung / Bertram David Lewin.
Übers. u. mit e. Nachw. von Heinrich Deserno.
– 1. Aufl. – Frankfurt am Main: Suhrkamp, 1982.
(Literatur der Psychoanalyse)
Einheitssacht.: The psychoanalysis of elation <dt.>
ISBN 3-518-57521-X

Inhalt

Kapitel 1

Einführung
Das Hochgefühl in psychoanalytischer Sicht

Die neuere Psychoanalyse sieht die menschliche Gesamtpersönlichkeit als aus drei Teilen zusammengefügt an, die als Es, Ich und Über-Ich bezeichnet werden. Das Ich nimmt eine vorrangige Rolle ein, da es der Teil ist, der vermittelt zwischen dem Es, der Quelle triebhafter Bedürfnisse, und der Außenwelt, als Quelle zahlreicher und vielfältiger Reize. Das in vielerlei Hinsicht bedeutsame Über-Ich entsteht allmählich unter dem Druck der Erziehung aus dem ursprünglichen Ich und es vertritt hauptsächlich die verinnerlichten Forderungen der Erzieher. Wenn das Ich auf Grund seiner Empfänglichkeit für Reize, die vom Es, vom Über-Ich und aus der Außenwelt stammen, konfligierende Ansprüche miteinander zu vereinbaren hat, muß es oft die Forderung der einen oder anderen im Widerstreit liegenden Instanzen auslöschen oder vermeiden.

Es ist das Verdienst Freuds, daß die Psychoanalyse viele der Verfahrensweisen kennt, die das Ich bei seiner vermittelnden Tätigkeit einsetzt, vor allem jene Vorgänge, die als *Abwehrmechanismen* bzeichnet werden. Sie werden in Träumen und in neurotischen Störungen deutlich; viel aufschlußreicher ist jedoch, wenn sie sich in der analytischen Behandlung als Widerstände zeigen, da sie auf diese Weise ihre Vorläufer und ihren Zweck enthüllen.

Selbst erfahrene Analytiker werden überrascht von den Formen, die die Widerstände annehmen können, und von den Ich-Funktionen, die zur Abwehr aufgeboten werden können. Nicht nur jene körperlichen Veränderungen, wie sie bei der Konversionshysterie auftreten, dienen Abwehrzwekken; körperliche Erkrankungen, aber auch Charakterzüge, die dem jeweils Betroffenen keinesfalls wesensfremd sein müssen, eine berufliche Laufbahn oder ein sonstiger Lebensstil können in den Dienst der Abwehr von Triebäußerungen, Ängsten, Realitätsanforderungen oder des Gewissens (Über-Ich) treten. Befriedigungen der Vergangenheit verwandeln sich zu Abwehrformen der Gegenwart; nach Hartmann (1950) können die Abwehrmechanismen »in anderen Bereichen entstehen, und in einigen Fällen können diese primitiven Prozesse verschiedenen Funktionen dienen, bevor sie sekundär für das verwendet werden, was wir in der Psychoanalyse spezifisch Abwehr nennen«.[1] Eine Aufgabe der Psychoanalyse besteht somit darin, die psychologische Matrix der Abwehrvorgänge, ihre Vorläufer oder Anlage [i. O. dt.] in frühen Stadien der seelischen Entwicklung nach Möglichkeit näher zu bestimmen.

In der Praxis stellt sich die alltägliche und naheliegendere Aufgabe, jene Konflikte und Ängste aufzudecken, die hinter der Abwehr verborgen sind, und im Falle der neurotischen Störungen herauszufinden, welcher Triebäußerung die Abwehrmechanismen entgegenwirken. Die Analytiker sind angesichts der Vielfalt und Fülle von Abwehrverhalten in jeder Hinsicht argwöhnisch geworden; sie sind überzeugt, daß sich in jedem Teil des Ichs, in jeder bewußten und sichtbaren Äußerungsweise eine abgewehrte Triebregung oder Angst verborgen halten kann. Der Analytiker befindet sich, so gesehen, in der Situation des Syphilisforschers Ricord, von dem Oliver Wendell Holmes sagte: »Er hätte sicherlich auch versucht, mit seinen mineralischen Specifica die Göttin Diana zu behandeln und den Priesterinnen der Vesta eine Kur mit seinen blauen Pillen zu verordnen.«[2] Auf die Praxis bezogen: der Analytiker ist der Etymologie seiner Berufsbezeichnung verpflichtet; er soll »analysieren«, d. h. das Vorgefundene auf elementare Formen reduzieren.

Wenn der Analytiker sich theoretischen, wissenschaftlichen Fragestellungen zuwendet, steht er vor derselben Aufgabe: die Komplexität des anscheinend Einfachen in Frage zu stellen und das Komplexe auf seine Bestandteile zu reduzieren. Wider Erwarten führte die Suche nach dem Elementaren zu einem immer komplizierteren praktischen und wissenschaftlichen Überbau. In dem Maße, wie es uns gelang, das Ursprüngliche und Elementare nachzuweisen, wurde unsere Vorstellung vom Ich und den Abwehrmechanismen komplexer und neuartiger. Ziehen wir zum Vergleich die Physik heran; die Zerlegung des Daltonschen Atommodells in einfachere Elemente brachte so komplizierte Neuheiten wie radioaktives Jod und das Zyklotron, den Ionenbeschleuniger, mit sich.

Elementares läßt sich nicht leicht definieren; viele unergiebige Klassifizierungen und gedankliche Synthesen gingen deshalb fehl, weil man nach willkürlichen Prinzipien die falschen Komponenten wählte und zusammenfügte. Einige Vorurteile über das Elementare sind als Erbe unserer Vorgänger in Psychologie und Psychiatrie auf uns gekommen. Aus dem 17. Jahrhundert stammt die Auffassung, die geistigen Kräfte seien von elementarer Art, und seelische Prozesse wie Intelligenz, Wille, Gefühl und dergleichen seien wie Atome nicht weiter zerlegbar. Wir neigen, vor allem was die Gefühle betrifft, zur Annahme, Elemente oder seelische Zustände zu kennen, die keiner weiteren Zerlegung bedürfen, weil sie nicht auf andere Zustände zurückführbar sind. Wut, Furcht, Freude und Traurigkeit erscheinen uns als seelische Atome; sie scheinen sich selbst zu begründen, da sie sich innerhalb dessen, was T. S. Eliot »die umfassende Misere von der Unbestimmtheit des Fühlen« nannte[3], deutlich hervorheben. Wir müssen einräumen, daß Kategorien kombinierter oder gemischter affektiver Zustände wie McDougalls »Gesinnungen« (*sentiments*) sowie die übertriebenen Unterscheidungen und Abgrenzungen moderner Phänomenologen, von ihrem besonderen Wert für die Deskription abgesehen, das Dilemma, wie man Elementares definieren könne, nicht aufheben. Es fehlt derartigen Bemühungen an Wahrscheinlichkeit; sie erinnern an die Medizin der Körpersäfte und an die Alchimie.[4]

Ein Stück dieser Vermögenspsychologie hat sich in unserem psychiatrischen Denken ebenso erhalten wie bei unseren psychiatrischen Vorvätern, wenn sie eine anscheinend einheitliche und auffallende psychische Tatsache als das Grundelement eines klinischen Bildes herausstellten. Sie hielten eine Läsion im »Vorstellungsbereich« oder in der »affektiven Sphäre« für die primäre Ursache auch aller anderen Anteile einer seelischen Störung oder Geisteskrankheit. Die eine Form der Psychose leitete man von einer »fixen Idee« ab, eine andere sollte auf ein depressives Grundgefühl zurückgehen, von einer weiteren nahm man an, sie entstehe aus einer körperlich lokalisierbaren Willensschwäche; alles weitere, was sich in den klinischen Bildern manifestierte, sollte aus den genannten Ursachen entspringen.

Unsere modernere Auffassung dessen, was elementar oder ursprünglich sei, ist weniger die eines Chemikers oder eines Hirnforschers wie gerade beschrieben; sie ähnelt eher derjenigen eines Embryologen oder Geologen. Das Leitprinzip dieses Analysetyps ist als *genetisches* Prinzip bekannt. Man sucht nicht nach ursprünglichen molekularen Einheiten, sondern gibt sich zufrieden, wenn man eine Reihe von zeitlich früheren und in sich einfacheren Zuständen findet, die Anlagen oder Matrices von späteren, entwickelteren Zuständen sind. An dieser Art der Forschung gibt es nichts Vages oder Transzendentes. Zum Beispiel führte in der Biologie die embryologische Erforschung der Bauchspeicheldrüse geradlinig zur Herstellung des Insulins. Unser Wissen über die Geschichte der Erde sagt uns zugleich, wo wir Uran finden können.

Ein besonderes Prinzip der psychoanalytischen Methode besteht im Bemühen, manifeste Formen und formale Elemente eines geistigen Bildes als Inhalte zu analysieren, die der bildlichen Darstellung vorausgehen. Den großen Erfolg dieser Methode kann man an den ersten sechs Kapiteln von Freuds *Traumdeutung* (1900a) sehen. Im ersten Kapitel erörterte Freud, welche Ansichten seine Vorgänger über den Traum hatten. Sie sammelten sorgfältig jene eindeutig formalen Elemente wie Dauer, Klarheit, Vollständigkeit, Folgerichtigkeit und andere; Freud ließ sich darauf ein, alle formalen Elemente des manifesten Traumbildes als den inhaltlichen Elementen gleichgestellt zu untersuchen. Die Frage: »Was fällt Ihnen zu diesem Menschen ein?«, war der geeignete Weg, um herauszufinden, wofür eine bestimmte Person in einem Traum stand. In ähnlicher Weise verfuhr Freud mit den Feststellungen eines Träumers, sein Traum schiene ihm »lang«, »real« oder »wichtig«; die richtige Fragestellung war: »Was fällt Ihnen zu ›lang‹, ›real‹ etc. ein?« Das mit einem *manifesten* Traumbild verbundene Wirklichkeitsgefühl lieferte bei diesem Vorgehen den Hinweis, daß im *latenten* Trauminhalt etwas Reales gemeint war. Eine Auslassung oder Lücke in der manifesten Traumerzählung bedeutet, daß bei den Inhalten, die den Traum angeregt hatten, »etwas fehlt«, wie in dem von Freud berichteten Traum des jungen Mannes, der seine weiblichen Verwandten heimlich beobachtete.[5]

Dieses Prinzip hätte bei der Deutung der formalen Elemente von seelischen Zuständen vielleicht häufiger Verwendung finden sollen, als es geschehen ist. Bleulers und Jungs Arbeiten über Schizophrenie, aber auch andere Untersuchungen der Psychosen, sind jedoch zum größten Teil diesem Prinzip verpflichtet. Zu oft wurde jedoch übersehen, daß der Grundinhalt, der eine Formeigenschaft determiniert, infantilen Ursprungs sein kann.

Wie bei der Traumdeutung hat sich die Psychoanalyse auch im klinischen Bereich weitgehend vom überkommenen, akademischen Psychologisieren gelöst. Sie deutete die Depression als eine Form der Aggression und zeigte, daß Zweifel und Zwangsvorstellungen die jeweiligen Ergebnisse eines Triebkonfliktes sind. Vorläufig betrachten wir die Triebe als unsere Atome oder Elektronen, da sie jene frühen Zustände zu determinieren scheinen, die bei unseren genetischen Untersuchungen von Bedeutung sind. Diese Annahme widerstrebt uns zugleich, und wir hoffen darauf, daß auch die Triebe sich noch weiter zurückführen lassen, möglicherweise auf organische Vorgänge.

Wir Psychoanalytiker sind sicherlich die letzten, die die rätselhafte und verborgene Wirkung der Geschichte unterschätzen. Wir können daher nicht sonderlich überrascht sein, daß sich auch uns die Geschichte entgegengestellt hat, jedenfalls in der Hinsicht, daß wir ein Element aus der Klasse der Affekte noch nicht mit dem analytischen Mikroskop betrachtet haben. Ich meine das Hochgefühl (*elation*), für das es verschiedene Bezeichnungen wie Freude, Verzükkung und Euphorie gibt; der Dichter Milton sprach von »mirth and youthfull jollity, in Heav'n yclept Euphrosyne«.[6] Könnte nicht auch das Hochgefühl eine Abwehr oder ein Widerstand sein, ein »manifestes Element«, das einer weiteren Zerlegung und Reduktion bedarf? Dieser Überlegung steht ein Vorurteil entgegen, das menschlich genug ist. Man kann den Analytikern schlecht vorwerfen, daß sie erst spät begannen, das Hochgefühl zu untersuchen. In der Regel kommen Menschen, die fröhlich sind, ebensowenig in die Behandlung eines Analytikers wie Diana oder die Vestalinnen. Natürlich gibt es typische Maniker; sie werden jedoch in der üblichen psychoanalytischen Praxis außerordentlich selten gesehen und sind selbst in einem psychiatrischen Krankenhaus einer psychoanalytischen Untersuchung nicht zugänglich. Fenichels »Statistischer Bericht über die therapeutische Tätigkeit« (1930) wies bei einer Gesamtzahl von 604 Patienten des Berliner Psychoanalytischen Instituts innerhalb von zehn Jahren lediglich vierzehn manisch-depressive Patienten auf. Selbstverständlich gibt es auch ein neurotisches Hochgefühl; dieser Begriff ist jedoch eher ungebräuchlich und in psychoanalytischen Arbeitskreisen wird er selten diskutiert. Auch für die psychoanalytische Praxis gilt, daß neurotische Patienten eher gewillt sind ihre vorübergehenden depressiven Verstimmungen als die Steigerungen ihrer Stimmungslage zu untersuchen; auch für Psychoanalytiker ist es nicht üblich gewesen, den Hochstimmungen kleineren Ausmaßes, die während der Analyse auftreten, besondere Aufmerksamkeit zu schenken. Schließlich ist die Hochstimmung in ihren milderen Formen an sich nicht geeignet, jemanden in die Analyse zu führen; ist er aber einmal in Analyse, dann führt das Hochgefühl, wenn es eintritt, kaum zum Wunsch nach Veränderung oder therapeutischem Bemühen.

In der Geschichte der Psychiatrie zeigte sich trotz der genannten ungünstigen Untersuchungsbedingungen ein durchgehendes Interesse an den Hochstimmungen. Der Begriff der Manie geht auf die Griechen zurück,[a] und seitdem wird die Bezeichnung für eine Vielfalt von erregten, wahnhaften und anderen Zuständen verwendet. Was wir heute infolge Kraepelins Einfluß und der besonderen Hervorhebung der heiteren Stimmung als »akute Manie« bezeichnen, wurde von Mendel (1881) ursprünglich als »Hypomanie« beschrieben, ein Zustand mit gehobener Stimmung und übermäßiger Aktivität, aber ohne Wahngedanken.[b] Wahnhafte Manien, die sich in ihrem Verlauf nicht bessern, ordnete Kraepelin der Dementia Praecox zu; die Mendelsche Hypomanie zählte er zum manisch-depressiven Irresein. Eine Theorie der Depression ohne Bezug auf die Manie erscheint solchen Psychiatern unvollständig, die aufgrund ihrer Ausbildung in den Kategorien »zirkuläre oder zyklothyme Psychose« und »manisch-depressive Erkrankung« denken. Auch die ersten psychoanalytischen Untersuchungen der Depression, wie die von Abraham und Freud, waren mit einer Theorie der Hochstimmung verknüpft. Anschließend konzentrierte sich das psychoanalytische Interesse jedoch bis heute auf die Depression. Kraepelins begriffliche Zusammenziehung von Depression und Manie hat die beiden Konzepte wirksam verknüpft. Wahrscheinlich ist Mendels Monographie die letzte, die gesondert Hochstimmungen und Erregungszustände behandelt.

Glückliche Gefühlszustände krankhafter Art wurden fast immer als Abschnitte einer zirkulär verlaufenden Erkrankung oder als Ergebnis eines depressiven Krankheitsverlaufs betrachtet. Auch für Analytiker galt, daß sie das gestellte Problem gelöst hatten, wenn der Mechanismus der Depression verstanden wurde. Man sah im Hochgefühl ein nahezu unvermeidliches Anhängsel der depressiven Zustände, und die psychiatrische Ausbildung im Kraepelinschen Sinne führte auch dazu, daß die Erforschung des Hochgefühls zu eng mit der Depressionsforschung verknüpft und schließlich im Verhältnis zu letzterer vernachlässigt wurde. Es war, als hätte man vergessen, daß keineswegs auf jede Depression eine Manie folgt und daß viele Hochstimmungen für sich allein, ohne eine sie begleitende Depression, auftreten oder wiederkehren.

Die theoretische »Vermählung« der beiden affektiven Zustände bewirkte, daß man in den Hochstimmungen, obgleich man ihre wunscherfüllenden Eigenschaften erkannte, den Schlußpunkt einer zirkulären Erkrankung sah. Sicherlich traf es zu, daß viele depressive Zustände in einer Manie endeten, und dafür mußte eine Erklärung gefunden werden. Hinsichtlich der Übereinstimmungen von Depression und Hochstimmung war ihre gemeinsame Untersuchung fruchtbar; aber die theoretische Erörterung, die sich immer wieder auf das Gemeinsame konzentrierte und alles andere vernachlässigte, führte dazu, daß die meisten der für das Hochgefühl wesentlichen Faktoren nur sehr langsam erkannt wurden. Die gemeinsamen Untersuchungen beider Zustände führte zwar auch zu Erkenntnissen über die Hochstimmung, aber sie blieb, obgleich ebenso wichtig wie die Depression, theoretisch untergeordnet. In seiner *Psychoanalytischen Neurosenlehre* widmete Fenichel (1945) zum Beispiel den Depressionen zwanzig und den Hochstimmungen lediglich fünf Seiten.

Die Vorstellung, daß eine Hochstimmung den Abschluß eines zirkulären Krankheitsprozesses bildet, platzte in die psychoanalytische Theoriediskussion wie ein ungeladener Gast in eine Festlichkeit. Das Konzept eines *Prozesses* gehört nicht zu den psychoanalytischen Denkfiguren. Aus historischen Gründen denkt man bei Depression oder Hochstimmung an einen Krankheitsprozeß; damit sind die Vorstellungen von »Krankheitseinheit«, »Verlauf« und »Ausgang« impliziert, die dem psychoanalytischen Denken jedoch fremd sind. Ungeachtet wechselnder nosologischer Vorlieben wurde in der Psychoanalyse nie die Auffassung akzeptiert, nach der ein bestimmter Verlauf oderAusgang zu einem Syndrom gehört. Wir können bei der Hysterie keinen »Prozeß«, bei der Zwangsneurose keinen »Verlauf« sehen; bei aller Hochachtung, die wir unseren Psychiatrievorfahren entgegenbringen, können wir nicht erkennen, in welcher Hinsicht »Verlauf« und »Ausgang« für psychoanalytische Formulierungen von Nutzen sind. Derartige Annahmen tauchen in unserer Ausbildung eher unbeabsichtigt und unausgesprochen auf.

Welche Einsichten in das Hochgefühl kann die Psychoanalyse aus einer gemeinsamen Untersuchung der beiden affektiven Zustände gewinnen und positiv bewerten? Zunächst einmal, daß die Hochstimmung mit Sicherheit ebenso wie die Depression eine narzißtische Neurose ist und ihre genetischen Wurzeln ebenfalls in die Oralerotik reichen. Inkorporation (Einverleibung) und Identifizierung spielen für beide Zustände eine große Rolle, und der Status des manischen Über-Ichs ist das Gegenstück zum melancholischen Über-Ich. In späteren Kapiteln werden wir detaillierter erörtern, welche Schlüsse sich aus der konzeptuellen Verknüpfung von Manie und Depression ziehen lassen.

Die Psychoanalytiker haben, auch wenn das Konzept einer manisch-depressiven Psychose gleich einem Gespenst durch unsere Köpfe spukte, in ihrer Praxis originär psychoanalytische Sachverhalte über das Hochgefühl gefunden und darüber berichtet. Am Anfang der dreißiger Jahre wurde unter anderem vorgeschlagen, den gehobenen Stimmungszustand als Abwehr zu verstehen, eine Vorstellung, die sich auf eigenen und unabhängigen Wegen verfolgen ließ. Auch die Verknüpfung von Hochstimmung und Oralerotik wies auf Konzepte hin, die innerhalb der Psychoanalyse führend sind, denn neben den affektiven Störungen gibt es zahllose neurotische Zustände, die sich für die Erforschung der Oralität eignen und folglich auch unser Verständnis des Hochgefühls bereichern. Auch die psychoanalytische Untersuchung und Behandlung von Kindern lehrte uns einiges über die Verwendung von Phantasie und Gefühl zur Abwehr. Schließlich sei noch angeführt, daß Analytiker wohl nicht vergessen haben, welche Aufschlüsse die Traumpsychologie über seelische Zustandsbilder immer noch zu geben vermag. Man wird immer wieder einen Nutzen daraus ziehen, wenn man sich vergegenwärtigt, daß die *bewußten* Äußerungen einer Neurose ein *manifestes Bild* gestalten, gelegentlich mit den gleichen Elementen, die im manifesten Text eines Traumes erscheinen, und weiterhin, daß die bewußten Elemente, seien sie nun »Form« oder »Inhalt«, sich häufig einer Analyse ihrer *latenten, unbewußten Inhalte* und Bedeutungen fügen. Wir werden daher, so gut es uns gelingt, in einem späteren Kapitel die Methoden der Traumdeutung und der Traumpsychologie auf die Hochstimmung anwenden.

Kapitel 2

Literaturübersicht
Depression und Hochstimmung

Auch insofern ist die psychoanalytische Literatur der Depressionen und manisch-depressiven Zustände aufschlußreich, als nämlich die verschiedenen Arbeiten den jeweiligen Entwicklungsstand des psychoanalytischen Denkens zeigen und in einigen Fällen unserer Theorie auch eine entscheidende Wendung gaben. Die Psychoanalyse eröffnete sich einen eigenen, beobachtungs- und erfahrungsnahen Zugang zur Depression und den manisch-depressiven Erkrankungen; die Behandlungstechnik, wie sie bei den Hysterien und Zwangsneurosen eingeführt wurde, freie Assoziation und analytische Deutung, wendete man unverändert auch auf die Depression an. Die erste Veröffentlichung über eine derartige analytische Behandlung geht auf Brill (1912) zurück; er fand heraus, daß seine Patientin, die an einer typischen manisch-depressiven Erkrankung litt, einer Hysterika auffallend ähnelte, auch was das von ihm günstig beurteilte Behandlungsergebnis betraf. Auch die Einsichten in das Krankheitsgeschehen, die durch das sowohl empirische als auch intuitive Vorgehen gewonnen wurden, waren keineswegs dürftig.

Die Psychiatrie stand zu dieser Zeit unter der Herrschaft von Kraepelins Lehrmeinung. Mehrere Gründe, die im folgenden noch genannt werden, lassen das Jahr 1912 als geeigneten Ausgangspunkt für diese Übersicht und die Kraepelinsche Psychiatrie als historischen Bezugspunkt besonders hervortreten. Kraepelin schuf das nosologische Konzept eines endogenen, konstitutionell oder physiologisch determinierten *manisch-depressiven Irreseins*; diese Klassifikation erfaßte die meisten der affektiven Störungen, für deren Verlauf eine Wiedergenesung nach der akuten

Erkrankung charakteristisch ist, also klinische Bilder mit den verschiedensten Bezeichnungen wie *Zyklothymie, periodisches Irresein, phasische* oder *periodische Depression* (oder Manie) und *einfache* oder *akute Manie.* Kriterium der Diagnose war die Genesung, die Prognose.[1] Jene französischen Psychiater des vorigen Jahrhunderts[2], die sorgfältige Beschreibungen der genannten Zustandsbilder verfaßt hatten, waren der französischen Tradition des 19. Jahrhunderts verpflichtet, zu der es gehörte, Syndrome zusammenzustellen, das heißt, Zeichen und Symptome, die bei einer Untersuchung beobachtet oder ausgelöst werden können, zu Gruppen oder Komplexen zusammenzustellen, die so häufig zusammen auftraten, daß sie jeweils unter eine Bezeichnung gefaßt werden konnten. Man nannte den schnell verlaufenden Wechsel von Depression und Hochstimmung *folie circulaire*; dieses Klassifikationsprinzip war identisch mit demjenigen, das eine bestimmte Kombination von Atemgeräuschen und Klopfschall bei der Untersuchung des Brustkorbs *effusion pleurale* benannte (»Flüssigkeit in der Brustfellhöhle«). Die Bezeichnung Pleuraerguß wurde auch als Diagnose verwendet und wies genaugenommen darauf hin, daß man bei der Autopsie in der Brusthöhle Flüssigkeit vorfinden werde. Mit der Diagnose war eine Vermutung formuliert, was man bei der Autopsie finden würde; dieses Vorgehen stand im Brennpunkt des medizinischen Interesses. Wenn der Mediziner seine »Diagnose« stellte, war er im Hintergrund seines Denkens stets von den Sektionsergebnissen beeinflußt.

Die Kombination von Symptomen und Zeichen, die eine *folie circulaire* oder *démence précoce* (jeweils recht begrenzte Syndrome) ausmachten, schien nicht mit einer »kausalen Läsion«, das heißt mit Veränderungen, die sich nach dem Tode feststellen ließen, einherzugehen. Im Anschluß an die herrschende Tradition der wissenschaftlichen Medizin (Virchow) und der Psychiatrie (Griesinger) war Kraepelin jedoch überzeugt, daß sich im toten Hirngewebe eine

Veränderung finden werde oder sogar finden müsse. Genaugenommen erwartete er von der anatomischen Untersuchung der Dementia praecox mehr als von den Sektionsergebnissen bei »Manisch-Depressiven«; während der »Demenz« der erstgenannten Erkrankung eine Zerstörung von Hirngewebe zu entsprechen schien (worin auch ein psychologisches Mißverständnis liegt), sprach in Analogie dazu das Kriterium der Wiederherstellung bei den affektiven Störungen für eine Hirnveränderung, die von geringerem Ausmaß und regenerierbar sein sollte. Bis heute hat niemand jene dauerhafte oder vorübergehende Art anatomischer Läsionen nachgewiesen, die für das Denken Kraepelins oder seiner Vorgänger in Frankreich erforderlich wären, um die beiden Formenkreise der Psychose, das manisch-depressive Irresein und die Dementia praecox (Schizophrenie) innerhalb der Syndromlehre und Nosologie mit anatomisch diagnostizierbaren Syndromen in Übereinstimmung zu bringen, wie zum Beispiel die Rippenfellentzündung (Pleuritis), Herzklappenverengung (Mitralstenose) oder andere Erkrankungen der Brust- und Bauchregion, die am Körper feststellbar sind, ob der Patient lebendig oder tot ist. Die Syndrome Kraepelins lassen sich, soweit unsere Kenntnisse reichen, immer nur am lebendigen Menschen feststellen.

Die Arbeiten über Melancholie und Manie, die vor dem 19. Jahrhundert geschrieben wurden, sind kulturgeschichtlich interessant, wissenschaftlich jedoch weniger aufschlußreich; viele Fallgeschichten sind außerordentlich gut, aber wir können die Terminologie und die Diskussion der Fälle heute schlecht verwenden. Befunde, die später für Kraepelins psychiatrische Systematik bedeutsam waren, werden leider kaum erwähnt. Das gilt zum Beispiel für die Verlangsamung oder Beschleunigung des Gedankenablaufs, die man heute als gesichertes Hauptmerkmal für die Unterscheidung von Depressionen und Hochstimmungen nimmt. Haslam noch schrieb 1798 in seinen *Observations on Madness and Melancholy*: »Bei der Erörterung von Wahnsinn und Melancholie tritt ein Umstand ausreichend deutlich hervor, den man bislang wohl nicht beachtete: ich meine die rasche oder langsame Abfolge der Gedanken des Patienten.«[3] Es gehört in den speziellen Aufgabenbereich der Medizingeschichte, die verschiedenen Auffassungen über Depression und Hochstimmung im Überblick darzustellen; dem Leser wird hierzu die hervorragende *History of Medical Psychology* von Zilboorg (1941) empfohlen. Die Psychiatrie der Vergangenheit aufzuarbeiten, ist zum großen Teil eine rein philologische Aufgabe; die Worte *melancholia, mania* und *paranoia*, die sich alle bei Hippokrates finden, werden (wie zum Beispiel bei Falk, 1866) in ihrem Bedeutungswandel untersucht.

Man mußte sich einiges davon versprochen haben, als man Manie und Depression begrifflich verknüpfte. Dieses Konzept enthielt die Vorstellung einer »zirkulär« verlaufenden Geistesstörung, und in diesem periodischen Ablauf wie auch dem Namen der Psychose kam eine Erwartung zum Ausdruck, die auf ein verborgenes Naturgesetz, letztlich auf die Mathematik verwies: *noli disturbare circulos meos.* Neben den endogenen Depressionen und Hochstimmungen fand ein psychogener oder reaktiver Typus der Psychose Anerkennung, dessen Veranlassung in äußeren, psychologischen Faktoren gesehen wurde. Es wurde auch beschrieben, daß die endogene und reaktive Psychoseform nicht völlig voneinander zu trennen seien (Reiss, 1910); es gab Grenzzustände, Mischbilder und diagnostische Überschneidungen. Man wußte allerdings nicht, wie man die endogenen und reaktiven Krankheitsveranlassungen auseinanderhalten sollte. Zum einen waren die vorherrschenden Auffassungen darüber, was einen psychologischen Faktor konstituiere, zu dürftig (man sah zum Beispiel in Menses, Geburt und Menopause nichtpsychologische, rein »biologische« Geschehnisse), und es gab weder ein gesichertes Wissen noch deutliche Kriterien für die endogenen Faktoren. In *The Evolution of the Dementia Praecox Concept* schrieb Adolf

Meyer (1928): »The chief effort of Psychiatry so far seems to have been that of somehow making work and talk coincide.« Er setzte mit Optimismus hinzu, wir träten in eine Phase ein, »at which talk becomes at least more harmless and misleading, and where work is beginning to find more solid topics and methods«.[4]

Psychoanalytiker sind in ihren Schriften über Depressionen mit Definitionen behutsam umgegangen. Sie achteten jeweils darauf, ob sie eine Depression bestimmter Art meinten oder sich über jene Depressionen äußerten, die nicht durch organische Veränderungen verursacht werden; schließlich zögerten sie, ob sie ihren Untersuchungsergebnissen und Theorien allgemeine Gültigkeit zuschreiben sollten. Wider Erwarten stellte sich heraus, daß die Geltung vieler Theorien und Ergebnisse weitreichend, wenn nicht sogar allgemein war. Allgemeingültigkeit ist jedoch eine Kategorie, die viel umfaßt und schwer zu bestimmen ist, und es gibt keine zwingenden Gründe, für die zukünftige Untersuchung von Depressionen Vorschriften oder Anweisungen zu formulieren.

Die im strengen Sinne psychoanalytische Literatur über Depressionen wurde verschiedentlich zusammengefaßt, zum Beispiel von Fenichel (1934, 1945) und Garma (1946); die wichtigsten Arbeiten sind kurz gefaßt, leicht zugänglich und nicht zahlreich.[5] Daher stellt der folgende Überblick keine erschöpfende Zusammenfassung, sondern eher einen Versuch dar, den Hintergrund unseres Wissens zu skizzieren, vor dem wir uns der Untersuchung des Hochgefühls zuwenden.

Der aus der Empirie der Analyse gewonnene Ansatz

Ein bevorzugter Ansatz, teils traditionsverpflichtet, teils zweckmäßig, um psychopathologische Zustände psychologisch zu erfassen, besteht im Vergleich des pathologischen

Zustands mit einem möglichen Analogon, das im Bereich des normalen Seelenlebens liegt. Ebenfalls im Jahr 1912 war es Karl Abraham, der intuitiv auf den Vergleich der »melancholischen Depression« mit dem normalen Affekt der Trauer stieß. Er stellte fest, daß Depression wie auch Trauer auf einen Verlust folgten, obgleich es bei den Depressionen nicht immer möglich ist, sofort und eindeutig zu bestimmen, worin dieser Verlust besteht. Am auffälligsten unterscheiden sich die beiden Zustände in der Beziehung, die zwischen dem Leidenden und dem verlorenen Objekt besteht. Jemand, der trauert, interessiert sich für das Objekt; er ist mit Gedanken und Gefühlen beschäftigt, die sich um den anderen Menschen drehen. Der depressiv Leidende ist gänzlich mit sich selbst verstrickt; ihn bedrängen Selbstvorwürfe und die Überzeugung, daß er von allen gehaßt und verachtet wird. Abraham interpretierte diesen Zustand als eine Art projizierter innerer Wahrnehmung. Die Haßeinstellung der Libido dem verlorenen Objekt gegenüber kehrt wieder in der auf sich selbst gerichteten Feindseligkeit. Die Wahrnehmung von Feindseligkeit ist für den Depressiven zutreffend, aber ihm kommt die Tatsache, daß er dem Objekt gegenüber unbewußt Haß verspürt oder ambivalent ist, nur in entstellter Form zur Kenntnis.

Abraham gewann mit der Entdeckung dieser unbewußten Haßeinstellung einen weiteren theoretischen Hinweis. Eine sadistische Einstellung den Liebesobjekten gegenüber war schon bei der Zwangsneurose gefunden worden, und als Erklärung dieses Zustands hatte man die Annahme hinzugezogen, daß die Libido auf eine frühere prägenitale, analsadistische Stufe der Triebentwicklung regrediere. Abraham trieb seine Überlegungen zur Psychologie der Depression mit einem eher forcierten und wahrscheinlich entbehrlichen Vergleich von Zwangsneurose und Depression voran. Er nahm für die Depressionen eine Regression auf eine prägenitale, ambivalente Stufe der Objektbeziehungen an; sadistische Triebziele sollten die genitalen ersetzen. Später (1916,

1924) beschrieb er den Sadismus hinsichtlich seines Ziels als kannibalisch. Seine Patienten phantasierten, daß sie andere Menschen und Körperteile verschlängen; auf diese Art wunscherfüllender Phantasien bezog Abraham die Eßstörung der Depressiven. Daneben herrschten anale Phantasiebildungen vor, insbesondere Impulse des Ausstoßens und Beschmutzens, die sich aber nicht, so stellte Abraham später fest, wie bei der Zwangsneurose auf jene infantile Phase bezogen, deren wesentliche libidinöse Lust im Zurückhalten und Kontrollieren des Kots durch die Sphinktertätigkeit besteht, sondern einem früheren Abschnitt der analen Phase zugehörten, in dem die größere Lust aus Expulsion und Destruktion gewonnen wird.

Abrahams früheste Arbeit zur Depression (1912) enthielt eine Reihe klinischer Fakten, die außerordentlich gut beobachtet waren; wenn man heute diese Arbeit liest, muß man sie immer noch als einen Sieg der intuitiv-klinischen Methode würdigen.

Freuds Theorie der Introjektion und des Über-Ichs

Freud stimmte mit Abraham darin überein, daß die Melancholie der Trauer ähnlich sei und daß sich der Sadismus, der dem Objekt gilt, nach dessen Verlust gegen das eigene Ich richtet. Er fügte jedoch eine entscheidende zusätzliche Beobachtung an, von der aufschlußreiche Untersuchungen zur Struktur des Ichs ausgingen. Hört man den Selbstvorwürfen der Depressiven zu, so kann man nach Freud feststellen, daß sie weniger zur eigenen Person passen, sondern eher dem verlorenen Objekt gelten.[6] Ein gutes Fallbeispiel hierzu stammt von Abraham; eine depressive Frau, die in Wirklichkeit einen ehrenhaften Lebenswandel führte, warf sich ohne Unterlaß vor, sie sei eine Diebin; ihr verstorbener Vater hatte jedoch wirklich eine Gefängnisstrafe wegen Diebstahls verbüßt.[7] Beispiele dieser Art, einer besonderen Form der Identifizierung nämlich, zählen heute zu den Alltäglichkeiten psychoanalytischer Beobachtung. Es hat den Anschein, als straften die Patienten die für sie verlorenen Objekte *in effigie*, aber das Bild (*effigies*), an dem sie die Strafe vollstrecken, ist ihr eigenes Ich. Freud (1917e) beschrieb die psychologische Grundlage dieser Reaktion. Er zeigte, daß der depressive Patient das verlorene Objekt in sich aufnimmt, und sein Ich, indem er das Objekt inkorporiert und introjiziert, verändert. Der Patient identifiziert sich durch die Einverleibung und Introjektion des Objekts mit demselben, und er nimmt in seinen Phantasien die Einverleibung als ein Verschlingen, als Nekrophagie wahr.

Freud fiel eine weitere Ichveränderung auf; dem einen Teil des Ichs, der sich durch den Einschluß des Objekts verändert hatte, stellte sich, als wäre der Patient innerlich in zwei Parteien geteilt, ein anderer Teil entgegen, in dem sich zunächst das Gewissen erkennen ließ und der von Freud als Ich-Ideal, später als Über-Ich bezeichnet wurde.[8] Letzteres besaß nicht nur eine relative Selbständigkeit, sondern es schien auch, daß dieses Über-Ich fortwährend das Ich angriff, anklagte und mit jeder Art rachsüchtiger Bestrafung heimsuchte.[9] Die Introjektion hatte zum Ergebnis, daß das Ich narzißtischer wurde, obgleich das Über-Ich auf Kosten des Ichs hypertrophierte und das Ich sich gleichsam zusammenzog, um in seinem Innern dem verlorenen Objekt Raum zu geben; der Narzißmus des Ichs wuchs, weil alle Liebe, die auf das frühere Objekt gerichtet war und ihm anhaftete (die positive Seite der Ambivalenz) mit der Identifizierung auf das Ich überging. Es gab kein äußeres Objekt mehr, sondern nur noch das Ich, das auch geliebt werden wollte. Es liegt nahe, an den Vergleich des Ichs mit einer Amöbe zu denken, den Freud (1914c) in seiner Arbeit »Zur Einführung des Narzißmus« vornahm. Das Ich hatte seine Libido gleich einem Pseudopodium ausgestreckt, das Objekt damit verschlungen und assimiliert; dann zog es das Pseudopodium in sich zurück, so daß die Libido, die sich zuvor auf das Objekt richtete, wieder – und nun zusammen mit dem einverleibten Objekt – in die Ich-Amöbe zurückkehrte.[10] Das so umgebildete Ich schien sich den Anklagen und Strafen, die ihm vom Über-Ich auferlegt wurden, bis auf gelegentliche Zeichen der Auflehnung masochistisch unterwerfen zu müssen.

Freud formulierte seine Annahmen, wie die Melancholie zuende gehe, sehr vorsichtig. In »Trauer und Melancholie« (1917e) nahm er an, daß wie bei der Trauer ein allmählicher Prozeß – bei der Melancholie jedoch ausschließlich im Unbewußten und nur auf unbewußte Repräsentanzen des Objekts bezogen – die Beziehung zum Objekt lockere und beende.[11] In *Massenpsychologie und Ich-Analyse* (1921c) wies Freud erneut auf die Undurchsichtigkeit dieser Vorgänge hin; außerdem erinnerte er seine Leser daran, daß eine Depression, ohne von einer Manie gefolgt zu werden, enden könne, daß Manien unabhängig von Depressionen aufträten und außerdem zwischen den beiden affektiven Zuständen eine Vielfalt von Beziehungen bestünde. Dennoch gab er eine topographische Darstellung dessen, was vor sich geht, wenn die Depression durch ein Hochgefühl ersetzt wird. Er zweifelte nicht daran, daß die beiden Instanzen Ich und Über-Ich, sonst voneinander geschieden, im Zustand der Manie zusammenfließen;[12] ferner sollte die topographische Veränderung von einer energetischen oder ökonomischen begleitet sein. Jene Energien, die zuvor im Kampf zwischen den beiden Instanzen der Persönlichkeit gebunden waren und Verwendung fanden, würden freigesetzt und dem Ich verfügbar, was den Patienten in die psychoökonomische Situation versetze, in einem Triumphgefühl oder einer Festlichkeit zu schwelgen. Als beispielhaften Vergleich führte Freud einen armen Teufel an, der durch einen großen Geldgewinn plötzlich der chronischen Sorge um das tägliche Brot enthoben wird.[13] Freuds weitere Erklärung der Manie bestand darin, daß er annahm, ihr entspreche eine möglicherweise biologisch determinierte, zeitweilige Notwendigkeit zur periodischen Verschmelzung der voneinander differenzierten Teile (Instanzen) der Gesamtpersönlichkeit, so daß jener Anteil, der im Verlauf der Entwicklung später entstand, in jenem anderen Teil aufging, aus dem er sich entwickelt hatte.[14] Das Über-Ich kehrt demnach bei der Manie wieder ins Ich zurück, vergleichbar dem Ich, das sich im festen Schlaf wieder mit dem Es vereinigt. Freud sah in den verschiedenen Formen des Karnevals, den Saturnalien der Römer und anderen gesellschaftlich institutionalisierten Feiertagen, die ein Nachlassen der Triebeinschränkung gestatten, eine soziale Anerkennung des immer wiederkehrenden Bedürfnisses nach strukturellen Regressionen. Dieses Erklärungsmodell ist den Neurophysiologen wohlbekannt: die Regression von einer übergeordneten (und hemmenden) zu einer untergeordneten Struktur ermöglicht die Freisetzung von Energie.[15]

Abrahams Arbeiten zur Analyse der manisch-depressiven Zustände

Abraham hielt Freuds theoretische Formulierungen über Depression und Hochstimmung für gültig und fügte in seiner letzten Arbeit (1924) reiches, überzeugend untersuchtes und bestätigendes Fallmaterial hinzu. Er folgte jedoch auch in dieser Arbeit seiner im wesentlichen klinisch-empirischen Neigung. Sein Hauptinteresse blieb das Es, und er setzte, indem er mehr oder weniger Freuds Ich-Analyse umging, seine Suche nach unbewußten Phantasien libidinöser und aggressiver Art fort. Er formulierte seine Auffassung der Depression und des Hochgefühls in der Sprache libidinöser Vorgänge; den Assoziationen seiner Patienten entnahm er, daß sie unbewußt das verlorene Objekt mit den Fäzes gleichsetzten, und er konnte an seinem Fallmaterial zeigen, daß zwischen der Vorstellung von den Fäzes und derjenigen des toten Körpers Verknüpfungen bestanden. Daraus ergab sich, daß Nekrophagie und Koprophagie sich ebenso wie Destruktion und Defäkation psychisch gegenseitig vertreten können. Auf diesem Weg arbeitete Abraham die infantile Erlebniswelt des analen Sadismus deutlicher heraus. Er zeigte im einzelnen, wie der depressive Patient auf einen Objektverlust reagiert; der Verlust wird als Defäkation, die nachfolgende Inkorporation oder Introjektion, als Koprophagie oder Nekrophagie, und die endgültige Aufgabe des Objekts als anale Ausstoßung oder Mordtat ausgedrückt. Seither sind die Introjektionsvorgänge auch in anderer Form als der oralen Aufnahme beschrieben worden: als Einführung durch den Anus (van Ophuijsen, 1920), als Schmieren von Fäzes auf und in die Haut (Lewin, 1930), als Inhalation und möglicherweise auch als »Aufnahme« durch die Augen (Fenichel, 1931 und 1937). Bei der depressiven Introjektion wird jedoch die orale Form weiterhin als Methode der Wahl angesehen.

Dieselbe Arbeit von Abraham bereicherte die Psychoanalyse um klinische Beobachtungen neuer Art, die Einblick in die Genese von Depressionen verschafften. Sie enthält die lehrreiche Analyse einer Kindheitsdepression; als der Patient fünf Jahre alt war, trat eine depressive Verstimmung, oder wie Abraham es nannte, »das infantile Vorbild der melancholischen Depression« auf. Der Patient war in diesem frühen Alter Zeuge des elterlichen Verkehrs. In der Folge fühlte er sich schrecklich verlassen und vernichtet, und er reagierte auf dieses Geschehnis und auf seine Wiederholungen so, als ob er völlig zurückgewiesen worden wäre, d. h. als ob er seine Liebesobjekte allesamt verloren hätte. Spätere Versuche, Liebesbeziehungen aufzunehmen, scheiterten, und jeder neuerliche Mißerfolg zog eine depressive Verstimmung nach sich, die den Inhalt der ursprünglichen Erkrankung in der Kindheit wiederholte.[16]

In Übereinstimmung mit Freuds (1916/17) Vorstellung, daß sich die Genese der Neurosen mit einer Ergänzungsreihe ätiologischer Faktoren darstellen ließe[17], formulierte Abraham, der außerdem davon beeindruckt war, wie wichtig eine infantile Neurose für die Entstehung von Störungen im Erwachsenenalter ist[18], eine Reihe von Postulaten zu den ätiologischen Voraussetzungen der manisch-depressiven Psychosen. Er führte auf: *erstens* eine orale Disposition, bei der sowohl eine konstitutionelle Verstärkung der Munderotik wie auch eine besondere Fixierung der Libido auf die orale Entwicklungsstufe durch früheste Erlebnisweisen vorliegen können; *zweitens* eine schwere Verletzung des kindlichen Narzißmus, die auf eine Liebesenttäuschung in der Kindheit zurückgeht, wie es bei dem erwähnten infantilen Vorbild einer Melancholie der Fall war; *drittens* der Eintritt dieser großen Enttäuschung vor gelungener Bewältigung des Ödipuskomplexes; *viertens* die Wiederholung der primären Enttäuschung im späteren Leben, sei sie von außen hervorgerufen oder selbstbestimmt. Ein späterer Verlust oder eine Zurückweisung setzt den depressiven Anfall in Gang, in dem sich der Inhalt der ursprünglichen Enttäuschung in entsprechender infantiler Weise ausdrückt. Die primäre Enttäuschung fand im späteren Abschnitt der oralen Phase statt und wurde als orale Frustration empfunden und imaginiert. Auf der nächsten Entwicklungsstufe, der Phase des frühen analen Sadismus, in der sich die Sexualität mit den Mitteln anal-ausstoßender Lust darstellt, beantwortet das Kind die vorausgegangene oral erlebte Frustration im wesentlichen mit anal-ausstoßenden, aggressiven Phantasien.[19]

Abrahams Auffassung der Depression läßt strukturelle und ökonomische Überlegungen vorwiegend beiseite; er sieht Depressionen als spätere Wiederholungen von Kindheitssituationen, die für Fixierungspunkte der Libidoentwicklung stehen. Eine derartige Fixierung wird durch die genannten kannibalischen und anal-expulsiven Phantasien bezeichnet; sie sind so organisiert, daß auf die oral-kannibalische Vereinnahmung des verlorenen Objekts, die als Koprophagie erlebt wird, die Ausstoßung dieses Objekts, begleitet von Mord- und Defäkationsvorstellungen, folgt.

Manien, die auf eine Depression folgen, erklärte Abraham in Übereinstimmung mit Freud als eine Empfindung von Triumph; er ergänzte dieses Konzept und fügte noch eigene Erklärungen hinzu.[20] So nahm er an, daß die gesteigerte Aktivität in Form sexuellen Begehrens und die allgemein erhöhte Unternehmungslust, wie sie (seinen Beobachtungen zufolge) häufig auf eine normal verlaufende Trauer folgen, im normalen Seelenleben die Analoga der Manie sein könnten. Nach Abrahams Beobachtungen zeigte sich auch in der Manie eine ungewöhnliche Zahl kannibalischer Assoziationen. Ein Patient sprach zum Beispiel von seiner Gier, in der er jeden und alles verschlingen mochte. In der Manie sind, nach Abraham, wie in der Depression die Mechanismen kannibalischer Inkorporation und analer Elimination wirksam, allerdings mit deutlich beschleunigtem Ablauf. Aufnehmen und Ausstoßen gehen mit hoher Geschwindigkeit vor sich, wie sich an der Ideenflucht und Ablenkbarkeit des Manikers zeigen läßt. An den manischen Assoziationen läßt sich zweierlei beobachten: die Worte werden mit den Fäzes gleichgesetzt, die Wahrnehmung mit der Nahrungsaufnahme; es hat den Anschein, als bestehe die gesteigerte Aufmerksamkeit des Manikers in einem gierigen Verschlingen von Wahrnehmungen, die er in seiner Logorrhoe unverzüglich wieder ausstößt. Nach der heutigen Auffassung ist der anale Aspekt dieser Vorgänge eher sekundär; die Koprophagie stellt eine Form der oralen Beziehung dar, und das orale »In-sich-Aufnehmen« der Außenwelt sowie die rasche Ausscheidung von unerwünschten Bestandteilen (in diesem Zusammenhang als »Fäzes«) kennzeichnet, wie wir später sehen werden, jene frühe Stufe der Ich-Entwicklung, für die Freud das Lust-Ich annahm[21], eine als ideal empfundene, infantile psychische Organisation, die von der Außenwelt entweder die lustspendende oder die unlustvolle Seite »schmeckt« und das, was sie nicht annehmbar findet, »ausspuckt«; die anale Expulsion ist eine spätere Variante des ursprünglichen Ausspuckens.

Abraham bestätigte in seiner Arbeit von 1924 auch die Analogie zwischen manisch-depressiven Mechanismen und den primitiven Trauerriten, die Róheim (1923) beschrieben hatte. Róheim hatte gezeigt, wie gewisse primitive Völkerstämme die Trauer mit einem Festakt beenden, bei dem die Triebe in einem großen Festessen und schließlich auch einer Defäkation auf dem Grab des Verstorbenen intensiven Ausdruck und Befriedigung finden. Dieser Festakt, der die Trauer beendet, besteht in einem abermaligen symbolischen Töten und Fressen des Verstorbenen, das aber nunmehr mit großer Lust und Freude erfolgt. Abraham dachte, daß die nämlichen Triebimpulse zu nochmaligem Einverleiben und Wiederausstoßen des Liebesobjektes auch den manischen Anfall bestimmten. Der Maniker sei, nachdem er sich des früheren Objekts entledigt habe, »hungrig auf neue Objekte«. Als Beispiel führte Abraham einen Patienten an, der sich nach einer kurzen, manischen Stimmungsschwankung über diese Phase dahingehend äußerte, daß er wie zwanghaft den Wunsch verspürte, große Fleischmengen zu essen, bis er völlig gesättigt wäre; er hatte sich das wie einen Rausch oder eine Orgie vorgestellt.[22] Abraham stellte fest, daß die depressiven und manischen Phantasien vorwiegend den Müttern gelten und erwähnte einen Patienten, der sich mit dem Kaiser Nero verglich, der seine Mutter tötete und seine Geburtsstadt Rom, als Symbol der Mutter, zerstörte.[23]

Der starke Einfluß der damals herrschenden Auffassung, Manien bildeten immer den Abschluß eines manisch-depressiven Verlaufs, war wohl auch für Abrahams Theorie der »reinen« Manien, verantwortlich, die ohne eine unmittelbar vorausgehende Depression auftreten. Er glaubte trotzdem, daß sie die Nachmahd (*aftermath*) einer Depression seien, und zwar nicht einer unmittelbar vorangehenden, sondern einer frühkindlichen Depression, einer »Urverstimmung«, wie er sie selber beschrieben hatte. Er setzte jedoch vorsichtig hinzu: »Da ich über keine einschlägige Psychoanalyse verfüge, so vermag ich über diesen Vorgang selbst nichts

Näheres auszusagen.«[24] Diese Vorstellung wird heute noch von vielen Analytikern geteilt und stimmt mit dem konventionellen Modell Kraepelins überein, nach dem jede seelische Störung einen bestimmten klinischen Verlauf nimmt.

Abraham hatte, bevor er Psychiater wurde, eine Ausbildung als Embryologe erhalten. Er verfaßte zum *Handbuch der Entwicklungsgeschichte des Menschen* von Keibel und Mall (1910/11) ein Kapitel über die Entwicklung der Harnorgane, an der sich drei verschiedene Stadien deutlich unterscheiden lassen, wovon jedes einen eigenen Nierentyp mit entsprechendem Gangsystem aufweist. Auch die psychische Entwicklung gliederte sich für Abraham in eine ähnlich übersichtliche Folge von Abschnitten und Stadien; sein Interesse galt der Erarbeitung einer Tabelle oder eines Schemas der Entwicklung (wie bei den *Normaltafeln zur Entwicklung des Huhnes*, die er zusammen mit Keibel 1900 erstellte). Er bemühte sich sehr, den genauen Zeitpunkt und Ort des Ursprungs für jede psychische Struktur zu bestimmen, das heißt jeweils die genetische Position festzulegen. Die einzelnen Entwicklungsstadien und ihre säuberliche Trennung wurden zum Prinzip seines genetischen Denkens. Er hielt es für wichtig, innerhalb der oralen Entwicklungsphase zwei Stufen anzunehmen; auf der primären Stufe sei die Libido des Kindes an den Saugakt, in der sekundären Stufe an das Beißen gebunden; auf ähnliche Weise unterteilte er die anale Phase in eine frühere Stufe des Ausstoßens und eine spätere Stufe des Festhaltens. Er nahm an, daß scharf umrissene Fixierungspunkte für die manisch-depressiven Zustände in der spät-oralen (kannibalischen) und früh-analen (expulsiven) Entwicklungsstufe lägen. Obgleich ihm diese Betrachtungsweise gewisse Grenzen setzte, berichtete er, daß es nach seiner Beobachtung eine Regressionsneigung gibt, die über diese beiden Stufen hinausreicht, nämlich zur Brust und zum Gestilltwerden. Hier sah er den frühesten Fixierungspunkt der Depressionen. Abrahams Interesse an Fixierungsebenen und -punkten führte dazu, daß er die

Frage nach der frühen Ich-Organisation bis zu einem gewissen Grade vernachlässigte.

Rados Analyse des Ich

In seiner bedeutsamen Arbeit »Das Problem der Melancholie« stellte Rado (1927) die Analyse des Ich wieder in den Mittelpunkt, und zwar des Ich in der Depression und im Hochgefühl. Er bezog in seine Überlegungen die Gefühle der Selbstliebe und Selbstachtung ein. Menschen, die zu Depressionen prädisponiert sind, haben nach Rados Auffassung ein starkes Verlangen nach narzißtischer Befriedigung. Ihr Selbstwertgefühl, das sich nicht auf echte Werte oder Leistungen gründet, sondern darauf, ob sie geliebt, unterstützt oder ermutigt werden, sinkt bei den unbedeutendsten Anlässen. Sie können eine Verminderung ihrer Selbstachtung nicht ertragen. Liebe und Unterstützung erkämpfen sie sich mit Werben, Drohungen und Schmeicheleien. Wenn andere aber aggressiv sind oder androhen, daß sie ihre Liebe zurücknehmen, verspüren depressiv disponierte Menschen ein verbittertes, vehementes Ressentiment; der Verlust eines Objekts wird von ihnen als äußerste Ungerechtigkeit empfunden.

Zunächst reagieren sie auf diesen Objektverlust mit empörter Auflehnung; schlägt dieser Protest fehl, so folgt ihm der Versuch, das Objekt durch Zerknirschung, Gewissensbisse, Selbstbestrafung und Sühne zu rühren. »Melancholie ist ein verzweifelter Schrei nach Liebe.«[25] Aber nicht ein Objekt aus dem Leben, sondern ein inneres, rein psychisches Objekt wird vom Melancholiker angefleht und umworben, wodurch sich der gesamte Vorgang von der Realität entfernt. Nun hat das Über-Ich, gemäß seinem Ursprung in Identifizierungen mit den Eltern, für den Patienten denselben Wert wie die Eltern in seiner Kindheit. Das Ich will dem Tadel der Eltern durch Selbstbestrafung vorbeugen. Wir denken zumeist, daß die Sequenz von Schuld, Buße und Vergebung ein Ergebnis der Erziehung ist; Rado hingegen fand eine andere determinierende Erlebnisreihe der frühesten Kindheit: aufkommende Wut, Hunger, Wiedererscheinen der Mutter und die narzißtische Verzückung des Stillens an der Brust.

Mit der Über-Ich-Bildung in der Kindheit wird die sinnliche Beziehung zu den Eltern verdrängt und unbewußt, und die Schuld, die das Kind für seine unbewußte Genitalität empfindet, wird durch ein bewußtes Schuldgefühl dargestellt, das mit Aggressivität zusammenhängt. Die Erlebnissequenz Schuld, Sühne und Verzeihung ist von der zeitlich vorausgehenden Erlebnisreihe Wut, Hunger und Gestilltwerden abhängig, da die Schmerzen des Hungers, im Sinne von frühesten Folgezuständen der Wut, Vorläufer und Urformen späterer Selbstbestrafungen sind.[26] Tiefster Fixierungspunkt der Depression ist somit der Hungerzustand, zugleich auch ein Modell für die späteren »Bedrohungen durch Liebesverlust«. Mit anderen Worten: die früheste narzißtische Seligkeit, die Befriedigung an Mutters Brust und durch ihre Fürsorge, stillt das infantile Sicherheitsbedürfnis. Rado nahm einen »alimentären Orgasmus« an[27], der auf das Stillen folgt, »die Sehnsucht seiner aufkeimenden libidinösen Objekttriebe (erfüllt) und es durch das Zusammentreffen all dieser Momente, und mit ihnen untrennbar verknüpft, in eine Art narzißtischen Rausch versetzt«[28] oder eine nichtdifferenzierte Art der Ich- und Objektbefriedigung herbeiführt. Außerdem sei der alimentäre Orgasmus ein Vorläufer der späteren, genitalen Klimax.

Rado hatte, was die psychischen Wirkungen der Rauschgifte betrifft, herausgefunden, daß in gehobenen Stimmungen, Hochgefühlen oder Ekstasen, das Erlebnis an der Brust und, wie er dachte, die Wirkungen eines alimentären Orgasmus wiederholt werden. Das gleiche Phänomen ist nach Rado auch für jene Hochstimmungen von Bedeutung, die auf Depressionen folgen; wenn das Ich mit dem Über-Ich wieder zu einer Einheit zusammenfließt, so geschieht dies in einer »getreuen innerseelischen Wiederholung jener Verschmelzung mit der Mutter im Trinken an ihrer Brust«.[29] Ähnlich wie auf das Hungern die Sättigung folgt, so entwickelt sich nach der Selbstbestrafung, die für die Depression kennzeichnend ist, die Hochstimmung, indem die oralen Maßnahmen zur Wiedererlangung des Selbstwertgefühls intrapsychisch aufleben.

Nach der referierten Auffassung ist das Ich in der Depression, genauer in der Phase der Selbstbestrafung, mit seinem Über-Ich, das es an die Stelle des verlorenen Objekts gesetzt hat, völlig verstrickt: das Ich wirbt um das Über-Ich, fleht gleichsam, es möge »zu ihm zurückkehren«, und hält schließlich jegliche Strafe, die ihm zugemessen wird, für völlig gerechtfertigt. Das Ich unterwirft sich seinem Über-Ich auf eine so verzweifelte Weise, als sei letzteres das Objekt. Obgleich Freuds Feststellung, der melancholische Patient habe sich in seinem Ich mit dem verlorenen (gehaßten) Objekt identifiziert, unbestritten bleibt, entsteht an dieser Stelle ein deutlicher Widerspruch, den Rado äußerst geschickt löste. Er nahm an, daß nach dem Objektverlust zwei Introjektionen des Objekts stattfinden. Einmal werde es ins Über-Ich, das andere Mal ins Ich introjiziert, und die Eigenschaften, die diesen beiden Introjektionen zukommen, seien verschiedenartig, weil sie auf eine frühere Spaltung zurückgingen, die am Anfang der Beziehung zum Objekt bestünde.

Anfänglich besitzt das Kind ein Lust-Ich, wie Freud es nannte, das auf der Grundlage des Lustprinzips arbeitet. Alles, was Lust bereitet, wird akzeptiert und als »gut« erlebt, während alles, was Schmerz oder Unlust bereitet, »schlecht« ist. Unter diesem Gesichtspunkt des Luststrebens betrachtet, steht für das Kind im Vordergrund, wie es behandelt wird, während andere Eigenschaften, die dem Erwachsenen helfen, die Identität eines Objekts festzustellen, noch keine Bedeutung haben. Das Kleinkind erkennt daher zunächst die

»Mutter« noch nicht als einheitliche Person; es nimmt vor allem zwei Arten von Ereignissen wahr, die qualitativ sehr unterschiedlich sind. Zum einen hält es für das »gute Objekt« denjenigen, der es füttert und ihm Lust bereitet, zum anderen wird derjenige als »böses Objekt« eingeordnet, der Unannehmlichkeiten, schmerzliche und unerwünschte Erfahrungen verursacht. Erst später, nämlich mit der Entfaltung des Realitätsprinzips und dem Einwirken von Tatsachen auf die reifende Intelligenz des Kleinkindes, faßt dieses beide Erlebnisweisen zusammen und kann sich ein einheitliches Objekt vorstellen, das beide Eigenschaften besitzt und damit ein »reales Objekt« wird.

Diese überkommene Dualität lebt im depressiven Zustand, wenn das Ich auf die Stufe des Lust-Ichs regrediert ist, wieder auf. Das gute Objekt ist in das Über-Ich, das schlechte oder böse Objekt in das Ich introjiziert. Das Ich liebt nun das Über-Ich auf masochistische Weise wie einst das gute Objekt, und der Sadismus des Über-Ichs vermag die Treue des Ichs nicht zu erschüttern. Zugleich sind das böse Objekt und das Ich eins geworden, und dem Ich ist jede Aggression, von der es heimgesucht wird, geradezu willkommen. Zunächst sollte das Über-Ich also in der gleichen Weise geliebt werden wie die guten Eltern; in der Folge stellt sich das Über-Ich jedoch dem Ich in der gleichen Weise restriktiv entgegen wie die bösen Eltern dem Kind.

Der Mechanismus der Melancholie wirkt also auf eine Zerstörung des bösen Objekts hin, und das Ich vermeint dadurch das gute Objekt wiederzugewinnen und schließlich eine Versöhnung zu erreichen. Gereinigt vom Bösen, glaubt das Ich sich dann mit dem guten Objekt in wechselseitiger Liebe vereinigen zu können. Dieses Ziel wird in der Manie erreicht. Durch einen analen Akt stößt das Ich das böse Objekt aus, was mit dessen Tötung gleichbedeutend ist, und harmoniert in einem Gefühl der Verzückung mit dem guten Objekt, zu dem es das Über-Ich erhoben hat. So betrachtet stellt der melancholische Mechanismus eine komplizierte

Maßnahme zur Erneuerung des Selbstwertgefühls dar; dabei rückt das Ich jedoch weit von der Realität ab, denn es erreicht sein Ziel nicht mit den Objekten, sondern durch die Umgruppierung der intrapsychischen Instanzen.[30] In der Manie wird das Selbstgefühl schließlich in der Phantasie wiederhergestellt und die infantile Erlebnissequenz von Wut, Hunger und Trinken an der Brust wiederholt.

Indem Rado die Wirkungen der Stillsituation hervorhob, verfolgte er die Ätiologie der Manie wieder zurück bis zu jenem frühen Beginn, den Abraham schon erwähnt, jedoch nicht ausführlicher berücksichtigt hatte; damit stellte er auch die scharfe Unterscheidung, die Abraham zwischen einer frühoralen Saugestufe und einer spätoralen kannibalischen Stufe traf, in Frage. Auch mit Freuds dualistischem Triebkonzept (libidinöse oder erotische versus aggressive oder Todestriebe) und seiner Überlegung, daß die beiden Triebarten sich mischen und entmischen, war die frühere Unterscheidung, der die erogenen Zonen zugrunde liegen, ins Wanken geraten. Die Manie als orale Verschmelzung, als Reproduktion der Stillsituation aufzufassen, lieferte eine wichtige Ergänzung zur Theorie der gehobenen Stimmungszustände.

Parallelen zwischen Drogensucht und manisch-depressiven Erkrankungen

Kurz zuvor hatte Rado in »Die psychischen Wirkungen der Rauschgifte« (1926) dieselbe orale Verschmelzung für die Hochstimmungen der Drogenabhängigen beschrieben; er fand psychische Mechanismen, die jenen der manisch-depressiven Zustände entsprechen. In einer späteren Arbeit (1933) zeigte er an Beispielen, daß die Drogensüchte, die er *Pharmakothymien* nannte, mit den affektiven Störungen eng verwandt sind. Er wies nach, daß die artifiziell hervorgerufene Hochstimmung Depressionen überdecken soll; sie entwickelt sich bei Personen, deren Prädisposition wie bei den Melancholikern in einer besonderen narzißtischen Kränkbarkeit besteht. Auch hier richten die intensivsten Wünsche sich letztendlich auf die Wonne und Glückseligkeit, die der phantasierten Einheit mit der Brust beim Stillen folgt, und die im Rausch oder Hochgefühl Ausdruck findet.

Simmel (1930) bezeichnete die Hochstimmungen, die auf Drogengenuß zurückgehen, als »künstliche Manien«. Die ältere Theorie, nach der Alkoholismus und Drogensucht von unbewußter Homosexualität abhängen, ist nur zum Teil richtig, da in vielen Fällen die Sucht und die Perversion im manifesten Verhalten zusammen auftreten. Letztlich lassen sich beide Formen der Störung auf orale Strebungen zurückverfolgen; Knight (1937) wies darauf hin, daß diese Störungen bei Männern auftreten, die als Kinder in der oralen Phase einen Objektwechsel von der Mutter zum Vater erlebten. Gerö (1936) und Jacobson (1943) beschrieben für andere klinische Bilder denselben frühen Objektwechsel. Die grundlegende Entsprechung zwischen manisch-depressiven Erkrankungen und Pharmakothymien wird inzwischen allgemein anerkannt[31], gleichviel welche Ersetzungen oder Vertauschungen die jeweilige Lebensentwicklung aufweist.

Entsprechungen von neurotischen Charakteren und manisch-depressiven Erkrankungen

Die neurotischen Charaktere, wie sie von Alexander (1927, 1930) beschrieben wurden, sind den Manisch-Depressiven, was den frühkindlichen Hintergrund und das klinische Bild betrifft, ebenfalls ähnlich. In der Karriere, den sozialen Beziehungen und im Liebesleben schafft sich der neurotische Charakter Höhen und Tiefen, Erfolge und Fehlschläge, Reichtum und Armut; diese Lebensweise mag bei oberflächlicher Betrachtung als das unberechenbare Spiel von Glück und Schicksal erscheinen, während die psychoanalytische Untersuchung sie als unbewußt motiviert und selbstverursacht nachweisen kann. Nach Alexander ist das Über-Ich durch die Leiden des Ichs verführbar; das Ich besticht das Über-Ich, indem es sich unbewußt Strafen auferlegt. Fehlschläge in der realen Welt und in der Liebe treten an die Stelle von depressiven Phasen der Selbstbestrafung; Erfolge an die Stelle von festähnlichen Hochgefühlen. Eine gegenwärtige Bestrafung kann zur Verrechnung mit zukünftiger Lust dienen, ebenso Krankheiten und Unglücksfälle. Dieses Arrangement scheint auch, wie die Untersuchungen gastrointenstinaler Störungen zeigen (Alexander, 1934) bei der Entstehung bestimmter körperlicher Krankheiten eine Rolle zu spielen.

Ebenso wie es neurotische Charaktere gibt, die kaum Hochgefühle zeigen oder »Höhen«, was ihre Erfolge oder Glückserlebnisse betrifft, sondern chronisch deprimiert, pessimistisch und gehemmt sind, so kennen wir auch Menschen, die dem Anschein nach nie depressiv sind. Die nosologische Zuordnung dieser chronischen Optimisten (A. Angel, 1934) oder neurotisch-hypomanischen Persönlichkeiten (Lewin, 1937) ist ebenso fragwürdig wie die jener Manien, die ohne Depression auftreten und von Kraepelin dennoch dem manisch-depressiven Formenkreis zugeordnet wurden.

Veränderung und Auflösung der Kraepelinschen Systematik

Die klinische Psychiatrie in Amerika gab um die gleiche Zeit, in der Depressionen und Hochstimmungen psychoanalytisch erforscht wurden, das Kraepelinsche Begriffssystem auf. Fast alle Auffassungen, die Kraepelin zu den Psychosen des manisch-depressiven Formenkreises vorgebracht hatte, wurden erfolgreich angegriffen: seine ätiologischen Prämissen, die Grundlagen seiner Psychologie, seine Annahmen über die anatomischen und physiologischen Bedingungen und schließlich auch seine nosologischen Unterteilungen. Dennoch blieb der Gedanke, daß Kraepelin mit klinischer Intuition ein Stück Wahrheit erfaßt hatte, als er die *affektiven Psychosen* unter dem Gesichtspunkt der Wiedergenesung zusammengefaßt und von jenen anderen Fällen getrennt hatte, die er als *Dementia praecox* bezeichnete. Kraepelin hatte, wie Zilboorg (1941) zutreffend sagte, die Psychiatrie zum Gegenstand der Sozialstatistiken gemacht, wobei er die psychischen Inhalte eines Einzelfalles für eine *wissenschaftliche Psychiatrie* als ebenso unwichtig erachtete wie einen einzelnen Soldaten bei einem großen Gefecht.

Es muß noch anderes als Achtung der Autorität sein, wenn wir selber stillschweigende Kraepelinanhänger sind, sobald wir psychiatrische Begriffe verwenden. Möglicherweise läßt es sich nicht begründen, warum Kraepelins psychiatrische Terminologie uns anzieht. Da die Begriffe und Annahmen uns nicht zufriedenstellen, handelt es sich vielleicht eher um eine »Ahnung«, daß sie, richtig verstanden, dennoch ein wahres Moment erfassen, oder wir sind lediglich terminologisch ratlos.

Man ist sich in der Psychiatrie weitgehend darüber einig, daß viele Schizophrene Phasen der Hochstimmung und Depression haben, beziehungsweise gesonderte Episoden des einen oder anderen Zustands. Klinische Bilder wie die katatonen Störungen, die stuporösen Zustände und Wahngedanken, die der Theorie nach zu den Schizophrenien gehören, finden sich auch häufig bei Manien und Depressionen. Schließlich sieht man auch in den Manien und Depressionen, die beim Verlauf einer Paralyse oder anderer Gehirnkrankheiten auftreten, nicht nur ein Problem der Neuropathologie. Vor vielen Jahren behauptete Adolf Meyer (1904)[32], indem er an der Reichsdeutschen Psychiatrie, wie er sie nannte, mit seinem schweizerisch-amerikanischen Interesse am Individuum Kritik übte, daß die manisch-depressiven

Zustände mehr oder weniger deutliche »Reaktionsformen« und nicht die Zeichen einer Grunderkrankung seien; außerdem meinte er, daß diese Reaktionsformen sich gegen andere Störungen nicht scharf abgrenzen ließen. Er sah nicht nur einen Grenzbereich zwischen manischen und schizophrenen Erregungszuständen, eine Auffassung, die später von Eugen Bleuler (1922) herausgearbeitet und in den Vereinigten Staaten durch Brills Begriff der »schizoiden Manie« (1928) bekannt wurde; bei allen klinischen Bildern zog er einen Randbereich in Betracht, der eine Verwandtschaft oder Verknüpfung mit den manisch-depressiven Störungen aufweisen konnte.

Unter der Leitung von August Hoch entstand eine Arbeitsgruppe, die sich zwischen 1910 und 1920 vor allem mit den affektiven Störungen und den »benignen Psychosen« beschäftigte. Hoch (1915, 1921) und Kirby (1912, 1913) erweiterten unsere Kenntnisse über Psychosen »ohne ungünstigen Verlauf«, über den Stupor sowie die Verwirrtheit oder Ratlosigkeit; Hoch und MacCurdy (1922) revidierten die Klassifikation dieser Psychosen, indem sie eine veränderte Auffassung der »Affekte» in den Psychosen vorschlugen. Sowohl MacCurdy (1913) als auch Campbell (1914) zeigten, daß sich an der manischen Ideenflucht verschiedene Mechanismen nachweisen lassen, die Freud für die Traumarbeit und die Witztechnik beschrieben hatte; die Autoren wiesen vor allem Abkömmlinge der infantilen Sexualität nach. Man nahm die Arbeiten von Freud, Jung, Abraham und Bleuler, die sich die Aufgabe gestellt hatten, die psychotischen Inhalte psychoanalytisch zu verstehen, sehr ernst. Die stuporösen Zustände wurden mit psychodynamischen Begriffen untersucht und als Darstellung von Todesphantasien verstanden. MacCurdys (1925) letzte Arbeit, *The Psychology of Emotion*, zeigt jedoch, daß die zentralen dynamischen und genetischen Probleme unberührt blieben. Freilich war die psychoanalytische Theorie noch nicht weit genug entwickelt, um sie zu lösen, doch wurde die Theorie auch mißverstanden und falsch angewendet. MacCurdy verstrickte sich in Mutmaßungen über die Bedeutung der Angst, und um für das Problem der Emotionalität schlechthin eine theoretische Formulierung zu finden, suchte er auf so vielen Gebieten Hilfe, daß seine Ausführungen immer mehr an die Peripherie seines Themas gerieten.

Zum Beispiel meinte MacCurdy, daß er aus Freuds Arbeit *Trauer und Melancholie* (1917e) hinsichtlich der Manie keine Hilfe gewonnen habe; ebensowenig nahm er Freuds Theorie der Depression und der Angst zur Kenntnis. Außerdem hatte er eine geringe Meinung von Freuds Ich-Psychologie; er hielt sie für unklar und unbedeutend. So kam MacCurdy zu dem oberflächlichen Schluß, der zentrale »Mechanismus« in der Manie sei die Verstärkung früherer Sublimierungen, sowie der Versuch einer Neubildung von Sublimierungen; eine Auffassung, die sicherlich nicht der klinischen Beobachtung entspricht und wahrscheinlich auch nicht von besonderer Bedeutung ist.

Als sich Hoch (1917) zur Ruhe setzte, die Arbeitsgruppe auseinanderging und einzelne sich anderen Themen zuwandten, war die Forschung über »benigne Psychosen« beendet.[33] MacCurdys Buch, *The Psychology of Emotion* (1925), stellte zwar, was die angewandte Psychoanalyse betrifft, einen fehlgeschlagenen Versuch dar; darüber hinaus ist der Eindruck, den es von den Kenntnissen dieser Arbeitsgruppe vermittelt, leider unvollständig. Denn das Hochsche Konzept der »gutartigen Psychose« hat bis auf die Terminologie sowohl in den Vereinigten Staaten als auch in bestimmten Teilen Englands Kraepelins »manisch-depressives Irresein« ersetzt. Weiterhin spielen Depression und Hochstimmung eine führende, wenn auch nicht mehr die ausschließliche Rolle unter den Phänomenen, die zu jener Gruppe psychischer Störungen gehören. Man hat erkannt, daß verschiedene Affekte im Mittelpunkt einer benignen Psychose stehen können: Angst, quälende Ratlosigkeit, aber auch Apathie oder ein stuporöser Affekt.[34] Eine stärker dynamisch orientierte Sichtweise wird ermöglicht, wenn auch andere Gefühle als Traurigkeit und Euphorie berücksichtigt werden; zugleich wird damit die verbliebene Starrheit der akademischen Psychologie noch weiter aufgelöst. Der Affekt wird einer psychoanalytischen Erforschung zugänglich, und man kann nun richtigerweise fragen, worin seine Funktion besteht. Vergleiche und Beziehungen zwischen Hochgefühl und Stupor oder Depression und Angst lassen sich herstellen; nicht zuletzt sollte man versuchen, für das gesamte Forschungsgebiet eine allgemeiner formulierte, dynamische oder genetische Theorie aufzustellen.

Der Pionierarbeit von Hoch und seinen Kollegen am *New York Psychiatric Institute* ist zu verdanken, daß die amerikanische Psychiatrie die psychologische Untersuchung von Depression und Hochgefühl als sinnvoll erkannte und sich damit den Gedanken Freuds und Abrahams öffnete, die heute weithin anerkannt werden. Das Konzept der manisch-depressiven Erkrankung hat sich aus diesen und anderen Gründen erheblich gewandelt. Die Frage, wo die Wahrheit nun liegt, bleibt offen. Viele verneinen, daß es eine manisch-depressive Psychose gibt. Manche meinen, die Bezeichnung »manisch-depressiv« stehe für nichts anderes als für eine Reihe von psychologischen Mechanismen, die sich bei allen Menschen nachweisen lassen (zum Beispiel Zilboorg, 1933a). Es hat den Anschein, als wisse man heute zumindest sehr genau, daß die besondere Bedeutung, die man früher dem Auf und Ab der Stimmungsschwankungen beigemessen hatte, psychologisch wichtigere Fragen im dunkeln beließ.

Zur Hypomanie

Zwei Arbeiten aus dem Bereich der klinischen Psychoanalyse sollen in späteren Kapiteln eingehender besprochen werden: »Zur Psychologie der manisch-depressiven Zustände, insbesondere der chronischen Hypomanie« von Helene

Deutsch (1933) und eine eigene Arbeit (1932), »Analyse und Struktur einer passageren Hypomanie«. Vor allem in Helene Deutschs Arbeit wird die Verleugnung als besonderer Abwehrmechanismus herausgestellt. Sie hat ihre Fallbeispiele in Übereinstimmung mit der damaligen Auffassung der Krankheitsentstehung und der Ich-Psychologie abgefaßt. Deutsch zeichnet die Schicksale der Aggression nach, wie sie sich im Analyseverlauf darstellen; sie zeigt, daß Verleugnung, Projektion und Identifizierung zur Lösung von Konflikten dienen, die durch den Aggressionstrieb in Gang kommen. Nach ihrer Auffassung gehört die Hypomanie zu den narzißtischen Neurosen, genauer zur »Psychologie der Melancholie«, wie sie von Freud, Abraham und Rado ausgearbeitet wurde.

Die von mir beschriebene vorübergehende Hypomanie faßte ich in einer topographischen Formel zusammen. Das »hypomanische Ich«, entstehend aus einer Verschmelzung des frühen Ichs mit dem Über-Ich, ist ein Lust-Ich im Sinne Freuds, da es alles akzeptiert, woraus Lust zu ziehen ist, während es das Unlustvolle zurückweist oder verleugnet – die Selbstkritik eingeschlossen, die es so behandelt, als entstamme sie der Umwelt. Bei der Patientin meines Fallbeispiels stellte der hypomanische »Anfall« die »triumphierende« Wiederholung der Urszene dar. Die Patientin identifizierte sich mit beiden koitierenden Eltern zugleich; die infantile Beziehungssetzung war oraler Art: die Vereinigung ging mit einer Verschmelzung von Ich und Über-Ich einher und wiederholte gleichzeitig die Fusion von Säugling und mütterlicher Brust, auf die sich Rado (1928) bezog, als er vom alimentären Orgasmus sprach.[35]

Diese beiden Arbeiten, die unabhängig voneinander verfaßt wurden und in ihren Ergebnissen sich jeweils bestätigen, werde ich in späteren Kapiteln ausführlicher diskutieren. Auch die Arbeit von Almasy (1933), »Daten zur manischen Assoziation und Affektübertragung«, worin an der Mitschrift der manischen Ideenflucht einer hospitalisierten Patientin demonstriert wird, daß die manischen Symptome der Verleugnung dienen, wird später erörtert. Dies gilt auch für Anny Angels (1934) Veröffentlichung über chronischen Optimismus und zwei eigene Arbeiten (1937, 1941), die das Hochgefühl eher unabhängig von den psychiatrischen und psychoanalytischen Studien über manisch-depressive Erkrankungen untersuchen.

Die Auffassung Melanie Kleins

In der 1935 erschienenen Arbeit »Zur Psychogenese der manisch-depressiven Zustände« legte Melanie Klein ihre Ansichten über Depression und Hochstimmung nieder, die sie in späteren Veröffentlichungen (1940, 1946 und 1948) lediglich in einigen Einzelheiten veränderte. Es ist nicht leicht, die spezifischen Vorstellungen von Hochgefühl und Depression aus Melanie Kleins allgemeineren Konzepten herauszulösen, ohne sie durch die Entfernung aus dem gedanklichen Zusammenhang zu verzerren. Nach Melanie Klein gehört zur normalen Entwicklung, daß das Kind am Ende des ersten Lebensjahres in eine *depressive Position* kommt, der eine *paranoide Position* vorausgeht und eine *manische Abwehr* folgt. Dabei ist das wichtigste Konzept, wenn man die Vorstellungen über frühe Introjektionen und Projektionen der »guten« und »bösen« Objekte beiseite läßt, die Bedrohung oder Gefährdung, die das Ich des Kleinkindes durch die Aggression seines eigenen Es erfährt. Diese Aggression projiziert das Kind auf die Brust oder auf die Mutter, die in der Folge als destruktiv oder vergiftend erlebt werden; dann fürchtet das Kleinkind, die Aggression seines Es werde die verinnerlichten guten Objekte, mit denen es sich identifiziert, zerstören, und es fürchtet um sein eigenes Leben. Bei der Entwöhnung fühlt sich das Kleinkind für den Entzug der Milch und den Verlust von Sicherheit aufgrund seiner eigenen unkontrollierbaren, impulsiven Gier und

Destruktivität verantwortlich beziehungsweise schuldig. Die sich anschließende manische Abwehr bestehe in erster Linie in einer Verleugnung der psychischen Realität, vor allem der Bedeutung der guten Objekte sowie der Gefahren, die dem Ich von seiten seiner bösen Objekte und dem Es drohen.

Ohne die Kenntnis des theoretischen Bezugsrahmens sind Melanie Kleins Konzepte nur teilweise verständlich. Indem sie den Zeitpunkt für die Entstehung des Ödipus-Komplexes und die Über-Ich-Bildung in die früheste Kindheit verlegte, wich sie von Freuds Auffassungen ab. Sie nahm an, daß es eine ursprüngliche, angeborene Angst des Ichs als Reaktion auf das Wirken des Todestriebes gebe und sah in den verschiedenen Positionen Abwehrmaßnahmen des kindlichen Ichs zur Erhaltung seiner Existenz.

Es ist nicht leicht, mit diesen Auffassungen von Melanie Klein übereinzustimmen, vor allem, was ihre im Widerspruch zu Freud stehende Annahme einer angeborenen Todesangst betrifft. Unabhängig von diesem Kontext kommt Melanie Klein jedoch der Verdienst zu, daß sie darauf bestand, wenn der manische Zustand als Abwehr aufzufassen sei, dann habe diese Abwehr eine Gefahr zur Voraussetzung, der eine Angst entspreche.[36] Melanie Klein setzte die Todesangst hauptsächlich mit einer Angst, verschlungen zu werden, gleich; und obwohl ihre Annahme, daß die Todesangst angeboren sei, nicht notwendig ist, gibt es keinen Zweifel, daß hinter der manischen Abwehr die Angst vor dem Verschlungenwerden steht. Im folgenden werde ich noch andere mögliche Interpretationen für die manische Abwehr durch Verhalten und Phantasie vorschlagen, die der besonderen Voraussetzungen von Melanie Klein nicht bedürfen.

René A. Spitz – die anaklitische Depression

Spitz beobachtete Säuglinge, die von ihren Müttern getrennt und in der Klinik untergebracht wurden. Er beschrieb, wie sie stumpf, interesselos und reaktionslos wurden, sich zurückentwickelten und in auffallender Weise nicht, wie es normalerweise bei Kleinkindern ist, lächeln konnten. Diesem klinischen Zustandsbild gab Spitz (1946) die Bezeichnung *anaklitische Depression*, wodurch er darauf hinweisen wollte, diese Depression der frühesten Kindheit sei dadurch entstanden, daß die von Abhängigkeit bestimmte Beziehung zur Mutter unterbrochen wurde.

George Gerö – Edith Jacobson

Weitere wichtige Arbeiten zur Depression wurden von Gerö (1936, 1939) und Jacobson (1943, 1946) veröffentlicht.

Gerös Arbeit von 1936 bietet eine sorgfältige, ausgewogene Anwendung der Theorien und Untersuchungsergebnisse auf die Praxis; er faßt die Abwehrmechanismen, die Prägenitalität, die Aggression und den Charakter, vor allem aber die Bedeutung früher Enttäuschung zusammen. Seine Veröffentlichung von 1939 enthält auch eine Korrektur von Abrahams Auffassung der Beißlust (1924). Außerdem enthält sie eine erhellende Anmerkung zu jener Tatsache, auf die Psychiater immer wieder aufmerksam machten (z. B. Lange, 1928), daß die manisch-depressiven Erkrankungen nämlich häufiger bei Frauen als bei Männern auftreten. Während in gängigen Lehrbüchern die Niederkunft zur Erklärung der Erkrankung herangezogen wird, und zwar nicht als psychologischer Faktor, sondern im Sinne eines organischen Wirkungszusammenhanges, suchte Gerö einen psychoanalytischen Verständniszusammenhang, indem er auf neuere Untersuchungen zur präödipalen weiblichen Entwicklung hinwies, wie auch auf die Tatsache, daß

Ereignisse im Leben des Erwachsenen Kindheitskonflikte wiederaufleben lassen. In jener Entwicklungsphase, in der die Mutter das wichtigste libidinöse Objekt ist, spielt bekanntlich der Mund eine große Rolle. Die Fixierung von Frauen auf orale Konflikte und Befriedigungen und auf orale Bindungen an die Mutter, besonders im Kontrast zur länger andauernden Beziehung des Sohnes zur Mutter mit genitaler Bedeutung, könnte erklären, warum Frauen stärker für manische und depressive Erkrankungen prädisponiert sind.

Edith Jacobson (1943, 1946) setzte sich mit der Frage auseinander, von welcher Bedeutung früh eintretende Enttäuschungen für spätere depressive Erkrankungen sind.[37] Sie zeigte an einem ausführlichen Fallbericht, wie sich eine »primäre« Depression aufdecken und rekonstruieren ließ, die im dritten Lebensjahr der Patientin aufgetreten war. Zu dieser Zeit, als das Mädchen eher verfrüht in den ödipalen Konflikt eintrat, erlebte es einige Enttäuschungen an beiden Eltern, die dadurch als reale Personen entwertet waren, während sie intrapsychisch als idealisierte Elternimagines ersetzt und wieder aufgerichtet wurden, was zur Bildung eines strengen Über-Ichs führte. Diese Strenge des Über-Ichs resultierte somit aus der frühen Enttäuschung und verhinderte die Entstehung einer realitätsnahen Beziehung zu den Eltern. Nach Jacobson sind diese Verhältnisse für die Entstehung von Depressionen charakteristisch.

Weitere Arbeiten, die für die Verknüpfung von Depressionen und gehobenen Stimmungen von Interesse sind, jedoch über den Rahmen dieser Übersicht hinausgehen, finden sich im Literaturverzeichnis.

Kapitel 3

Die Verleugnung, weitere beim Hochgefühl wirksame Abwehrmechanismen und der analytische Behandlungsverlauf

Die Verleugnung

Anfang der dreißiger Jahre erschienen verschiedene Falldarstellungen, die das Interesse der Psychoanalytiker an den gehobenen Stimmungszuständen, vor allem an der Hypomanie erneuerten. Unter dem Einfluß von Freuds Arbeit *Hemmung, Symptom und Angst* (1926d) wurden vor allem jene Abwehrmechanismen dargestellt, die das Ich zur Angstabwehr und Triebkontrolle einsetzt. Während Freud Abwehrmechanismen zusammengestellt hatte, die bei den gut bekannten Neurosen, der Paranoia und den Depressionen im Vordergrund stehen, wiesen die anderen Autoren in ihren Falldarstellungen zum Hochgefühl auf die Verleugnung hin, einen Abwehrmechanismus, der in Freuds Aufzählung fehlte. Von Abraham (1912) stammte die Beobachtung, daß der Kranke »sich im manischen Zustand über den Komplex hinwegsetzt«, der auch die vorausgehende Depression bestimmt[1]; allerdings war damit noch nicht geklärt, ob mit Hilfe des manischen Zustands äußere oder innere Realität verleugnet wird. Vor allem Helene Deutsch (1933) wies auf die Bedeutung hin, die der Verleugnung als Abwehrmechanismus zukommt. Nach ihrer Auffassung ist die Verleugnung für die Hypomanie ebenso grundlegend wie die Reaktionsbildung bei den Zwangsneurosen, die Projektion bei Paranoia und Phobie sowie Introjektion bei den Depressionen.

Vieles spricht für Helene Deutschs Auffassung; die Verleugnung bildet sicherlich den stärksten Widerstand, auf den man bei der therapeutischen Analyse eines hypomanischen Zustands stößt. Bevor ich jedoch auf die Besonderheiten der Verleugnung, wenn sie als Widerstand auftritt, zu sprechen komme, möchte ich hervorheben, worin die Verleugnung sich von den oben erwähnten Abwehrmechanismen unterscheidet; sie richtet sich nämlich nicht unmittelbar gegen die Triebe. Freud stellte im *Abriß der Psychoanalyse* (1940a) fest, »daß das kindliche Ich unter der Herrschaft der Realwelt unliebsame Triebansprüche durch die sogenannten Verdrängungen erledigt. Wir ergänzen (diese Feststellung) jetzt durch die weitere Feststellung, daß das Ich in der gleichen Lebensperiode oft in die Lage kommt, sich einer peinlich empfundenen Zumutung der Außenwelt zu erwehren, was durch die *Verleugnung* der Wahrnehmungen geschieht, die von diesem Anspruch der Realität Kenntnis geben.«[2]

Folglich kann man sagen, daß sich die Verleugnung gegen die Außenwelt, die Verdrängung aber gegen die Triebansprüche richtet. Die Verdrängung einer Triebregung umfaßt jedoch zwei Vorgänge, zum einen die Verdrängung der Vorstellung (der Vorstellungsrepräsentanz), zum anderen die Verdrängung der Affektbesetzung (des Affektbetrags), jenem Teil der triebbestimmten Aktivität, der als Gefühl ins Bewußtsein tritt. Außerdem kommt noch die Verdrängung von Angst hinzu, die sich aus jener abgedrängten Besetzung entwickelt, wenn das Ich diese Besetzung als Gefahr wahrnimmt.

Das im Konflikt befindliche Ich kann sich der Verleugnung bedienen, um die Verdrängung zu unterstützen oder zu ersetzen. Die folgenden Überlegungen werden zeigen, daß die Verleugnung vor allem dazu dient, Angst zu vermeiden. Offenbar tritt die Verleugnung dann auf, wenn Triebrepräsentanzen bewußt werden und das Ich sie als Realität gelten lassen soll; in diesem Fall spricht man von *innerer Realität*, mit der das Ich jedoch auf die gleiche Weise wie mit der äußeren verfahren kann. Auch eine *affektive*

Verleugnung kommt vor; in ähnlicher Weise wie Verneinungen, Widersprüche und Täuschungen als Gegengewicht zu verstandesmäßigen Inhalten dienen, können auch schlechte Stimmung, Depression, Hochgefühl, Bestürzung, Verwirrung, Bewußtseinstrübung und sogar Stupor den affektiven Apparat der Seele (die Thymopsyche) fortwährend durchdringen und keinen Platz für Angst lassen.

Ereignisse oder Reize, die zur Außenwelt gehören, können ebenso wie die Triebe unter zwei Gesichtspunkten betrachtet werden; einmal im Sinne dessen, was sie emotional »transportieren« oder bedeuten, zum andern als verstandesmäßige Repräsentanz oder Vorstellung; daraus läßt sich ableiten, daß die Verleugnung ebenso wie die Verdrängung in doppelter Hinsicht leistungsfähig ist. Sie kann der verstandesmäßigen Anerkennung einer Tatsache, beispielsweise einem Todesfall, entgegenarbeiten und damit am Gegenteil festhalten, daß dieses Ereignis nicht eingetreten ist, was in der Folge zu einem negativen oder positiven Wahngedanken führen kann. Die Verleugnung widersetzt sich aber auch der affektiven Bedeutung, die einem faktischen Ereignis zukommt; das hieße im Falle des gegebenen Beispiels: das Ich erkennt das Ereignis an, verharrt jedoch bei der Auffassung, daß es kaum eine Rolle spiele. Dieser letztere Aspekt der Verleugnung, nämlich die Verleugnung der emotionalen Bedeutung von Realität, ist es, der bei den Hochstimmungen das klinische Bild bestimmt.

Die Verleugnung läßt sich also zu Recht mit jenen Abwehrformen vergleichen, die sich gegen die Triebe richten, und sie dient ebenfalls dazu, Konflikte, die zwischen Ich und Es oder Ich und Über-Ich bestehen, anzugehen; allerdings unterscheidet sich die Verleugnung von anderen Abwehrmechanismen in ihrem *modus operandi*. Die Verleugnung bewirkt, daß der verstandesmäßige Bezug (Rapport) oder die emotionale Abstimmung des Ichs mit seiner Umgebung unterbrochen wird. Verleugnungen erweisen sich, wie Freud (1940a) sagte, als »halbe Maßregeln, unvollkommene Versuche zur Ablösung von der Realität. Die Ablehnung wird jedesmal durch eine Anerkennung ergänzt, es stellen sich immer zwei gegensätzliche voneinander unabhängige Einstellungen her, die den Tatbestand einer Ich-Spaltung ergeben. Der Erfolg hängt wiederum davon ab, welche von beiden die größere Intensität an sich reißen kann.«[3]

H. Deutsch (1933) gelang es, jenen entscheidenden, allerdings latenten psychischen Sachverhalt aufzudecken, den ihre Patientin mit Hilfe einer chronischen Hypomanie verleugnete; ihre Patientin leugnete, daß ihr ein Penis fehlte, und von dieser latenten Verleugnung strahlten wie von einem Mittelpunkt eine Vielzahl manifester, sekundärer Verleugnungen aus. H. Deutsch schrieb über die Zeit, in der diese Patientin in Analyse war: »In dieser Zeitperiode wurde sie von ihrem Gatten und von ihrem Geliebten verlassen, verlor einen großen Teil ihres Vermögens, erlebte an sich das tragische Schicksal der Mutter, die von dem nun heranwachsenden Sohn – an dem sie sehr hing – zugunsten einer anderen Frau aufgegeben wird, und schließlich erlebte sie noch die narzißtische Kränkung durch mein Urteil, daß sie nicht Analytikerin werden könne. Nichts von alledem konnte ihre Euphorie stören; sofort fand sie einen Ausweg, teils in der Entwertung des eben Verlorenen, teils in der sofortigen Herstellung neuer Ersatzwerte, die die Verlustreaktion im Keime erstickten und verleugneten. Der Schlußeffekt war immer: Ich habe doch nichts verloren.«[4]

Weitere beim Hochgefühl wirksame Abwehrmechanismen

Die Vorrangstellung der Verleugnung beim prolongierten hypomanischen Zustand verdeckte für H. Deutsch keineswegs die Präsenz weiterer Abwehrmechanismen, die, theoretisch betrachtet, möglicherweise von ähnlichem Nutzen sind. Eine Zeitlang bestimmte die *Projektion* den hypomanischen Zustand ihrer Patientin; der Analytikerin wurden alle möglichen aggressiven Intentionen zugeschrieben. Schien die Patientin eine Zeitlang glücklicher, so konnte die Analytikerin *Identifizierungen* beobachten, die offensichtlich unmittelbar der Bemühung dienten, einen Verlust zu kompensieren oder zu verschmerzen. Der Hinweis auf eine andere Patientin H. Deutschs klärt, worum es bei diesen Identifizierungen geht. Die Analyse einer Patientin war wegen der Ferien der Analytikerin unterbrochen worden; die Patientin ging ebenfalls auf eine Reise und nahm für diese Zeit den Namen *French* [Französisch] an; in einem euphorischen Zustand erzählte sie unterwegs bei Begegnungen mit Fremden phantastische Geschichten über sich selbst, die jene Tatsachen enthielten, die sie über ihre Analytikerin H. Deutsch wußte. Das gleiche Beispiel kann ich aus meiner eigenen Praxis berichten; als ich in Ferien war, entwickelte eine Patientin eine anfallsartige Hypomanie, und der Kollege, der sie sah, war verblüfft, wie die Patientin meine Gesten und Eigenarten, zum Beispiel meine Rauchgewohnheiten, imitierte.

Während der passagèren, insgesamt sieben Tage anhaltenden Hypomanie, die ich 1932 beschrieb, beobachtete ich an Träumen, Phantasien und vor allem an den Übertragungsreaktionen eine starke Verleugnung. Äußerungen über die Patientin, die sich durchaus rechtfertigen ließen, nahm sie als den Beweis des jeweils anderen, daß er es übel mit ihr meine. Der zutreffende Verdacht ihrer Eltern, daß sie ein Liebesverhältnis eingegangen sei, wurde von ihr mit dem empörten Kommentar versehen, »ihre Eltern würden denken, daß« – als ginge es um eine unglaubliche, unhaltbare Ansicht ihrer Eltern. Wenn ich gelegentlich eine Äußerung der Patientin in eigenen Worten wiederholte, reagierte sie sarkastisch: »Ja, Sie als Psychoanalytiker müssen das so auffassen.« In ihren Träumen ließ die Patientin zutreffende Feststellungen, ob sie sich auf Tatsachen oder auf eine Kritik an ihr selber bezogen, von Menschen aussprechen, die sie, wie zum Beispiel eine paranoide Frau, nicht ernstnehmen mußte. Gerade ihre Träume waren aufschlußreich, da man sehen konnte, wie sich die Verleugnung im Traum darstellte. Alles, was sie von sich weisen mußte, wurde als Spiel, Filmvorführung, Theateraufführung, als Märchen dargestellt, wenn es nicht Geisteskranken, Betrunkenen oder Lügnern in den Mund gelegt wurde. Nicht immer ließ sich anhand des Traumtextes unterscheiden, ob eine Verleugnung oder eine Projektion vorlag, zumal sich die beiden Abwehrmechanismen oft ergänzten.

Neben Verleugnung und Projektion fielen Identifizierungen auf. Eines Tages kam die Patientin früher als gewöhnlich zur Analysestunde und hörte zufällig den Analytiker mit einer anderen Patientin im Sprechzimmer reden. Dies bedeutete offenbar eine Enttäuschung ihrer Übertragungswünsche. Nach einem Tag, an dem sie zunächst verdrießlich und mürrisch war, geriet sie in ein Hochgefühl, in dem sie offenbar ein Urszenenerlebnis wiederholte. Während der Hypomanie agierte sie die Rollen von Vater und Mutter und obendrein noch die Rolle des beobachtenden Kindes, ihres jüngeren Bruders.[5] Unter anderem beschrieb sie auch einen Koitus hypomanischer Art. Als sie von ihren Gefühlen berichtete, die sie beim Verkehr mit ihrem früheren Liebhaber empfand, einem Partner, der für sie eine Über-Ich-Figur war, sprach sie von einer Verschmelzung ihrer beider Persönlichkeiten und Identitäten, wobei der eine in den anderen einging und ein Teil von ihm wurde; die Vereinigung war vollkommen, als der Partner während des Orgasmus an ihrer Brust saugte. Sie verglich diese Vereinigung mit einem gegenseitigen Stillen; beim Fellatiovorspiel dachte sie, der Penis stehe für sie als Erwachsene im gleichen Größenverhältnis wie die Brustwarze zum Mund des Säuglings. Das Gefühl der Einheit mit ihrem Liebhaber gab ihr den Eindruck, an seinen Eigenschaften teilzuhaben, als Teil von ihm, wie bei der Teilnahme an einer Sache von großer gesellschaftlicher oder religiöser Bedeutung, etwa dem Kampf für das Frauenwahlrecht oder die Kirche. Ihre Sprache erinnerte an die der Mystiker, zum Beispiel die heilige Theresa, wenn sie ihre Entrückungen und das Gefühl, mit Gott vereint zu sein, beschrieben.[6] Der Liebhaber stand für Gott und für die Brust zugleich, womit dieser Fall als Beispiel für Rados Hinweis gelten kann, daß in der Manie das Ich mit dem Über-Ich verschmilzt, in einer exakten Reproduktion der Einheit zwischen Säugling und Brust beim Stillen.[7]

In der geschilderten kurzen Hochstimmung traten als weitere Abwehrmechanismen neben der Verleugnung Identifizierung, Projektion sowie schnelle Umsetzungen von Aktivität und Passivität auf. Diese Abwehrmechanismen und die Verschmelzung von Über-Ich und Ich schienen mir zu bestätigen, daß das »hypomanische Ich« der Patientin genau dem entsprach, was Freud als »purifiziertes Lust-Ich« beschrieben hatte; das hypomanische Ich umfaßte nun auch die Über-Ich-Repräsentanzen, die in einer Weise regressiv erotisiert wurden, welche den Prozeß der Über-Ich-Bildung genau umkehrte.[8]

Freud bestimmte das Lust-Ich als eine frühe psychische Organisation, die vom Lustprinzip beherrscht wird und der Über-Ich-Bildung sowie dem reiferen Ich vorausgeht, das sich endgültig der Realitätsprüfung und der bewußten Urteilsbildung unterstellt. Einziges Kriterium des Lust-Ichs ist, ob es Lust gewinnen oder Unlust vermeiden kann. Freud schrieb, was die Matrix oder Anlage der Urteilsfunktion im Lust-Ich betrifft: »In der Sprache der ältesten, oralen Triebregungen ausgedrückt: das will ich essen oder will es ausspucken.«[9]

Als Abwehrmechanismus gehört die Verleugnung demnach in einen bestimmten Kontext; sie ist im Falle meines Beispiels und bei Hochstimmungen im allgemeinen eine Funktion des Lust-Ichs. (Ich möchte ergänzen, daß das Hochgefühl der von mir beschriebenen Patientin von verschiedenen Symptomhandlungen begleitet wurde, bei welchen der Mund die Rolle eines ausstoßenden Organs spielte.) Da die Verleugnung zusammen mit anderen Abwehrmechanismen auf diese frühe Ich-Organisation hinweist, hob ich diesen Aspekt in meiner Arbeit von 1932 hervor.

Diffus wirksame Verleugnung bei neurotisch-hypomanischen Persönlichkeiten

Anny Angel (1934) beschrieb zwei Patientinnen, deren Persönlichkeit insgesamt von Verleugnungen durchsetzt schien, als chronische Optimistinnen. Beide waren völlig überzeugt, daß sich letztlich für sie alles zum Guten wenden würde, auch wenn die tatsächlichen Ereignisse dagegen sprachen. Trotz ungewöhnlicher Enttäuschungen konnten sie sich für den Ausgang ihrer Angelegenheiten jeweils nur ein gutes Ende vorstellen und bewahrten sich eine ungerechtfertigte, gelegentlich sogar gefährliche Fröhlichkeit. Die unbewußte Bedeutung des guten Endes war in beiden Fällen, daß der Peniswunsch erfüllt werde; sie strahlte als eine Einstellung des Nur-nicht-Nachgebens (*never say die*) in alle Persönlichkeitsbereiche dieser beiden Frauen aus. Ich konnte einen vergleichbaren Fall von (scheinbarem) männlichen Optimismus analysieren; hier richtete die Verleugnung sich gegen die Männlichkeit und gründete in einer starken Identifizierung des Patienten mit seiner Mutter.

Eng verwandt mit den chronischen Optimisten sind die von mir (1937) beschriebenen neurotisch-hypomanischen Persönlichkeiten; diese Bezeichnung ist in Analogie zu den Begriffen der neurotischen Depression und des neurotischen Charakters gebildet. Neben vielfältigen Symptomen konversions- oder zwangsneurotischer Art zeigen die Betreffenden eine enorme Unternehmungslust. Ihr Zeitplan ist mit allen möglichen folgenlosen Tätigkeiten vollgestopft; sie stürzen sich mit voller Kraft in ihre Liebhabereien, in Liebesgeschichten und Geschäfte, verlieren jedoch auch unerwartet ihr Interesse an diesen Unternehmungen. In der Analyse zeigt sich, daß sie in der Latenzzeit intensive Identifizierungen mit einem abwesenden oder verstorbenen Elternteil ausbildeten; wenn in der Pubertät inzestuöse Wünsche bis ins Bewußtsein vordrangen, entstand ihr charakteristisches, überaktives Verhalten, das der Ablenkung diente. Zusätzlich entwickelten sich neurotische Symptome, vor allem Schlaflosigkeit. Entsprechend verhielten sich die Patienten in der Analyse; sie suchten das Aufdecken schmerzlicher Tatsachen zu verhindern, bagatellisierten ihre Situation und wehrten sich mit »hypomanischem« Agieren, statt ihre Konflikte durchzuarbeiten.

Einen besonderen Typus der hypomanischen Reaktion habe ich als *hypomanische Zwangsneurose* beschrieben; diese Patienten zeigen auch Zwangssymptome, sind aber im Gegensatz zum sonstigen angespannten und niedergedrückten Verhalten von Zwangsneurotikern meistens heiter, optimistisch und affektiv lebhafter. Während die neurotisch-hypomanischen Persönlichkeiten mit Ablenkung reagieren und ihre Verleugnung durch Taten abstützen, setzen sich die hypomanisch-zwangsneurotischen Persönlichkeiten gegen Deutungen mit einer Art von Witz und Humor zur Wehr, die merkwürdig ausdruckslos und leer ist (*dead pan*). Statt auf den Sinn, der ihnen mitgeteilt wird, konzentrieren sie sich auf die Wörter; sie lieben Wortspiele und Reime. Im Assoziationsverlauf singen sie, ähnlich wie Maniker, kurze Stücke aus Volks- oder Kirchenliedern, weniger zu ihrer eigenen Freude als zur Unterhaltung des Analytikers. Die Verleugnung setzt ein, wenn man zu ihnen spricht und sie damit in ihren Phantasien stört. Der Witz, den man als eine Modalität des Ichs sehen kann, mit der es einen größeren aggressiven Affektbetrag zur Abfuhr bringen kann, steht bei diesen Persönlichkeiten im Dienst ihres affektiv-zwanghaften Widerstandes und verschafft ihnen im bewußten Erleben eine eher geringe Lustprämie.[a]

Die Verleugnung beim schweren manischen Erregungszustand

Bei den zuvor erwähnten Fällen handelte es sich unter klinischen Gesichtspunkten um leichte Hochstimmungen; die Patienten waren auch während dieser Zustände einer psychoanalytischen Behandlung zugänglich. In einer vorläufigen Mitteilung berichtete Almasy (1933) über die stationäre Behandlung einer schweren, zirkulär verlaufenden Psychose; leider setzte er seinen Bericht über diese Behandlung nicht fort. Er schrieb die ersten Behandlungsstunden in Kurzschrift mit und stellte fest, daß die verbalen Leistungen alles andere als freie Assoziationen waren. Die Patientin sprach gebunden [i. O. dt.]; peinliche oder schmerzliche Inhalte fehlten. Die Verworrenheit der Inhalte ließ das Erzählte unverständlich, zugleich aber auch unwesentlich und verödet [i. O. dt.] erscheinen. Wegen der Schnelligkeit ihres Gedankenablaufs konnte die Patientin weder selbst verstehen, was sie meinte, noch konnte der Arzt sie verstehen. Mit diesem Ausweichmanöver ließ sie alle aktuellen Probleme beiseite. Mit Hilfe seiner Notizen fand Almasy wichtige Hinweise auf diese aktuellen Sorgen. Die Patientin hatte verschiedene Beschwerden, die eine Operation notwendig machten; zugleich war ihr Ehemann so schwer erkrankt, daß sie mit seinem Tod rechnen mußte und schließlich befand sich ihre Familie in einer völlig ungesicherten finanziellen Situation. Es gelang Almasy, daß sich die Patientin auf ihn konzentrierte, und er gab ihr Erklärungen über die unbewußte Bedeutung der Bemerkungen, die sie über ihn machte. Eine schnelle Besserung ließ es nicht zu, den Krankheitszustand genauer zu verstehen; die Patientin wurde entlassen, bevor Almasy seine Untersuchung überprüfen oder fortsetzen konnte.[10]

Die Berichte über schwere manische Erregungszustände enthalten keine gründlichen Beobachtungen über die Abwehrvorgänge. In den Darstellungen von Campbell (1914),

Dooley (1921) und MacCurdy (1913) gibt es Ansätze und Hinweise auf die unbewußten Vorgänge; wie Almasy kommen aber die anderen Autoren auch kaum über die auslösende Situation hinaus. Allein ein flüchtiger Blick auf die psychiatrischen Krankengeschichten manischer Patienten zeigt schon, daß in der Manie eine Verleugnung jener auslösenden Situationen stattfindet, die wir in der Psychoanalyse als aktualisierte Abkömmlinge von Konflikten und Enttäuschungen der Kindheit auffassen. Besonders häufig gehört die Niederkunft zu den Situationen, die eine Manie auslösen. Die höhere statistische Häufigkeit von Frauen unter den manisch-depressiven Erkrankungen wird von Psychiatern oft mit dieser Tatsache in Zusammenhang gebracht.[11] Der Verlauf von maniformen puerperalen Psychosen legt den Schluß nahe, daß die Patientinnen Ehe und Mutterschaft zu leugnen versuchen, während sie in ihrem Erregungszustand sich ihrer Jungfräulichkeit versichern möchten; auch ohne Psychoanalyse läßt sich bei den Wochenbettmanien leicht auf unbewußte Konflikte schließen. Offenbar wird auch bei anderen schweren Manien die auslösende Situation verworfen, und es ist anzunehmen, daß eine tiefergehende Untersuchung, wenn sie möglich wäre, die ergänzenden psychischen Elemente aufzeigen würde, die zwischen den auslösenden Ereignissen und den infantilen Konflikten vermitteln, vergleichbar dem Zusammenhang zwischen infantiler und erwachsener weiblicher Sexualität bei den Wochenbettmanien.

H. Deutsch (1933) und M. Klein (1935) sehen in der Hochstimmung eine instabile Abwehrmaßnahme. Zugleich wird eine Hochstimmung im Verlauf einer schizophrenen Psychose als Zeichen für eine günstige Prognose gewertet.[12] Bei dieser Art von nicht näher bestimmtem Hochgefühl gilt es, die Frage zu beantworten, in welchem Ausmaß der Bruch des Ichs mit der Realität (einzig oder vorherrschend) durch die Verleugnung aufrechterhalten wird, wobei die gehobene Stimmung eine angemessene Affektabfuhr ausgleicht. Eine vergleichende Untersuchung der verschiedenen Formen des Bruches mit der Realität, von passagèrer Verleugnung bis zum schwersten (psychotischen) »Weltuntergang« ist noch in den Anfängen.

Die Rolle der Verleugnung in der Ich-Entwicklung

Der Verleugnung kommt, wie die bisherige Darstellung zeigt, unter den Abwehrmechanismen, die für die Psychologie der gehobenen Stimmungen entscheidend sind, eine Sonderstellung zu. Unter genetischem Gesichtspunkt sind sie und die anderen angeführten Mechanismen als Funktionen des Lust-Ichs anzusehen; die verschiedenen Ausformungen des Hochgefühls sind mit dieser Ich-Organisation verknüpft. Tritt bei einem Erwachsenen die Verleugnung als Abwehrmechanismus auf, dann ist anzunehmen, daß eine Regression auf jene Stufe der Ich-Entwicklung eingetreten ist, wo die Verleugnung ihre ursprüngliche, lebenswichtige Aufgabe erfüllte. Der Ort der Verleugnung ist, bildhaft ausgedrückt, die Grenze des Lust-Ichs; dort weist sie die äußere Wirklichkeit oder jegliche Art von psychischer Realität zurück, mit der sich so verfahren läßt, als sei sie äußerlich.

Selbstverständlich steht das Ich des Kindes dem Lust-Ich näher als das Ich des Erwachsenen. Den Kinderanalytikern, vor allem Anna Freud (1936), verdanken wir ein wesentliches Stück unseres Wissens über die Verleugnung.[13] Das nicht streng ans Realitätsprinzip gebundene Kind spielt und phantasiert, und seine Stimmungen und Gefühle sind mehr oder weniger durch diese Spiele und Phantasien bestimmt. Es verleugnet mühelos Realitäten seiner Umgebung, wobei die Verleugnung sowohl in seinem normalen Leben als auch in den Kindheitsneurosen eine Rolle spielt. Anna Freud zufolge sind die Hauptkonflikte im Kind die zwischen den Trieben und der Außenwelt. Sie betonte, daß »die Arbeit des kindlichen Ichs zur Unlustvermeidung in Gegenwehr gegen die Eindrücke aus der Außenwelt der Normalpsychologie angehört«.[14]

Zugleich spielt die Verleugnung bei der Kinderneurose eine entscheidende Rolle, wie Anna Freud am Beispiel des kleinen Hans zeigt. Der fünfjährige Hans hatte seine *unbewußte* Aggressivität gegen seinen Vater und die daraus resultierende Angst vor ihm auf Pferde verschoben und in der Folge die *bewußte* Angst entwickelt, daß ihn ein Pferd beißen könnte. Die Analyse heilte ihn von dieser Phobie; die in Verschiebung und Verdrängung bestehende Triebabwehr wurde aufgelöst. Danach befand sich der kleine Hans jedoch in einer für ihn unbefriedigenden Verfassung. »Die reale Außenwelt führt ihm ständig zwei Faktoren vor Augen, mit denen er sich auch jetzt noch nicht befreunden kann. Seine eigenen Körpermaße, vor allem die seiner Sexualorgane, sind naturgemäß geringer als die seines Vaters, was letzteren auch weiterhin zum unbesiegbaren Rivalen stempelt. Er bleibt also mit realem Grund neidisch und eifersüchtig. Beide Affekte beziehen sich außerdem noch auf Mutter und Schwester, die er um das gemeinsame Vergnügen der Körperpflege beneidet, bei der er wirklich nur die Rolle des unbeteiligten Dritten zu spielen hat.«[15] Hans konnte sich mit dieser mißlichen Situation nicht anfreunden; er verleugnete sie mit Hilfe seiner Phantasie. Er stellte sich vor, wie ein Installateur ihm mit einer Zange Gesäß und Glied abschraubt, um ihn größer und besser auszustatten; schließlich phantasierte er, wie er viele Kinder badet und zur Toilette bringt. Damit fand er, wie Anna Freud hervorhebt, seine gute Laune wieder, eine Stimmung, die demnach von seiner Fähigkeit abhing, die realen Versagungen mit Hilfe seiner Vorstellungskraft zu verleugnen.[16]

Anna Freud gibt weitere Beispiele, die der Verleugnung des kleinen Hans ähneln, allerdings ohne die Entwicklung einer Neurose. Ein siebenjähriger Junge verleugnete seine reale Unterlegenheit, indem er sich als Besitzer eines zahmen

Löwen phantasierte.[17] Die Beispiele zeigen auch, daß die Verleugnung nicht auf die Phantasie beschränkt bleibt; die Verwerfung der Realität kann durch Wort und Handlung gestützt sein. Ein kleiner Junge, dessen ödipaler Konflikt bewirkte, daß er beim Anblick männlicher Erwachsener in eine ängstliche Verstimmung geriet, bekämpfte seine Unterlegenheitsgefühle damit, daß er eine Schirmmütze mit einem steifen Schirm trug, und zwar möglichst zu jeder Zeit, bei den Mahlzeiten und auch, wenn er zu Bett ging.[18] Ein kleines Mädchen, das mit dem Penismangel nicht fertig wurde, rief bei jeder möglichen Gelegenheit die anderen zur Bewunderung für etwas auf, das nicht zu sehen war, zum Beispiel: »Komm und schau, wie viele Eier die Hühner gelegt haben.«[19]

Anna Freud weist darauf hin, daß die Verleugnung in der Phantasie, wie sie in der frühen Kindheit auftritt, sich nicht entscheidend auf die spätere Entwicklung auswirkt. Setzt sich die Verleugnung in die Latenzphase fort, dann kann sie eine Charakterverzerrung zur Folge haben, in Form einer Neigung zu Lügen oder einer Abneigung, ernsthaft zu sein. Eine Verleugnung größeren Ausmaßes findet man beim Erwachsenen nur bei psychotischen Zuständen.[20] Unter dem Gesichtspunkt des emotionalen Gleichgewichts, der guten Laune oder allgemeiner, des Hochgefühls, ist festzuhalten, daß es mit zunehmender Reife schwerer wird, von der Wirklichkeit eine Scheinrealität abzuspalten, die ausschließlich vom Lustprinzip reguliert wird. Zu den psychotischen Zuständen, auf die Anna Freud hinweist, gehört eine derartige Spaltung, ein Bruch mit der Wirklichkeit. Für das Ich des Erwachsenen gilt normalerweise, daß es seine Konflikte durch Triebabwehr bewältigt, während die Verleugnung durch Phantasie oder Handlungen nur eine unbedeutende Rolle spielt.

Die Beziehung der Verleugnung zu Schlaf und Traum

Im Vorgriff auf ein späteres Kapitel möchte ich daran erinnern, daß es während unseres gesamten Lebens eine normale Spaltung der seelischen Vorgänge gibt, und damit einen Bereich, in dem die Verleugnung der Realität voll zur Geltung kommt, nämlich im Schlaf und in unserem Traumleben. Im Brauch der Gute-Nacht-Geschichte setzt sich der bevorstehende Bruch mit der Wirklichkeit des Wachlebens durch. Schlaf und Traum, obwohl für Langzeitlösungen unbefriedigend, können die äußere Wirklichkeit und oft auch innere seelische Vorgänge vorübergehend fernhalten. Vor allem bei Kindern, deren Träume nach Freud (1900a) nahezu unentstellt der Wunscherfüllung dienen, werden Enttäuschungen und unbefriedigte Hoffnungen des Vortages in der Phantasie verleugnet.[21] Später liefern die Träume natürlich weniger manifeste, bewußte Befriedigung; die reichlich auftretenden Ich-Elemente und die deutliche Zensur stehen dem Ziel der Befriedigung bei den Träumen Erwachsener im Wege. Dennoch bleibt das Träumen ein Phantasieren, das vom Einfluß des Alltags abgespalten und dem Bereich, in dem das Ich seine Kontrolle ausübt, zumindest teilweise entzogen ist.

Daher ist auch der Schlafwunsch zu berücksichtigen, wenn man eine Verfassung wie die des Hochgefühls psychoanalytisch interpretieren möchte; die gehobene Stimmung stellt den Versuch einer autarken affektiven Regulation dar – ein eher künstliches und brüchiges Bemühen um gute Laune und Selbstachtung. Zunächst möchte man annehmen, daß es für einen Erwachsenen, der etwas verleugnen möchte, am einfachsten wäre, wenn er zum Schlaf und den Träumen zurückkehrte; so ließe sich die Existenz der äußeren Wirklichkeit verleugnen und die Gefühle könnten mit ihren jeweiligen Gegensätzen ausgetauscht oder durch Unbestimmtheit und Trübheit verdeckt werden. Im Gegensatz zu Kindern fällt diese Rückkehr dem Erwachsenen jedoch nicht leicht. Einige der damit verbundenen Schwierigkeiten werde ich im Kapitel über Schlaf und Manie erörtern. Ich möchte noch erwähnen, daß Ruth Mack Brunswick (1928) und Freud (1940a) von einer interessanten Umkehrung der Verhältnisse bei manchen Psychosen oder in den verschiedenen Stadien einer Psychose berichteten: während das Wachleben wahnhaft und von der Realität abgetrennt war, erschienen die Träume »normal« und in Übereinstimmung mit der Wirklichkeit.[22]

Fetischismus und Verleugnung

Nach Freud (1927e, 1940a) befähigt eine psychische Spaltung nichtpsychotischer Art den Fetischisten dazu, daß er, vor allem, was die Existenz eines weiblichen Phallus betrifft, an zwei Realitäten zugleich festhält. Aus seiner Kastrationsangst heraus weigert sich der Fetischist, die Tatsache anzuerkennen, daß Frauen keinen Penis haben; würde er sie anerkennen, so lieferte diese Tatsache ihm den Beweis, daß es »die Kastration« grundsätzlich gibt und er möglicherweise kastriert würde. Freud (1940a) schrieb über den fast immer männlichen fetischistischen Patienten: »Er verleugnet darum die eigene Sinneswahrnehmung, die ihm den Penismangel am weiblichen Genitale gezeigt hat, und hält an der gegenteiligen Überzeugung fest. Die verleugnete Wahrnehmung ist aber auch nicht ganz ohne Einfluß geblieben, denn er hat doch nicht den Mut zu behaupten, er habe wirklich einen Penis gesehen. Sondern er greift etwas anderes, Körperteil oder Gegenstand, auf und verleiht dem die Rolle des Penis, den er nicht vermissen will.«[23] Dieser Vorgang entspricht jedoch nicht einer Spaltung. »Nun begegnen wir Fetischisten, die die nämliche Kastrationsangst entwickelt haben wie Nichtfetischisten und in derselben Weise auf sie reagieren. In ihrem Benehmen drücken sich also gleichzeitig zwei entgegengesetzte Voraussetzungen aus. Einerseits verleugnen sie die Tatsache ihrer Wahrnehmung, daß sie am weiblichen Genitale keinen Penis gesehen haben, andererseits anerkennen sie den Penismangel des Weibes und ziehen aus ihm die richtigen Schlüsse. Die beiden Einstellungen bestehen das ganze Leben hindurch nebeneinander, ohne sich gegenseitig zu beeinflussen. Das ist, was man eine *Ichspaltung* nennen darf.«[24]

Die bisherige Untersuchung des Fetischismus gibt uns leider keinen rechten Einblick in die Zusammenhänge, die zwischen dieser besonderen psychischen Verfassung, den Vorgängen im Ich allgemeinerer Art und dem Hochgefühl bestehen.

Die Verleugnung als Widerstand

Der Analytiker kann, wie Freud zeigte, die Abwehrmechanismen des Ichs an den Widerständen erkennen, die das Ich des Patienten der analytischen Arbeit entgegenstellt. Am besten lassen sich die Abwehrmechanismen untersuchen, wenn sie während der Analyse als Widerstände auftreten, da ihre Beziehung zu den Trieben, zum Über-Ich und zur Außenwelt dann im einzelnen der analytischen Beobachtung und Nachprüfung unterzogen werden kann. Die sicherste Kenntnis, die wir Analytiker vom Ich haben, ist auf diesem Wege zustande gekommen, der auch weiterhin bei der Erforschung des Ichs an erster Stelle steht.[25] In den zwanziger Jahren war die Theorie des Ichs weniger an seinen Abwehrmechanismen als an seiner Topographie und Ökonomie orientiert. So kam es auch, daß Freuds erste Überlegungen zur Verleugnung zunächst klinisch keine Verwendung fanden.

Obgleich die Konzepte Abwehr und Widerstand eng miteinander verknüpft sind, umfaßt der Begriff des Widerstands noch weitere Bedeutungen, die eine gesonderte Betrachtung dessen, wie die Verleugnung als Widerstand

Verwendung findet, rechtfertigen. Die Verleugnung tritt bei den gehobenen Stimmungszuständen als Abwehrmechanismus auf; durch sie werden diese Zustände erklärlich. Aber auch bei der Analyse neurotischer und relativ normaler Analysanden tritt die Verleugnung als Widerstand auf; bei genauer Beobachtung stellt man fest, daß die Verleugnung gelegentlich durch den analytischen Prozeß selbst in Gang gesetzt wird. Es lohnt sich, die Verleugnung, die zu den »natürlichen« Hochstimmungen gehört, mit jener zu vergleichen, die durch die analytische Technik ausgelöst und von einem Hochgefühl begleitet wird. Damit kommt man nicht nur zu Aufschlüssen über die manischen Zustände; die Untersuchung des Hochgefühls liefert auch einen Beitrag zur analytischen Technik.

Die affektiven Zustände und der analytische Prozeß

Die klinischen »Verläufe« einer Depression oder eines Hochgefühls zeigen einige Gemeinsamkeiten mit dem Ablauf einer therapeutischen Analyse. Dieser Gedanke geht aus den verschiedenen Vergleichen hervor, die Freud und andere zwischen dem Trauern und der Analyse zogen, vor allem jenem Teil der Analyse, den man als »Durcharbeiten« bezeichnet, womit der Vorgang erfaßt wird, durch den der Patient die Wahrheiten oder Einsichten, die er durch die freie Assoziation und durch Deutungen gewinnt, annimmt und assimiliert.

In seiner Arbeit über »Die Verneinung« (1925h) ging Freud von der Beobachtung aus, daß manche Patienten, wenn sie eine bestimmte Deutung erhalten oder selber eine Bedeutung aufgefunden haben, Einwände erheben. »Sie werden jetzt denken, ich will etwas Beleidigendes sagen, aber ich habe wirklich nicht diese Absicht«, oder: »Sie fragen, wer diese Person im Traum sein kann. Die Mutter ist es *nicht.*« Diese Aussage können wir, wie Freud meinte, berichtigen: es ist die Mutter.[26] In Verbindung mit der Person im Traum war dem Patienten seine Mutter eingefallen, aber er mochte diesen Einfall nicht gelten lassen. In ähnlicher Weise wird ein zwanghafter Patient mit einem neuen Zwangsgedanken verfahren; er wird seine Bedeutung kurz streifen und sie sogleich als Rationalisierungen wieder verwerfen. Die Verneinung ist also eine Art, das Verdrängte zur Kenntnis zu nehmen. Mit Hilfe der Verneinung tritt zwar der Vorstellungsinhalt des Verdrängten ins Bewußtsein, jedoch unter der Bedingung, daß er intellektualisierend beiseite geschoben wird; die entsprechenden Affekte bleiben verdrängt. Dem Patienten wird eine Vorstellung bewußt, aber er empfindet nicht, von welcher Wichtigkeit oder Gültigkeit sie für ihn ist.

Das Aufdecken von Vorstellungen, während der Affekt verdrängt bleibt, stellt eine Situation dar, die uns in der Behandlung vertraut ist. Th. Benedek (1937) beschrieb die Schwierigkeiten, die sich aus dieser Situation für die Analyse ergeben.[27] Als die Analyse noch vor allem ein kathartisches Verfahren war, zeigte sich keine derartige Kluft zwischen der Einsicht, das heißt der Aufdeckung verborgener Vorstellungen, und der emotionalen Entlastung. Bei der heutigen Psychoanalyse achten wir jedoch mehr darauf, wie das Ich des Patienten reagiert, ob es mit Abwehr oder Assimilation antwortet. Vielleicht reagiert der Patient auf eine Einsicht mit der Verschlechterung seiner Symptome, mit einer sogenannten negativen therapeutischen Reaktion, die nach Gerö (1936) für die Analyse von Patienten mit depressiven Verstimmungen kennzeichnend ist.[28] Der emotionale Druck kann auch den Ausweg in ein neues Symptom wählen oder durch »Agieren« im Rahmen der aktuellen Lebensumstände freigesetzt werden, wodurch eine Deutung oder eine Einsicht entweder bestätigt oder verleugnet wird. Über dieses Agieren soll noch mehr gesagt werden, da es eine Form annehmen kann, die keineswegs als unmittelbare Triebäußerung anzusehen ist, also kein »Überlaufen« von Triebenergie darstellt, sondern eine Verleugnung des fraglichen Gefühls über den Weg des Handelns. Im Idealfall wählt der Analysand einen anderen Weg; er verändert seine eigenen Beurteilungen, ist mit dem neuen Einfall einverstanden und kann ihn kurz darauf auch emotional akzeptieren, was einem schnellen Durcharbeiten entspricht. Der zugehörige Affekt tritt ebenfalls ins Bewußtsein, möglicherweise eingeleitet durch eine gewisse Zeit ängstlichen Erlebens.

Das »technische« Hochgefühl – ein Deckaffekt

Die Verneinung muß nicht mit einer besonderen Stimmung einhergehen; vor allem bei analyseerfahrenen Patienten bleibt die Stimmung relativ neutral, zumal wenn sie einen weniger wichtigen Einfall äußern. Daneben gibt es wahrscheinlich in jeder Analyse negative Phasen oder Augenblicke der Verleugnung; die Stimmung ist dann nicht mehr neutral oder ausgewogen. Die Verleugnung bleibt nicht auf ein bewußtes, negatives Urteil oder einen Widerspruch begrenzt, sondern sie tritt als eine Reaktion allgemeinerer Art auf. Intellektuelle Zurückweisung oder ablehnende Handlungen werden von einem Hochgefühl begleitet, das die psychische Verfassung des Patienten beherrscht. Ich habe diese *technische Hypomanie*, ein Hochgefühl, das durch die analytische Technik hervorgerufen wird, bei vielen Patienten feststellen können. Sie ist das Gegenstück zu jener depressiven Verstimmung, die jeweils dann auftreten kann, wenn der Narzißmus der Analysanden durch die aufgedeckten Fakten und Zusammenhänge verletzt wird. Das Bewußtsein eines Manikers ist von seiner flüchtigen, sich zerstreuenden Aufmerksamkeit erfüllt; Tatsachen und Themen mit unangenehmer Bedeutung werden auf diese Weise ausgeschlossen oder an den Rand gedrängt. Auch das durch die analytische Technik hervorgebrachte Hochgefühl, jene Euphorie, die eine Verleugnung begleitet, läßt anderen

Affekten, vor allem der Angst, keinen Raum. Wir können demnach Freuds Überlegungen in seiner Arbeit über »Die Verneinung« (1925h) erweitern[29]; das Verneinen von Worten und das negative Urteilen betrifft lediglich den Vorstellungsinhalt des Verdrängten, während sich die gehobene Stimmung, indem sie die verdrängenden Kräfte und damit die Abwehr des Ichs unterstützt, gegen den emotionalen Gehalt, zum Beispiel die Bedrohung durch Angst, richtet.

Im Zusammenhang mit der von mir 1941 beschriebenen leichten Hypomanie, die im Verlauf einer Analyse auftrat, stellte ich fest, daß die gehobene Stimmung gleichzeitig mit oder unmittelbar nach der analytischen Auflösung von Symptomen, die der Abwehr dienten, auftrat. Die Patientin hatte ein eher ungewöhnliches Symptom, es handelte sich um eine Flugzeugphobie. Die Angst hing jedoch nicht mit einem möglichen Abstürzen oder der großen Höhe zusammen; sie trat lediglich bei Flugreisen auf und auch nur dann, wenn das Flugzeug in Bewegung war. Die Patientin saß mit fest geschlossenen Augen auf ihrem Platz, bis sie bei der Landung von ihrem ängstlichen Spannungszustand erlöst wurde. Aus der Analyse von Träumen ergab sich, daß das Flugzeug die Patientin an eine überdachte Veranda erinnerte, auf der sie in ihrer Kindheit gemeinsam mit ihren Eltern geschlafen hatte. In der Erregung während des Fluges wiederholte sich die Erregung, in die sie als unfreiwillige Dritte geriet, wenn sie die sexuellen Handlungen ihrer Eltern vorausempfand. Es ist unter dem Gesichtspunkt der Behandlungstechnik von Bedeutung, daß die Patientin, als ihr dieser Zusammenhang intellektuell bewußt war, immer rastloser und ausgelassener wurde; in den Analysestunden war sie, entgegen ihrer zumeist unglücklichen Stimmung und ihrem vorwiegend ruhigen Verhalten, in gehobener Stimmung. Erst danach konnte sie sich dem emotionalen Gehalt der damaligen Ereignisse, ihren aggressiven und erotischen Gefühlen, stellen.[30]

Mit dem Wissen um die Zusammenhänge war bei meiner

Patientin lediglich der Vorstellungsinhalt aus der Verdrängung befreit. Die aggressiven und erotischen Empfindungen, die eine Wiederholung ihrer früheren Gefühle auf der Veranda darstellten, konnte sie nicht sofort erinnern; ihre Hochstimmung bildete einen affektiven Widerstand gegen die gefühlsmäßige Erinnerung an die Vergangenheit. Es stimmt, daß sich während der Analyse Affekte in genauer Wiederholung der Vergangenheit einstellen können; es können jedoch nicht nur die ursprünglichen Gefühle, sondern auch andere, aus späteren Zeiten der Kindheit, nacherlebt werden. Diese kann man im Sinne einer analogen Wortbildung Deckaffekte (*screen affects*) nennen; ihr Auftreten verbirgt andere Affekte. Der Vergleich mit den Deckerinnerungen läßt sich weiterführen. Die Deckerinnerung ist eine »echte« Erinnerung; sie kaschiert eine andere, ebenfalls reale Erinnerung und die »Täuschung« liegt in der zeitlichen Abfolge. Der Deckaffekt wird ebenfalls als real empfunden, verbirgt ein anderes Gefühl und ist, was den Zeitpunkt seines Auftretens betrifft, irreführend.[b]

Stellen wir uns zum Beispiel vor, der Kleine Hans ginge als Erwachsener in die Analyse. Er erinnert sich an seine Angst, von einem Pferd gebissen zu werden und versteht, daß sein Vater durch das Pferd symbolisch ersetzt war; vielleicht sagt er: »Das kann nicht wahr sein.« Wir können uns auch leicht vorstellen, daß er im Zuge dieser hypothetischen Verneinung phantasiert (oder sich seiner früheren Phantasie erinnert), wie ein hilfreicher Klempner kommt und ihn mit einem größeren Genitale ausstattet. Diese Vorstellung bereitet ihm Vergnügen und versetzt ihn in jene *gute Laune*, von der diese Phantasie in seiner Kindheit begleitet war; das heißt, wenn wir es behandlungstechnisch ausdrücken, daß Hans ein Hochgefühl erlebt, daß durch die Analyse entstanden ist und dem Widerstand dient. Erst wenn diese gute Stimmung und damit auch der Widerstand, in dem sich »die Verleugnung in der Phantasie« seiner Kindheit wiederholt, vorüber sind, kann Hans sich erlebnismäßig an die ödipalen, sexuellen und aggressiven Gefühle erinnern, die der Pferdephobie vorausgingen.

Die Analyse von neurotisch-hypomanischen Charakterstörungen, die oft von einer Verleugnung mit Hochstimmung in die nächste übergeht, zeigt die Abwehrfunktion des Hochgefühls besonders deutlich. Wenn sich im alltäglichen Leben der Patienten eine ödipale Niederlage wiederholt oder ein Übertragungswunsch versagt wird, entsteht ein hartnäckiger Unwille, den Schmerz über den Verlust oder die Versagung zu empfinden; statt dessen ereignen sich einfache, »schöne Sachen«, die Analyse ist unterhaltsam und es scheint, als hätten sich alle Menschen stillschweigend zusammengetan, um dem Patienten Gutes zu tun. Die heitere Laune schließt die ursprünglichen kindlichen Gefühle aus; es liegt nahe, daß diese Stimmung ein Deckaffekt ist, da die Aufmerksamkeit des Patienten mit Einzelheiten von jener Art angefüllt ist, die auch bei den harmlos erscheinenden Deckerinnerungen vorkommen.

Ein Patient mit »manisch-schizoider« Persönlichkeit (*sit venia verbo*) erzählte mir, offenbar um seine unglückliche Kindheitsgeschichte zu verleugnen, phantasierte Geschichten, die seiner ersten Beschreibung völlig widersprachen. Während der gesamten Zeit seiner Kindheit und Adoleszenz sei er nämlich der Liebling seiner Eltern und Geschwister gewesen. In der Schule war er ebenfalls beliebt und konnte viele wunderschöne Freundschaften schließen. Als ich ihn daran erinnerte, daß er mir zunächst eine andere Geschichte erzählt hatte, die von großen Versagungen, von Schüchternheit und Ausgeschlossensein handelte, wurde er ärgerlich, und unterbrach mich damit, daß er die erste Version für falsch erklärte. Die Analyse bringe ihm nämlich die vergessenen, echten Erinnerungen aus seiner Kindheit zurück, und er wäre mir dankbar, wenn ich ihn jetzt, während er diese Erinnerungen wiederentdecke, nicht mehr unterbräche. Diese »vergessenen Erinnerungen« zeigten die gleiche Trivialität wie die meisten Deckerinnerungen.

Die Unterbrechung der Analyse durch das Hochgefühl

Das Hochgefühl stellt, wenn es während der Analyse als Widerstand auftritt, eine Abwehr der Realität dar und verhindert, daß Gefahren, Verluste, Zurückweisungen und Niederlagen, die den Patienten an sich bekannt sind, Eingang in die Analyse finden. Die gehobene Stimmung bewirkt eine Unterbrechung des analytischen Prozesses; sie stellt einen ungleichwertigen Ersatz für das Durcharbeiten dar und zeigt auch nicht das Ende der analytischen Arbeit an. Ich kann daher nicht mit der Auffassung Abrahams (1924) übereinstimmen, der jenes Gefühl von Elan und Wohlbefinden, das er bei psychisch Normalen als Abschluß des Trauerns beobachtete, als Prototyp der Manie ansah.[31] Ein genauer Vergleich eines melancholisch-manischen Krankheitsverlaufs mit der Trauer zeigt eher, daß die Manie keine psychische Verfassung ist, in der die Libido wirklich von dem verlorenen Objekt abgezogen wäre; die Manie ist das Gegenstück zur Unterbrechung der Trauerarbeit durch die Depression. Sie hebt die Einsicht auf und die Objektbeziehung wird, was ihre gefühlsmäßige Bedeutung betrifft, verleugnet. Mit der bekannten, einfachen Formulierung, die Manie sei eine Flucht aus der Depression, ist *ein* Aspekt, daß nämlich die Depression nicht vorüber ist, gut erfaßt; zugleich aber bleibt unerwähnt, daß der gehobenen Stimmung selber eine unterbrechende Wirkung zukommt. Abwehr durch Hochgefühl und Abwehr durch Depression unterscheiden sich qualitativ; in der Hochstimmung zeigt sich kein Abklingen der Abwehr. Durch die Fallbeispiele von H. Deutsch (1933), M. Klein (1940) sowie meine eigenen Fälle (1932, 1937, 1941) wird eher die Auffassung bestätigt, daß das Hochgefühl einen der Trauer analogen Prozeß unterbricht und nicht abschließt. Die scheinbar terminale Hochstimmung schiebt die Depression, die später wieder zum Vorschein kommt, lediglich beiseite.

Im Hinblick auf den manischen Patienten läßt sich der

Gedanke, daß die Hochstimmung das Durcharbeiten unterbricht, auch umkehren; der Maniker kann mit einem Analysanden verglichen werden, der in eine unvollständige Analyse verstrickt ist und genau in dem Augenblick ins Stocken kommt, in dem er eine Vorstellung oder eine Wahrnehmung verleugnet oder durch eine Stimmung, die von guter Laune bis zur Exaltiertheit reichen mag, die gefühlsmäßigen Folgen seiner Einfälle beziehungsweise Wahrnehmungen vermeidet.

Durcharbeiten und Trauerarbeit

Freud (1917e) schuf in »Trauer und Melancholie« eine Betrachtungsweise, die es ermöglichte, die psychische Arbeit bei der Trauer oder der Depression mit dem Durcharbeiten als Teil der analytischen Behandlung zu vergleichen[32]; in *Hemmung, Symptom und Angst* (1926d) nahm er diese Überlegung erneut auf.[33] Kennzeichnend für die Phase des Durcharbeitens ist sowohl beim Trauern wie auch in der Analyse die Auswirkung der Realitätsprüfung; letztere ist jedoch bei der Manie gestört. In der Analyse reicht, was das Ziel der Heilung betrifft, die Entdeckung von Ereignissen und inneren Strebungen, die zur Entstehung der Neurose führten, nicht aus. Der Analysand muß sich mit vielen Erscheinungsweisen seiner Neurose auseinandersetzen, sie erneut betrachten und mit größerem Verständnis die vielen Einzelheiten, die sein unangepaßtes Verhalten (*maladjustment*) ausmachen, einer bewußten Beurteilung unterziehen. Diese Um- oder Nacherziehung (*retraining*) im Hinblick auf eine zutreffendere, gefühlsmäßige Selbsteinschätzung vollzieht sich in der Analyse normalerweise dadurch, daß bestimmte Ereignisse innerhalb der Übertragungsbeziehung subjektiv »wiedererlebt« oder nachempfunden werden; auf diesem Wege werden Ereignisse als »unwirklich« empfunden und im Sinne einer Wiederholung überkommener

Regungen und Einstellungen verstanden. Bekanntlich hatte Freud das abkürzende therapeutische Vorgehen Ranks kritisiert und einem Feuerwehreinsatz verglichen, der sich damit begnügt, im Falle eines Hausbrandes durch eine umgestürzte Petroleumlampe eben diese Lampe aus dem Zimmer zu entfernen, in dem der Brand entstanden war.[34]

Fenichel (1941) schrieb Rado das Verdienst zu, daß er als erster auf die ähnliche Bedeutung der Realitätsprüfung für die Trauerarbeit und für das analytische Durcharbeiten hingewiesen habe.[c] Nach Freud (1917e) besteht der Unterschied zwischen Melancholie und normaler Trauer darin, daß der bei beiden analoge unbewußte Vorgang im Falle der Melancholie sich ausschließlich an den Repräsentanzen des Systems *Ubw* abspielt.[35] Diese Betrachtungsweise wurde von Rado (1925) und Alexander (1925, 1927) beiseite gelassen; sie nahmen die neuere Ich-Psychologie, die sich aus den theoretischen Überlegungen zur Depression entwikkelt hatte, als Grundlage ihrer Auffassungen über die analytische Technik und Behandlung. Von jemandem, der trauert, können wir in übertragenem Sinn sagen, daß er mit (bei) seinem Über-Ich in Analyse ist und mit den Auffassungen, die dieses Über-Ich von seinem Charakter und Verhalten hat, einig zu werden versucht. Die genannten Arbeiten stellten heraus, daß der analytische Patient seinem Analytiker in der Übertragungssituation eine Über-Ich-Rolle zuschreibt; die von Alexander (1925) skizzierte Theorie über die Vorgänge in der Analyse, eine Metapsychologie der analytischen Behandlung, läuft praktisch auf die Parallele von analytischem Prozeß und Trauern hinaus. Er hob die Übertragung unter ökonomischem und topographischem Gesichtspunkt hervor, ihren Über-Ich-Anteil und die Umlenkung des zunächst auf das Ich gerichteten Sadismus nach außen (auf den Analytiker). Die Heilung sollte unter den gleichen dynamischen Bedingungen stattfinden wie die Genesung von einer Depression oder die Normalisierung nach der Trauer.

Fassen wir nochmals ins Auge, worin die Trauer und der analytische Prozeß sich ähneln und worin sie sich unterscheiden. In beiden prüft das Ich die Realität abgestuft und stückweise, jedoch unterschiedlich, was die Realitätsauffassung angeht. Genaugenommen liegt bei der Depression – und ich beziehe mich jetzt auf die bewußten Vorgänge – eher eine Moralitätsprüfung und weniger eine Realitätsprüfung vor. Das Ich unterscheidet weniger das Wahre vom Falschen als vielmehr das Gute vom Bösen. Wenn während eines üblichen Analyseverlaufs eine Es-Regung ins Vorbewußte gelangt und verstandesmäßig akzeptiert wird (der Analysand könnte sagen: »Aus alledem scheint sich zu ergeben, daß ich meinem Vater den Tod wünschte«), muß die Besetzungsintensität dieser Strebung noch nicht verringert sein. In der Zeit zwischen verstandesmäßiger Entdeckung und der gefühlsmäßigen Anerkennung, wenn die Realitätsprüfung zwischen »es scheint so« und »es ist so« hin und her geht, kommen die eigentlichen Stimmungsschwankungen auf, die unser Seelenleben während einer psychotischen Depression oder Hochstimmung fast völlig durchdringen.

Zwischen analytischem Durcharbeiten und Trauern besteht oft mehr als nur eine Analogie, denn im Verlauf einer Analyse kann die Trauer als Teil des Durcharbeitens auftreten. So ist zum Beispiel die negative therapeutische Reaktion, die sich einem Stück intellektueller Einsicht anschließen kann, eine »Leistung« des Über-Ichs; sie stellt das Äquivalent einer Depression dar und verdeckt zumeist die Angst vor Liebesverlust.[d] Folgt der Einsicht ein Hochgefühl, so hängt dieses mit der Verleugnung zusammen; während der Analysand sich seine »Einsicht« leicht ins Gedächtnis zurückrufen kann, drückt sich seine Verleugnung in Stimmungen und Handlungen aus. Meiner Meinung nach bezieht sich die frühere Auffassung, daß der Narzißmus des Analysanden der analytischen Arbeit Grenzen setze, zumindest teilweise auf die hier erörterten affektiven Reaktionsweisen. Jenes Agieren, das sich der Analyse und ihren Erkenntnissen entgegenstellt, erweist sich oft als Variante der manischen Verleugnung durch Aktivität. Viele Widerstandsphänomene einer Analyse lassen sich in den Verlauf einer affektiven Störung einfügen oder als Teil des Trauerns verstehen.

Analytisches und »natürliches« Hochgefühl

Wenn wir die Überlegung ernst nehmen, daß die Hochstimmung als eine nichtbeendete Analyse, die in der Phase des Durcharbeitens unterbrochen ist, angesehen werden kann, dann sollten wir auch nicht vergessen, wie oft »das Leben« den Analytiker spielt und uns in Form von Tatsachen und Ideen »Deutungen gibt«, die wir vom Verstand her für richtig halten, während wir sie gefühlsmäßig nicht an uns herankommen lassen können. Zur Bejahung der Realität gehört, daß sie bald auch, wie bei der Trauer, emotional eingeholt wird; die gefühlsmäßige Anerkennung der Wirklichkeit kann durch eine Weigerung, eine Verleugnung, deren emotionaler Bestandteil das Hochgefühl ist, unterbrochen werden. Die Verleugnung kann in Formen auftreten, die Anna Freud (1936) bei Kindern beschrieb[36]: die Verleugnung in der Phantasie oder die Verleugnung durch Wort und Handlung, die beide unvermeidbaren, unerwünschten Aspekten der Realität entgegenarbeiten und eine gute Laune herstellen. Analysanden, die ein Hochgefühl erleben, agieren ihre Verleugnung; sie schieben das Durcharbeiten auf oder ziehen es in die Länge.

Normale Trauer und die Abwandlung der Triebregungen

Die Vor- und Nachteile des Trauerns, wenn es als Psychotherapie gesehen wird, sind offensichtlich; das Ziel wäre außerordentlich begrenzt, da es in der Lösung einer bestimmten Objektbeziehung bestünde. Auch die Einsicht käme zu kurz, wenn das Über-Ich die Rolle des Analytikers übernähme und eine obsolete Bewertung der Realität festlegte. Gewissen und bewußtes Urteilen kämpfen miteinander um das seelische Terrain. Leicht tritt eine Verwechslung dieser Kontrahenten ein; das zeigt sich auch am gemeinsamen Ursprung dieser Worte im neulateinischen Sprachbereich (*conscience* und *consiousness*). In der Gattungsgeschichte wie in der individuellen Lebensgeschichte geht die moralische Selbstbeurteilung der objektiven Selbsteinschätzung voraus.[37] Das Trauern geht jedoch auch mit Introspektion und Selbstbeurteilung einher, und vielleicht wird nicht genügend beachtet, wie sehr das normale Trauern die Einsicht in das Selbst fördert. Der Trauernde blickt auf seine Beziehung zum verstorbenen Objekt zurück und erfährt dabei mehr über seine eigenen Bedürfnisse und Abhängigkeiten. Diese Reflexion über das verlorene Objekt ist ein Teil der normalen Trauerarbeit; sie erhöht die Einsicht in die Motive des Trauernden, und man kann in dieser Reflexion eine Sublimierung des oralen Sadismus sehen, der in der Melancholie, einer unreifen Art des Trauerns, in ursprünglicher Form zum Ausdruck kommt.

Freud zeigte in »Die Verneinung« (1925h), daß bewußtes Urteilen als eine Funktion des Ichs aus einer primären, oralen Triebregung entsteht. »Das Urteilen ist die zweckmäßige Fortentwicklung der ursprünglich nach dem Lustprinzip erfolgten Einbeziehung ins Ich oder Ausstoßung aus dem Ich.«[38] Dieser Textstelle geht voraus: »Die Eigenschaft, über die entschieden werden soll, könnte ursprünglich gut oder schlecht, nützlich oder schädlich gewesen sein. In der Sprache der ältesten, oralen Triebregungen ausgedrückt: das will ich essen oder will es ausspucken.«[39] Bei der normalen Trauer sind diese oralen Triebregungen, die in der Melancholie das introjizierte Objekt ungezügelt angreifen, abgewandelt; gezähmt und sublimiert wenden sie sich gegen das

Objekt und das Ich im Vorgang ihrer Beurteilung. Ähnlich dem Urteilen ist die Epistemophilie, die Wißbegierde (*the craving to know*), eine abgewandelte Ausdrucksform oraler Wünsche. Auch sie kommt mit der Realitätsprüfung, die der grundlegende Vorgang bei der Trauerarbeit ist, ins Spiel und wird in der leidvollen, prüfenden Untersuchung des trauernden Ichs und des verlorenen Objekts befriedigt. Möglicherweise stellt die Wißbegierde *ein* Motiv dar, weshalb viele Menschen kurz nach dem Verlust eines Liebesobjektes eine Analyse beginnen; sie brauchen die Förderung, die das analytische Durcharbeiten für die Trauerarbeit bedeutet, damit sie ihre Selbstverurteilung und Neugier der eigenen Person gegenüber in eine analytische Selbsterforschung verwandeln können.

Das Trauern hat, wenn man es als eine Methode betrachtet, die zu Einsicht und Heilung führen soll, seine Grenzen. Wie Freud (1917e) am Beispiel der Melancholie zeigte, kann das Trauern nicht in jedem Fall unbewußte Repräsentanzen und Affekte erreichen.[40] Auch die verstandesmäßige Einsicht in eine Objektbeziehung muß durch das Trauern nicht so wirksam werden, daß die Verleugnung und andere Abwehrmechanismen nicht doch zum Zuge kommen könnten. Außerdem kann auch die Traurigkeit, ähnlich wie das Hochgefühl, dem Widerstand dienen, so daß andere Affekte weiterhin vom bewußten Erleben ausgeschlossen bleiben. Die normale Trauer vermag jedoch auch, wie Abraham (1924) feststellte, zu einem gesteigerten Gefühl des Wohlbefindens, vermehrter sexueller Potenz, Arbeitsfähigkeit und Sublimierung zu führen. Wir haben dann nicht, wie Abraham diese Ergebnisse des Trauerns interpretierte, die Normalvorbilder der Manie vor uns[41], sondern das »gute analytische Ergebnis« der Trauerarbeit.

Kapitel 4
Manie und Schlaf

Die metapsychologische Analogie von Manie und Schlaf

Nach Rado (1927) fließt in der Manie das Ich mit seinem Über-Ich wieder zu einer Einheit zusammen, in der innerseelischen Wiederholung jener Verschmelzung nämlich, die mit der Mutter beim Trinken an ihrer Brust stattfand.[1] Viele Autoren haben im Anschluß an M. J. Eislers Arbeit »Pleasure in Sleep and Disturbed Capacity for Sleep« (1921) übereinstimmend festgestellt, welchen Vorgang das Ich beim Einschlafen wiederholt: das früheste kindliche In-den-Schlaf-Fallen, die Verschmelzung mit der Brust beim Stillen. Wir haben es mit Feststellungen zu tun, die mit Ausnahme des jeweiligen Endzustandes und des topographischen Gesichtspunktes identisch sind; in einer innerseelischen Verschmelzung wiederholt sich die Situation des Säuglings an der Brust und führt in einem Fall zur Manie, im anderen zum Schlaf. In *Massenpsychologie und Ich-Analyse* verglich Freud (1921c) Manie und Schlaf, weil er in beiden Zuständen Rückbildungen der Sonderung des Ich-Ideals (Über-Ichs) vom Ich erkannte; im Schlaf fällt das Ich mit dem Es zusammen, in der Manie das Über-Ich mit dem Ich. Am Beispiel der Saturnalien, des Karnevals und anderen Festen erwog Freud, ob für beide Formen der psychologischen Rückbildung von Differenzierung eine periodisch auftretende, biologische Notwendigkeit besteht.[2]

Es wird bei oberflächlicher Betrachtung nicht klar, was der gemeinsame Zug von Manie und Schlaf bedeuten könnte, zumal ein manischer Patient auch extrem wach zu sein scheint. Unsere phänomenologisch orientierten Kollegen, die das subjektive Erlebnis eines seelischen Zustands durch Einfühlung und Nacherleben erfassen möchten, stoßen sicher auf erhebliche Schwierigkeiten, wenn sie in ihrer Intuition etwas auffinden wollen, das dem subjektiven Erlebnis des Schlafs nahekommt. Vielleicht heißt es dann, was ebensogut vom gesunden Menschenverstand aus gesagt werden kann, daß an diesem Punkt unsere Erkenntnismöglichkeiten am Ende seien. Wir kommen jedoch, wenn wir die introspektive Methode und die Oberfläche verlassen, auf vielerlei Wegen zu einem tieferen Verständnis des Zusammenhangs, der zwischen Manie und Schlaf besteht.

Der Schlaf hat seinen wesentlichen Ursprung in oraler Befriedigung. Nach dem Stillen fällt der Säugling in einen vermutlich traumlosen Schlaf. Theoretisch korrekter ist es, wenn wir sagen, daß der Säugling einen »bildlosen Traum« (»*blank dream*«) hat, eine »Erscheinung« (*vision*) gleichförmiger Leere, die ein andauerndes Nachbild der Brust ist. Dieses unausgefüllte Bild der abgeflachten Brust bleibt im späteren Leben als eine Art Hintergrund oder Projektionsschirm für unsere Träume erhalten; die Bilder, die wir als visuellen manifesten Trauminhalt bezeichnen, werden ähnlich wie im Kino auf diesen Hintergrund, die Traumleinwand (*dream screen*) projiziert.[3] Die Erfüllung des Schlafwunsches bringt einen tiefen Schlaf und die Traumleinwand hervor. Wenn sich im Einschlafen der ursprüngliche Schlaf nach dem Stillen wiederholt, dann stellt es auch eine Verschmelzung von Ich und Brust wieder her. Das ursprüngliche Schlaf-Ich gehört zum Es mit Ausnahme der Traumleinwand, der alleinigen und ersten Repräsentanz der Außenwelt, dem Nachbild der Brust.

Weitere Repräsentanten der Außenwelt aktueller oder zurückliegender Art dringen in den Schlaf und die ihm vorausgehenden Augenblicke des Halbschlafs ein.[4] Zu ihnen gehört beispielsweise der Hunger, und das erste Traum-»Bild« könnte sehr wohl eine Milch-Halluzination sein, wenn wir dies aus den Saugbewegungen schließen dürfen, die wir an einem Säugling, kurz bevor er aufwacht, beobachten können. Neben solchen unmittelbaren, »organischen«, schlafstörenden Reizen wie Hunger, Kälte und Schmerz beteiligen sich bald schon Erinnerungen aus dem Wachzustand an den visuellen Elementen, die vor oder auf der Traumleinwand erscheinen. Leider reichen unsere Kenntnisse nicht dazu aus, daß wir die zunehmende Komplexität des Schlafbewußtseins oder des manifesten Traumerlebens lükkenlos darstellen könnten. In dem Maße aber, in dem das Kind intensiveren Kontakt zur Umgebung aufnimmt und die Zeit seines Wachseins länger, komplexer und bedeutungsvoller wird, durchsetzen auch immer mehr Vorstellungen und Wünsche aus dem Wachzustand sein nächtliches Erleben. Dann stellen sich dem Schlafwunsch andere Wünsche entgegen, unbewußte und vorbewußte, auf Wecken und Stören gerichtete Regungen (*disturbers, wakers*), die mit mehr oder weniger Entstellung den manifesten Inhalt späterer Träume bilden.

Die Tatsache, daß sich unser Traumleben mit zunehmender Beteiligung eines erstarkenden Ichs vom Einfachen zum Komplexen hin entwickelt, läßt sich nicht nur durch den potentiellen Reichtum des Traumlebens Erwachsener, sondern auch mit den Träumen von Kindern belegen. Wenn man die Regression Erwachsener untersucht, die immer vielschichtig ist, weil sie die Wechselwirkungen verschiedener, aufeinanderfolgender Entwicklungsstufen aufweist, ist es jeweils sehr nützlich, sich vorzustellen, daß die ursprünglichen infantilen Phänomene eher einfacher Natur sind, während sie in der Regression als Nachahmungen und Zerrbilder erscheinen. Es ist der Zensur des reiferen Ichs zuzuschreiben, daß die meisten Träume von Erwachsenen, im Gegensatz zu den Träumen der Kinder, kompliziert aufgebaut sind. Freuds Beispiel, der Traum des kleinen Hermann, war sehr direkt und einfach. Am Tag, nachdem Hermann seinem Onkel widerstrebend ein Körbchen mit Kirschen zum Geburtstag geschenkt hatte, wachte er freudig auf; er hatte geträumt: »He(r)man alle Kirschen aufgessen!«[5]

Die schlafstörenden Regungen als Reste des sich ausdehnenden Wachlebens liefern einen zunehmend größeren Beitrag zur Kompliziertheit des Schlafbewußtseins; indem sie nicht zum Ziel kommen, steigern sie die Verzweigungen der Traumbildung.

Diese Ausführungen über das Bewußtsein und seine Veränderungen während des Schlafes sollten darauf aufmerksam machen, daß wir, wenn wir vom »Schlaf« sprechen, unterschiedliche Zustände meinen. Kubie (1948) schrieb: »Wir sind nie ganz wach, und ebensowenig schlafen wir völlig. Beim Schlafen oder Wachsein geht es um relative, nicht um absolute Verhältnisse. Während wir wach sind, schlafen wir auch zu einem gewissen Anteil, der wiederum wach sein kann, wenn wir schlafen; dazwischen finden sich alle Abstufungen von Aktivität und Inaktivität«.[6] In ähnlichem Sinn argumentierte auch Rado (1925), wenn er sagte, daß die Hypnose mehr als ein künstlicher Schlaf sei und wir uns von der Etymologie des Wortes *hypnosis* nicht in gleicher Weise irreführen lassen sollten wie unsere psychiatrischen Ahnen bei der Ableitung von *hysteria.* Aus der Ableitung von *hypnos* (Schlaf) gerate man leicht unter den Einfluß der tiefverwurzelten Vorstellung, daß die Hypnose ein artifizieller Schlafzustand sei; zutreffender sei sie jedoch als künstlicher Traumzustand anzusehen.[7]

Fortführung des Vergleichs von Manie und Schlaf

Die Manie läßt sich also mit dem Schlaf vergleichen, wenn wir genauer festlegen, welche Art von Schlaf wir meinen und dabei berücksichtigen, daß zum Schlaf Träume gehören, die von der Traumzensur in verschiedenem Ausmaß beeinflußt und daher von unterschiedlicher Kompliziertheit sind. So gesehen kann die Manie eine Art Schlaf sein, auch wenn das äußere Erscheinungsbild kein Sopor[8] ist. In dieser Betrachtungsweise ähnelt eine typische Hochstimmung oder Manie dem Traum eines kleinen Kindes und dessen spielerischen Wunscherfüllungen in der Phantasie; gemeint ist das Traumleben des narzißtischen Lust-Ichs – wenn man ein Traumleben in solcher Idealform annehmen darf – zu dem auch gehören würde, daß es frei ist von Ängsten und allen anderen Affekten außer guter Laune.

Heute wird wohl niemand mehr der Vorstellung anhängen, die spielerische Phantasie der Kinder sei so konfliktfrei, wie man das früher annahm. In dieser Hinsicht sollte ein Hinweis auf Anna Freuds (1936) Darstellung der Verleugnung in der Phantasie jeden Zweifel zerstreuen. Freuds *Traumdeutung* (1900a) enthält Beispiele von kurzen, einfach aufgebauten Kinderträumen, die den Verleugnungsphantasien, über die Anna Freud (1936) und Berta Bornstein (1936, 1949) berichteten, sehr ähneln. Vielleicht kann man sagen, daß sich den früheren Untersuchungen des Hochgefühls ein altvertrauter Widerstand entgegenstellte, der damit zusammenhing, daß wir das Spielerische und Spaßige der Manie unbewußt mit dem vermeintlichen Glück der Kinder gleichsetzten und auf diese Weise unsere eigene Phantasie vom »glücklichen Alter unschuldiger Spiele« zur Wirklichkeit erhoben. Die Vorstellung, daß manische Aktivität und Kinderspiel ähnlich seien, ist altes Gedankengut der Psychiatrie; unser Verständnis vom Spiel der Kinder ist jedoch ebenso neu wie die Psychoanalyse selbst.

Möglicherweise ist der Vergleich, den ich zwischen Manie und Kindertraum gezogen habe, durch den Hinweis auf die der Wunscherfüllung dienenden Phantasien und Spiele des Kindes, wieder unklar geworden; ich möchte daher das Folgende herausstellen: beim Hochgefühl treten Phantasien, Worte und Taten hauptsächlich in den Dienst der Verleugnung; ihre Verwendung ähnelt daher der sekundären Bearbeitung des Traumes, die sich der Entstellung der latenten Traumgedanken anschließt. Der Inhalt einer Hochstimmung stellt die unmittelbare Verleugnung einer Tatsache dar; die Art, wie der Hochgestimmte von Glück beseelt und vorbehaltlos an diesen Inhalt und seine Richtigkeit glaubt, ähnelt mehr der Art, wie Kinder an ihre Träume glauben und weniger, wie sie beim Spiel an bestimmten Lieblingsphantasien festhalten.

Beispiel

Der Fall einer jungen Frau mit extremer oraler Bindung an ihre Mutter soll die Beziehung zwischen Traumpsychologie und Manie veranschaulichen. Sie hatte ihre passiven, oralerotischen Bedürfnisse verstandesmäßig erfaßt, verleugnete jedoch den Einfluß dieser Regungen. Während ihrer Analyse hatte sie vier hypomanische Anfälle, die durch die gleichen Umstände ausgelöst wurden. Nachdem sie den Tag mit jemandem verbracht hatte, der einen Ersatz für ihre Mutter darstellte, und die Zeit mit Einkaufen und Essengehen verstrichen war, kam sie in selbstversunkener, erotisch entrückter Stimmung zur Analyse. In der folgenden Nacht setzte sich diese Stimmung in einem bildlosen Traum fort, der von einem sexuellen Orgasmus begleitet wurde. Am Tag darauf begann ein hypomanischer Erregungszustand, durch den die Bedeutung und die Wichtigkeit der Ereignisse verleugnet wurden. Inhaltlich drehte sich alles um Unabhängigkeit und Heterosexualität. Die Patientin erzählte von zahlreichen Verlobten, den verschiedensten prominenten jungen Männern aus politischen und künstlerischen Kreisen; sie behauptete, daß sie an den verschiedensten Unternehmungen beteiligt sei, die sich um Liebe, Kunst und Geschäfte zugleich drehten. Das Verhältnis, das sie zu ihren Träumen hatte, veränderte sich. Vor ihrem hypomanischen Anfall hatte sie Träume berichtet, die sich leicht deuten ließen; so befand sie sich zum Beispiel mit einem von ihr bewunderten jungen Mann im Bett, der sich in ihre Mutter verwandelte. Während der Hypomanie wies sie jede Deutung, daß die Männer in ihren Träumen jemand anderes darstellen könnten, heftig von sich. Zeigte ein Traum, was ihr von ihrer Kindheit her bekannt war und mit ihrer Mutter zusammenhing, so begann sie zu konfabulieren. Sie konnte nicht hinnehmen, daß die im manifesten Trauminhalt erotoman besetzten Liebesobjekte auf ihre Mutter hinwiesen, und verdeckte diesen Zusammenhang, indem sie über die Traumpersonen Geschichten erfand; der im Traum erscheinende Mann sei zum Beispiel derselbe gewesen, den sie als Babysitter hatte, der sie in den Schlaf sang, ihr das Laufen beibrachte und so weiter. Die Patientin stand zu ihren Träumen wie ein kleines Kind, von dem wir vielleicht annehmen dürfen, daß es einen Traum mit einer fast unentstellten Wunscherfüllung sehr schätzt. Der Analytiker aber klopfte vergeblich an eine verschlossene Tür im Ich der Patientin, die vor der Hypomanie geöffnet war; die Realitätsprüfung der Patientin war hinter dieser Tür zu vermuten.

Mit dem bildlosen, orgastischen Traum, der durch das Zusammensein mit einer Mutterfigur stimuliert wurde, reproduzierte sich die Vereinigung mit der Mutter beim Stillen oder Gefüttertwerden. Die sich anschließende wahnhafte Hochstimmung entsprach einem Stück dieses bildlosen Traumes, das mit zeitlicher Verzögerung folgte; durch diesen nachhinkenden manifesten Trauminhalt wurde der im Traum unmittelbar erfüllte Wunsch verleugnet. So betrachtet befand sich die Patientin im Wachleben zugleich in einem partiellen Schlafzustand, da ein nicht unbeträchtlicher Teil ihres Wachbewußtseins eine Funktion ausführte, die nach »klassischer« Betrachtungsweise die Traumarbeit durch Entstellung und sekundäre Bearbeitung leistet. Das Wirklichkeitsgefühl der Patientin war im Wachzustand mit der Realität des manifesten Traumes identisch; es bestand in einer radikalen Verleugnung dessen, was die Ursache ihrer Erregung im Traum war.

Trotz Medikation konnte die Patientin zu Beginn ihrer Hypomanie kaum noch schlafen; sie träumte wenig oder vergaß ihre Träume. Später erinnerte sie sich jedoch ausführlich an einige Träume. Sie waren kompliziert, stellten viel vom Alltag dar und enthielten auch, was die Patientin über ihre lustvollen Aktivitäten mit ihren phantasierten, heterosexuellen Pseudoobjekten erzählt hatte. Der Inhalt ihrer nächtlichen Träume, die für die Patientin genau das bedeuteten, was sie zum Inhalt hatten, veränderte sich durch die tagträumerischen Konfabulationen. Oder anders ausgedrückt: in den nächtlichen Traumerlebnissen wurde der Tagesrest sozusagen überstrapaziert, wie wir das auch von Kinderträumen kennen. Entsprechend ging die Patientin mit den freien Einfällen um; sobald ihre Einfälle in die Nähe der verleugneten Tatsachen reichten, weigerte sie sich, sie auszusprechen oder sie flüchtete mit Hilfe von ausweichenden Einfällen. Sie reagierte mit gereiztem Widerspruch, wenn der Analytiker sich in seinen Interventionen auf die Realität bezog.

Hinsichtlich der Struktur gibt es zwischen »manischen Träumen« und dem allgemeinen Traummuster keine bemerkenswerten Unterschiede. Der bildlose Traum stellt jedoch eine Ausnahme dar; seine Deutung sollte über die orale Befriedigung und die Vereinigung mit der Mutter beim Stillen hinausgehen, da er die Erfüllung des Schlafwunsches, in der Freud bekanntlich den übergeordneten Anlaß für das Träumen sah, in Reinkultur zeigt. Das Traumbild enthält allein die Traumleinwand und den »organischen«, sexuellen Stimulus.

Es erscheint paradox, daß der Schlafwunsch auch durch ausgestaltete Träume vertreten wird, wie sie oft bei leichteren, passageren Hochstimmungen auftreten, die während einer Analyse mit der Verleugnung einhergehen. Wenn der Patient in der Stunde einen Traum der Nacht zuvor wiederholt, ist das ein »Ausagieren«; er »wiederholt« den Schlaf der vorausgegangenen Nacht, erlebt ihn nach, und wir können zum Zweck des Analysierens sagen, daß der Patient ebensogut bildlos geträumt haben könnte und mit dem Wiederholen des Traumerlebnisses seinen Schlafwunsch zu einem guten Teil befriedigt.[9] Häufiger bei solchen »analytischen« Zuständen der Verleugnung und des Hochgefühls ist jedoch, daß die Verleugnung im Trauminhalt selbst zum Ausdruck kommt.

Der hypomanische Anfall der Patientin entsprach also einem manifesten Traum, der die latenten Traumgedanken, die sich mit Hilfe der Tagesreste bilden, verleugnete. In Analogie zum Traum des kleinen Hermann sagte die Patientin mit ihrer anfallsweisen Hypomanie: »Ich wollte die Kirschen überhaupt nicht haben. Alle Früchte, die ich mag, habe ich und hatte sie schon immer.« In einem wichtigen Aspekt ist der hypomanische Anfall den Träumen von Kindern ähnlicher als ihren Spielen; zu Kinderträumen wie zur Manie gehört ein intensives Wirklichkeitsgefühl, ein Gefühl absoluter Glaubwürdigkeit. Das Ich des schlafenden Kindes steht jedoch dem reinen Lust-Ich wesentlich näher als das kindliche Ich beim Spielen und Phantasieren.

Die Patientin war sich im Wachzustand ihrer selbst sicherer als im Schlaf, und wir haben gesehen, daß sie in ihrem Traumleben die Fähigkeit, unerwünschte Reize fernzuhalten, nur allmählich wiedererlangte. Nur solche Träume waren in ihrer Funktion als Hüter des Schlafs erfolgreich, in die Vorstellungen des Taglebens unmittelbar übernommen waren, wie zum Beispiel die zahlreichen Verehrer, die sich die Patientin phantasierte und die auch in ihren Träumen auftauchten. Die Crux dieser Träume war, daß sie, in einem Bild gesprochen, auf dem einen Bein der sehr eingeschränkt ausgewählten Tagesreste standen und zugleich die Verfälschung der Wirklichkeit fortzusetzen hatten. Die Analyse der Träume dieser Patientin legt die Abwehrmechanismen frei, die für das manische Ich bereits beschrieben wurden. Die Abwehr wird in Form von Verleugnungen gegen die unwillkommenen Tagesreste eingesetzt, zu welchen auch Deutungen des Analytikers gehören, oder sie drückt sich mit geeigneten Phantasien in Identifizierungen aus; schließlich zeigt die Abwehr auch Umkehrungen von Rolle und Affekt. Die Verwendung dieser Abwehrmechanismen ist unmittelbar einsichtig: sie sind ein Teil des Beitrags, den das Ich zur Traumstruktur leistet. Der manische Schlaf ist bekanntlich schlecht, was zweifellos mit der starken defensiven Ich-Besetzung zusammenhängt. Die Möglichkeit einer gesonderten Abwehr gegen Schlaf bedarf einer weiteren Erörterung, die später folgt.

Die Betrachtung der manischen Phänomene als manifeste Trauminhalte

Zur Beantwortung der Frage, in welchem Ausmaß manische Zustände Träumen gleichen, soll untersucht werden, welche klassischen Symptome der Manie sich so interpretieren lassen, als seien sie Traumelemente. Das hieße, daß wir den bekannten verbalen und psychomotorischen Merkmalen der Manie »Traum-Bedeutungen« verleihen.

Die Hochstimmung ist natürlich das auffallendste Merkmal der Manie. Träume mit manifester gehobener Stimmung sind wohlbekannt; wir wissen, daß Träume, die Lachen enthalten oder als »lustige Träume« ausgegeben werden, das Gegenteil von dem bedeuten, was sie auszusagen scheinen. Sie enthalten latente Todeswünsche oder auch Gedanken an den eigenen Tod.[a] Das Hochgefühl in solchen Träumen gleicht der manisch gehobenen Stimmung oder Hochstimmung, die während der Analyse mit der Verleugnung einhergeht. Gleichfalls wohlbekannt ist die psychomotorische Erregtheit des Manikers; sein gesteigerter Rede-, Bewegungs- und Betätigungsdrang duldet keinen Aufschub. In Freuds *Traumdeutung* (1900a) finden wir Traumberichte, die von verschiedensten Spielen handeln und das »unschuldige« Vergnügen der Kindheit zum Ausdruck bringen, während sie zugleich andere, weniger unschuldige »Späße« verbergen oder verleugnen; einige Kinder- und Erwachsenenträume dieser Art bezeichnete Freud gesondert als Bequemlichkeitsträume[10], und wies auf das in ihnen kaum entstellte Moment der Ungeduld hin. Der manische Anfall ist voll von Spielerischem und Ungeduld.[11] Zum Syndrom der Hochstimmung gehört auch ein ständiger Wechsel der gedanklichen Inhalte und die Beschleunigung des Gedankenablaufs; beide Eigenschaften werden als Ideenflucht zusammengefaßt. Aus der analytischen Arbeit kennen wir Träume mit gedrängten, geradezu überwuchernden manifesten Inhalten, deren Erzählen kein Ende nimmt. Der endlose Traum entzieht sich der Analyse; er dient dem Widerstand, indem die Fülle und Vielfalt der manifesten Inhalte den Träumer von den latenten Traumgedanken ablenkt. Die Fülle manifester Handlungen und die Schnelligkeit der Abläufe bei einer Manie lassen sich gut mit dem endlosen Widerstandstraum vergleichen.

Der bildlose Traum, der am Anfang jedes Anfalles der besprochenen Patientin stand, scheint zunächst aus der Reihe manischer Symptome herauszufallen, besonders, weil er vermutlich selten vorkommt. Seine Bedeutung ist eine reine Erfüllung des Schlafwunsches; man könnte daraus folgern, daß es bei den Psychosen keine Entsprechung zum bildlosen Traum gibt. In der Nosologie der manisch-drepressiven Zustände findet sich jedoch ein entsprechendes Gegenstück; es ist allerdings nicht im formalen Ablauf der Stimmungsschwankungen sowie dem Wechsel von Erregungs- und Hemmungszuständen zu erkennen, sondern im sogenannten benignen Stupor.

Schlaf und Stupor

Der benigne Stupor, wie er zuerst von Kirby (1913) definiert, dann von August Hoch (1921) und anschließend durch MacCurdy (1925) ausführlich untersucht wurde, weist keinen bewußten Vorstellungsinhalt auf; die Gesundheit des Kranken ist nach kürzerer oder längerer Zeit wiederhergestellt. Die Patienten sagen oft, bevor der Stupor einsetzt, daß sie lieber tot wären. Häufig folgt dem Stupor eine anfallsartige Hochstimmung oder, wie Hoch schrieb, eine »poststuporöse Hypomanie«. In der Anamnese finden sich regelmäßig ähnliche stuporöse Zustände, manische Anfälle und Depressionen. Der fehlende bewußte Inhalt führte Hoch jedoch nicht zu der Auffassung, der Stupor sei bedeutungs*leer*, sondern zu einer anderen Annahme: im Stupor werde die Phantasie vom eignen Totsein ausgelebt. Meines Erachtens ist der Stupor mit dieser Annahme nicht tiefergehend interpretiert; ich meine, daß der benigne Stupor eher den frühkindlichen, visuell inhaltslosen Schlaf wiederholt und damit den bildlosen Träumen gleicht. Mit Kubies treffender paradoxer Formulierung: ein benigner Stupor ist die schlafwandlerische (somnambule) Darstellung des Schlafs.

Die Patientin, die während ihrer Analyse vier bildlose Träume mit Orgasmus erzählte und danach jeweils hypomanisch wurde, hatte während ihrer späten Adoleszenz einen Zustand durchlebt, bei dem es sich mit ziemlicher Wahrscheinlichkeit um einen benignen Stupor handelte, der einige Tage andauerte. Es war, als hätte sie während dieser Tage geschlafen; sie besaß keinerlei Erinnerung an diese Zeit. Der Versuch, diese Amnesie aufzuheben, führte jedoch nur zu Phantasien, die Deckerinnerungen glichen und von der Patientin offenbar im Moment produziert wurden. Allerdings gab es Hinweise, daß eine Beziehung ähnlicher Art, wie sie den bildlosen Träumen vorausgegangen war, auch diesen Stupor ausgelöst hatte. Meine Überlegungen zu Schlaf und Tod werde ich in einem späteren Kapitel ausführlicher vorbringen; hier mag genügen, daß der Schlafwunsch meines Erachtens ontogenetisch älter ist als der Wunsch zu sterben, und daß im Wunsch, tot zu sein, eine Abwandlung des Schlafwunsches vorliegt.

Der Unterschied, der zwischen den durch Drogenintoxikation hervorgerufenen Erregungszuständen und den natürlichen Hochstimmungen sowie manischen Zuständen besteht, wird deutlicher, wenn wir von der Psychologie des Schlafes ausgehen. Während der drogensüchtige Patient bis zum Schlafzustand gelangt, macht der manische Patient vor dem Schlaf gleichsam halt. Sieht man den Übergang vom Wachzustand in den Schlaf eher als eine graduell absteigende Bewegung und nicht als eine Abfolge diskontinuierlicher Schritte, dann kann man sagen, daß der Drogenabhängige im Unterschied zum Maniker die gesamte Strecke durchläuft. Im stuporösen Schlaf, der durch Drogen herbeigeführt wird, ist die Vereinigung mit dem mütterlichen Körper, mit der Brust, vollständiger und weniger vermieden als bei der Manie. Der bei Manikern wie auch bei Drogenabhängigen vorkommende Suizid, der psychologisch ebenfalls die Verschmelzung von Ich und Über-Ich oder eine Rückkehr zur Mutter bedeuten könnte, ist vielleicht die Extremform einer Wiederholung des Schlafs an der mütterlichen Brust. Möglicherweise verstellen die Worte »Rauschgift« und »Rausch« den Blick für eine genaue Beurteilung des artifiziellen Stupors, der mit Hilfe von Drogen entsteht. Rado (1934) zeigte, daß Stupor und Suizid Folgeerscheinungen der Drogenabhängigkeit sind; ich teile seine Aufassung und ziehe auch die neue Bezeichnung *Pharmakothymie*, die er für die Drogenabhängigkeit wählte, anderen nosologischen Begriffen vor.[12]

Abraham (1924) stellte hinsichtlich der Regression bei Depressionen und Manien fest, daß ein regressiver Zug zu jenem Abschnitt der oralen Phase besteht, der dem kannibalischen Stadium, in dem er den entscheidenden Fixierungspunkt der Libido sah, vorausgeht. Der frühorale Wunsch nach dem Gestilltwerden an der Brust würde vervollständigt oder erfüllt durch das Einschlafen, wenn die regressive Phantasie konsequent zu Ende geführt wird. Eine solche Phantasie erkennen wir im bildlosen Traum, im benignen Stupor und im Suizid. In seiner Beschreibung von Bewußtseinszuständen, die dem katatonen und dem benignen Stupor vorausgehen, belegte Zilboorg (1933) die psychologische

Identität von prästuporösen Phänomenen und Einschlaferscheinungen (Isakower, 1938).

Manie und Kinderträume

Wir waren von der Frage ausgegangen, in welchem Sinne man die Manie als eine Art von Schlaf bezeichnen könnte, da beide Zustände die Verschmelzung mit der Brust beim Stillen psychologisch wiederherstellen. Indem wir in unsere Vorstellung vom Schlaf auch die Traumzustände einschlossen, konnten wir sagen, daß die Manie trotz ihres Auftretens während des Wachseins ein Verschmelzen mit der Brust beim Stillen und das Einschlafen wiederholt. Dieses Einschlafen, das sich in der Manie wiederholt, indem das Über-Ich mit dem Ich eine Einheit bildet, ist allerdings nicht als eine genaue Kopie (*reproduction*) des Urbildes kindlichen Einschlafens anzusehen. Gerade jene Eigenschaft des guten, tiefen Schlafs eines Säuglings, die im bildlosen Traum besteht, fehlt bei der Manie; eine Wiederholung dieses Schlafs ist eher im Stupor zu sehen. Die Manie dagegen *kopiert* eine *Kopie* – sie wiederholt den Schlaf eines älteren Kindes und seine Träume von relativ einfachem Aufbau mit den Verleugnungen, Identifizierungen und Wunscherfüllungen, die mit einem Glücksgefühl einhergehen. Bei der Manie haben wir die abgeänderte Kopie eines kindlichen Schlafzustands vor uns, der selbst schon eine veränderte, ausgestaltete Kopie des ursprünglichen Schlafs an der mütterlichen Brust ist.[b]

Das Ich in den Träumen von Kindern und Erwachsenen

Es wurde gezeigt, daß die Manie ein psychischer Zustand ist, in dem ein Teil des Ichs, der einen Bereich der

Wirklichkeit verleugnet, vom übrigen Ich abgespalten wird. Ehe das Traumleben jedoch völlig unter den Einfluß des hochgestimmten Ichs gerät, kann ein Zwischenzustand auftreten, in dem das nächtliche Träumen mehr Realitätsprüfung aufweist als die hochgestimmten Phantasiezustände am Tage. Ruth Mack Brunswick (1928) und Freud (1940a) berichteten über diese Umkehrung hinsichtlich der Realitätsprüfung am Beispiel von psychotischen Patienten; für diesen Zustand ist der Verlauf der Spaltung im Ich durch die Grenze zwischen Schlafen und Wachsein gegeben. In der frühen Kindheit ist die Grenzlinie zwischen Wachzustand und Schlaf allerdings längst nicht so scharf gezogen wie im späteren Leben. Grotjahn (1938), der die Träume eines zwei Jahre und vier Monate alten Jungen mitteilte, konnte an diesen Beispielen zeigen, daß Einschlafen und Aufwachen den psychischen Zustand des Kleinkindes längst nicht so abrupt wie beim Erwachsenen verändern; der kleine Junge zum Beispiel nahm manifeste Traumgedanken in den Wachzustand herüber.[13] Offenbar wird der Einfluß, den der Schlafzustand auf das Wachleben ausübt, schon früh gehemmt; normalerweise zeigt das Wachleben wenig Reste des Träumens, und wenn sie auftreten, werden sie zumeist nicht bemerkt. Sterba (1946) veröffentlichte einige interessante Beispiele; die betreffenden Analysepatienten agierten den Trauminhalt der vergangenen Nacht.[14] Jones (1911) hatte diesen Vorgang als erster erwähnt. In der Regel verläuft die psychische Aktion jedoch nur in einer Richtung und scheint gegen die umgekehrte Richtung wie mit einer Ventilklappe gesperrt zu sein; während Gedanken vom Tag in den Vorgang der Traumbildung gelangen, treten Gedanken aus der Nacht nur ausnahmsweise und dann zumeist unter pathologischen Bedingungen in die psychischen Prozesse des Wachzustands ein. Die erste offensichtliche Spaltung unseres Seelenlebens ist durch Einschlafen und Aufwachen gegeben.

Einsicht, Verleugnung und Zensur

Weiter oben habe ich Freuds Auffassung, wodurch der Abwehrmechanismus der Verneinung im einzelnen bestimmt ist, erweitert; ich nahm an, daß diejenige psychische Verfassung, die während einer Analyse die Verleugnung ins Spiel bringt, eine verstandesmäßige Einsicht ohne die ihr entsprechende Selbstbetroffenheit nämlich, ihrerseits der Anlaß einer Hochstimmung oder Depression wird. Häufiger wird ein Hochgefühl ausgelöst, und ich meine auch, daß eine ähnliche Einsicht oder deren Vorstufe, wenn sie im alltäglichen Leben zustande kommt, ebenfalls zu hochgestimmten oder depressiven Zuständen führen kann. Natürlich läßt sich eine Einsicht unter den Gegebenheiten des Alltags ziemlich leicht mit Hilfe der üblichen Abwehrmechanismen, wie zum Beispiel der Verdrängung, vermeiden; die Umgehung der Einsicht gelingt nachts jedoch weniger leicht, und wir können unerwartet durch unsere Träume mit Einsichten konfrontiert werden, die wir nicht wollen. Dies ist der Fall, wenn die Traumzensur in ihrer Funktion als Hüterin des Schlafs versagt und wir sowohl einer plötzlichen Selbsterkenntnis wie auch den heftigen Gefühlen und körperlichen Reaktionen, die zu ihr gehören, ausgesetzt sind.

Die Traumzensur hält in der Regel die Triebregungen fern, erweckt jedoch manchmal den Anschein, daß sie, um diese Aufgabe wirksam zu erfüllen, entwickelt und geübt werden muß. Leider gibt es keine Untersuchung, in der diese Entfaltung der Traumzensur von der Kindheit an dargestellt ist, so daß ich meine Annahme, die Zensur differenziere sich mehr oder weniger parallel zur sonstigen Entwicklung des Kindes, lediglich auf das stützen kann, was wir über die Ich-Entwicklung und über Kinderträume wissen. Das Über-Ich und die Realitätsprüfung, die beiden anderen, wichtigen »Institutionen« des Ichs, verändern und differenzieren sich mit der Zeit; wir dürfen daher annehmen, daß dies auch für die Zensur gilt. Außerdem gehört die Annahme, daß die

Zensur veränderbar und anpassungsfähig ist, implizit zu unserer allgemeinen Theorie der psychoanalytischen Behandlung, wie French (1937) in »Reality Testing in Dreams« zeigte.

Die Grenze zwischen Schlaf- und Wachzustand bleibt gesichert, wenn der Wunsch, der die Traumzensur umgeht, ausreichend entstellt ist. Gelegentlich hat es den Anschein, als sei die Traumzensur nicht auf der Hut gewesen und überrascht worden; dann treten gefürchtete, erotische und aggressive Wünsche, manchmal sogar mit unverringertem Affektbetrag, ins Bewußtsein. Vor allem in der Pubertät scheint die Traumzensur der biologischen Triebverstärkung gegenüber nicht gewappnet zu sein; sie wird von Gefühlen und Vorstellungen, die sich eindeutig auf den Inzest beziehen, überrumpelt, so daß die Inzestphantasien unverhüllt im manifesten Trauminhalt erscheinen können. Gefühle und Vorstellungen dieser Art sind nicht leicht beiseite zu schieben. Auch der Trost, den Jokaste dem durch die Orakelsprüche besorgten Ödipus spenden möchte, ändert daran nichts.

So mancher von den Sterblichen hat schon im Traume
Gelegen bei der Mutter! Doch wer solche Dinge
Für nichts nimmt, trägt am leichtesten das Leben![15]

Ein Traum dieser Art wirkt wie eine Einsicht in das Unbewußte, die vorzeitig oder zu einem anderen ungünstigen Zeitpunkt vermittelt wird und daher eine Reaktion im Wachleben auslöst.

In diesem Zusammenhang möchte ich an das Fallbeispiel der jungen Frau mit den bildlosen Träumen erinnern. Außerhalb ihrer hypomanischen Phasen hatte sie Träume, die zeigten, wie sie mit Männern im Bett lag, die sich in ihre Mutter verwandelten. Wenn sie im Anschluß an einen bildlosen Traum hypomanisch wurde, spielten Männer in ihren Phantasien eine große Rolle, während jeder Hinweis auf die Mutter unter ein Tabu fiel. Meiner Auffassung nach war es der prähypomanischen Traumzensur nicht gelungen, die Patientin vor der Wahrnehmung abzuschirmen, wie erregend Frauenbeziehungen für sie waren. Im bildlosen Traum mit Orgasmus fehlte der Schutz einer verleugnenden Phantasie völlig. Das wache Ich übernahm diese Aufgabe und löste sie durch die erotomanen Phantasien, die das Hochgefühl begleiteten und verwarfen, daß die sexuelle Erregung in Beziehung zu Frauen entstand. Als die Tagesphantasien ausreichend stabil waren und das Ich über die Herkunft der sexuellen Erregung zu täuschen vermochten, wurde im weiteren Verlauf der Hochstimmung ein neuer, schlafschützender Mechanismus ausgebildet.

Offensichtlich unberührt von psychoanalytischem Denken veröffentlichte Eduard Reiss (1910) unter anderen Fällen das Beispiel einer »psychogen wirkenden Depression«. Über der bevorstehenden Heirat ihres ältesten Sohnes geriet eine 52jährige Frau in vielerlei Befürchtungen und Sorgen. »Wider ihr Erwarten ging die Feierlichkeit ganz gut vorüber, nur ein Gewitter, das während der Trauung ausgebrochen war, hatte sie in auffallender Weise beunruhigt. In der folgenden Nacht hatte sie einen ängstlichen Traum, in dem sie die Braut des Sohnes bei der Trauung am Altar stehen sah, und wie dieser von einem Blitzstrahl der Schleier heruntergerissen wurde.« Von da an war sie gedrückter Stimmung, ängstlich, vermochte nicht mehr zu schlafen und machte plötzlich ihrem Leben durch Erhängen ein Ende. Eine Schwäbische Jokaste – das Versagen der Traumzensur hatte sie zu einer unerwünschten Einsicht gebracht und das Wachleben in Mitleidenschaft gezogen.[16]

Aus meiner Praxis erinnere ich mich an eine junge Frau, die ihre Mutter zu Beginn der Pubertät verloren hatte. Sie schlief in der Zeit ihrer Adoleszenz in unmittelbarer Nähe von Vater und Bruder; mal teilte sie das Zimmer oder auch das Bett mit dem Vater, mal mit dem Bruder. Träume, die unverstellt zeigten, wie sie zu beiden Männern eine sexuelle Beziehung unterhielt, beunruhigten und ängstigten sie. Zu Bett gehen und einschlafen erlebte sie wie eine Höllenqual, und wenn sie durch einen Traum geweckt wurde, dankte sie Gott, daß trotz aller Qual nur ein Traum sie derart verstörte. Ihre spätere Charakterneurose hatte eine depressive Prägung; zudem wurde die Patientin homosexuell und trank gelegentlich exzessiv. Die Flucht in die alkoholische Selbstbetäubung führte folgerichtig zum Beginn ihrer Probleme zurück. Die Alkoholisierung hatte die Bedeutung des erotisierten Schlafs ihrer Adoleszenz und der Schuld, die sie damals glaubte auf sich geladen zu haben. Sie erwachte aus dem Alkoholstupor jeweils mit der Angst, es könnte etwas passiert sein; sie befürchtete vor allem, daß sie im Zustand getrübten Bewußtseins masturbiert hätte, und beschloß dann, daß sie niemals mehr in diesen Zustand kommen wolle. Ihre größte Angst während der Analyse war, daß ihr Analytiker in einem eindeutig sexuellen Traum auftreten könnte.

Die Analyse zweier neurotisch-hypomanischer Persönlichkeiten zeigte, daß Träume zur Zeit der Adoleszenz, deren unentstellter Inhalt inzestuöse Beziehungen zum hinterbliebenen, gegengeschlechtlichen Elternteil waren, sowohl die Neurose herbeiführten wie auch die immense Bedeutung der Verleugnung, auf die diese Patienten im Verlauf ihres weiteren Lebens setzten. Die eine Patientin hatte ihre Mutter verloren, als sie acht Jahre alt war; der andere Patient, ein junger Mann, verlor seinen Vater im Alter von neun Jahren. Beide wurden durch die Inzestträume sehr verstört. Zunächst erwehrten sie sich der Wiederkehr solcher Träume mit Ritualen und hysterischen Symptomen, schließlich jedoch durch eine Persönlichkeitsveränderung, das heißt, sie wurden zu Menschen, die in ihrer dauerhaften Enttäuschtheit an einer Identifizierung mit dem entwerteten oder erniedrigten verstorbenen Elternteil (*deflated identification*) festhielten und sich zugleich im Umgang mit anderen übertrieben unternehmend und fröhlich gaben. Bis auf kurze Erlebnisse in der Adoleszenz waren sie weder homosexuell noch wurden sie Alkoholiker, aber sie waren ständig von exzessivem Handeln, das auch ihre Sexualität einschloß, abhängig, um so die mögliche Wiederholung von Phantasien und Träumen mit inzestuösem Inhalt abzuwenden.[17]

Die erwähnten Patienten waren durch die Einsicht, die ihnen durch ihre eigenen Träume vermittelt wurde, bedroht und versuchten vor ihren Trieben und Ängsten in den alkoholischen Stupor oder die Hypomanie zu flüchten. Wegen der Schwäche der Zensur war auf den früheren, natürlichen Schlaf kein Verlaß mehr. Stupor und Hypomanie stellten neugeschaffene Äquivalente des Schlafs dar. Im Vordergrund dieser Äquivalente standen die Zensur, die Ich-Abwehr und der Schlafwunsch. Dies kam im Stupor durch den Wegfall des Bewußtseins zum Ausdruck, in der Hypomanie durch das gesteigerte Wachbewußtsein und die Möglichkeit, eine Verleugnung zu agieren. Die psychologischen Äquivalente des biologischen Schlafs, die Hypomanie wie auch der Stupor, beruhten auf dem gleichen Mechanismus: der Verschmelzung mit der Brust oder den späteren Abkömmlingen dieser Fusion. Es hatte den Anschein, als erforderte das adoleszente Einbrechen der Grenze zwischen Wachzustand und Schlaf eine Wiederherstellung, die durch andere Arten des Schlafs mit neuer, besser gesicherter Abgrenzung gegen das Wachsein erreicht wurde. Das Scheitern der adoleszenten Traumzensur brachte kompensatorische orale Mechanismen ins Spiel, die neue und pathologische Erfüllungen des Schlafwunsches darstellten.

Nachdem wir unsere Untersuchung auf bestimmte stuporöse Zustände ausgedehnt und auch das Konzept des Schlafs erweitert haben, so daß es verschiedene Arten des Träumens umfaßt, können wir die Gleichung, die wir für Manie und Schlaf aufstellten, zusammenfassen.[18] Schlaf und Manie ergeben sich beide aus einer *intrapsychischen* Verschmelzung mit der Brust beim Stillen, aber nur ein Stupor stellt den tiefen Schlaf des Säuglings im Sinne einer Wiederholung her. Dagegen wiederholt sich im Hochgefühl eine Wiederholung; eine Weiterentwicklung des »Urschlafs« wird wiederhergestellt: der wunscherfüllende Schlaf des älteren Kindes mit Traumerlebnissen. Das Hochgefühl ist eine Schlaf-Ersatzbildung oder ein Schlafäquivalent und wird durch eine Zensur geschützt, die vor allem dazu errichtet ist, daß der Abwehrmechanismus der Verleugnung Anwendung finden und die Anerkennung von Gefühlen verhindert werden kann.

Kapitel 5
Addenda zur Theorie der Oralerotik

Eine Trias oraler Wünsche

Keiner von Freuds Beiträgen zu Sexualtheorie und Neurosenlehre konnte sich wohl besser durchsetzen als seine Auffassung der Oralerotik. Schon ein oberflächlicher Beobachter ist davon zu überzeugen, welche entscheidende Rolle der Mund in der frühen Kindheit spielt. Solange Kinder noch sehr klein sind, gebrauchen sie ihren Mund ausgiebigst für Ziele der Sinneslust und des Genusses, und auch bei Erwachsenen bleibt ein mehr oder weniger starker Anreiz erhalten, sich durch den Mund reinen Lustgewinn zu verschaffen. Es wird heute allgemein anerkannt, wie wichtig die oralen Bedürfnisse und Versagungen für den Säugling sind und daß sie sich auf das spätere Leben auswirken. Im Unbewußten des Erwachsenen behalten die oralen Bedürfnisse und Erlebnisweisen auf Dauer ihren ursprünglichen Einfluß; in der Sprache der Träume ebenso wie in Neurosen und Psychosen bietet sich eine unerschöpfliche Fülle vielgestaltiger Phantasien, in deren Mittelpunkt der Mund steht. Abraham, dem wir viele klinische Entdeckungen zur Psychologie des Mundes verdanken, beschrieb die »melancholische Depression« als Reaktivierung des oralen Sadismus und wies damit die regressive Seite dieser Depression nach (1924). Inzwischen hat sich die Auffassung, daß bei den Depressionen kannibal(ist)ische Phantasien im Vordergrund stehen, durch zahllose Beobachtungen an Patienten während stationärer Klinikaufenthalte und in psychoanalytischer Behandlung bestätigen lassen. Diese Faktenfülle führte dazu, daß man inzwischen in alltäglich vertrauter Weise mit dem Konzept eines aktiven, sadistischen und kannibalischen Wunsches arbeitet.

Die Psychoanalytiker haben dem Mund im Sinne eines aktiven Organs nicht zuletzt dadurch mehr Aufmerksamkeit geschenkt, weil die entsprechenden Phantasiebildungen in der Fachterminologie mit dem Adjektiv »kannibalisch« (oder kannibalistisch) versehen wurden. Das große Spektrum oraler Phantasien ist jedoch mit der Phantasie aktiven Verschlingens oder Auffressens keineswegs erschöpfend beschrieben. Des weiteren gibt es Phantasien, die sich um das Verschlungen- oder Aufgefressenwerden drehen, und außerdem hielten Analytiker, die sich mit der Psychologie des Schlafs befaßten, es für sinnvoll, auch den Vorgang des Einschlafens der Oralerotik zuzuordnen. Schon der Vollständigkeit halber muß man das theoretische Konzept einer aktiven Oralität – der Wunsch des Verschlingens oder Auffressens – in Verbindung mit seinen passiven Gegenstükken – dem Wunsch verschlungen oder aufgefressen zu werden und dem Wunsch einzuschlafen – untersuchen; ich halte es für vorteilhaft, diese drei Wünsche als »orale Trias« zusammenzufassen. Diese Wünsche entspringen der Stillsituation, und für zumindest zwei dieser Wünsche liegt ihr Aussagewert auf der Hand: wir können mit Sicherheit sagen, daß der Säugling den Wunsch hat, zu essen, und wir wissen, daß er, was für den größten Teil der ersten Lebensmonate gilt, nach dem Stillen mehr oder weniger rasch einschläft.

Der Wunsch des Verschlungenwerdens

Das mittlere Element der Trias, der Wunsch verschlungen oder gefressen zu werden, ergibt sich nicht aus dem äußeren Anschein der Stillsituation. Im Gegensatz zu den beiden anderen Wünschen der oralen Trias, die naturgemäß beobachtbar sind, stellt der Wunsch des Verschlungenwerdens eine heuristische Annahme dar oder, im psychoanalytischen Sinn, eine Konstruktion, die auf einer Schlußfolgerung beruht. Im wesentlichen ist mit dieser Annahme, *daß der Säugling sich wünscht, gefressen zu werden*, gemeint, daß er zum Ende des Stillens hin, wenn er sich dem Einschlafen nähert, bestimmte Wahrnehmungen und Empfindungen hat, die man mit *sich überlassen, entspannen* und mit *fallen* umschreiben kann. Diese Erlebnisweisen hinterlassen eine intensive Erinnerungsspur, die zugleich der Kern ist, um den sich später die verschiedensten Ausgestaltungen des Wunsches gruppieren, verschlungen zu werden. Die Annahme, daß die Wünsche der oralen Trias wegen ihres gemeinsamen Ursprungs eng miteinander verknüpft sind, ist für die Erforschung jener Manifestationen der Neurosen und Psychosen von heuristischem Wert, die mit einer Wiederholung und Wiederbelebung der Stillsituation zusammenhängen. In der folgenden Darstellung liegt der Akzent auf dem zweiten und dritten Wunsch der Trias, da diese bislang in der psychoanalytischen Literatur wenig Beachtung erfahren haben und nicht, weil sie wichtiger sind als der erste Wunsch der Trias.

Zuerst stellte man das Verschlungen- oder Gefressenwerden in Form einer Angst fest; gemeint ist die Phobie, und der erste Teil dieses Kapitels wird vor allem das behandeln, was wir aus der psychoanalytischen Untersuchung bestimmter Phobien wissen. In den Kinderphobien steht die Angst, gebissen oder gefressen zu werden, für die Kastrationsangst. Bei der Pferdephobie des Kleinen Hans (Freud, 1909b) drückte die Angst, gebissen zu werden, in regressiv oraler Form die Furcht des kleinen Jungen aus, daß er zur Strafe sowohl seiner sexuellen Wünsche der Mutter wie auch für die Kastrationswünsche dem Vater gegenüber seinerseits vom Vater kastriert würde. Beim Wolfsmann (Freud, 1918b) entstand die Phobie aus dem Wunsch, im Koitus mit dem Vater die weibliche Rolle zu spielen; im Unbewußten hat die Erfüllung dieses Wunsches die Kastration zur Voraussetzung. In den Analysen Erwachsener lassen sich vergleichbare Ängste finden; wie bei Kindern liegt ihre Bedeutung zumeist in der Kastrationsangst oder ihrem Äquivalent, der Angst, die weibliche Rolle anzunehmen.

Diese Ängste lassen sich häufig als Vergeltungsängste erkennen, eine Strafe nach dem Gesetz der Talion: Auge um Auge, Zahn um Zahn – fressen und gefressen werden. Unbewußte sadistische Strebungen ziehen in der Regel das entsprechende passive Gegenstück nach sich; außerdem läßt sich der Wunsch, wie die Mutter eine passive Rolle zu spielen, nicht nur bei Männern, sondern auch bei Frauen, durch die Angst ausdrücken, gefressen zu werden. Die Symbolik der Neurosen und die Träume Erwachsener verdecken die Angst vor dem Verschlungen- oder Gefressenwerden, so daß sie im Inhalt der Phobie metaphorisch zum Ausdruck kommt, zum Beispiel als eine Befürchtung, vom Krebs oder anderen Erkrankungen »aufgefressen zu werden«; weitere Ausgestaltungen werde ich noch anführen.

Die Kastrationsangst kann durch jede andere Angst der Kindheit ersetzt werden. Die Phantasie des Verschlungenwerdens ist jedoch nicht immer von Angst begleitet. Als Freud (1918b) am Beispiel der Kinderneurose des Wolfsmannes die regressive Bedeutung der Angst vor dem Gefressenwerden erörterte, wies er auf den Wunschcharakter dieser Phantasie hin. Im Spiel sagen Erwachsene Kindern oft, sie seien zum Auffressen lecker, geben ihnen die Namen von Eßbarem, wie Lämmchen, Süßerchen und ähnlichem und erschrecken sie zum Spaß, wenn sie sagen: »Gleich freß' ich dich!« In *Hemmung, Symptom und Angst* teilte Freud (1926d) eine Masturbationsphantasie mit, in der das Gefressenwerden im Gegensatz zur Angst des Kleinen Hans und des Wolfsmannes lustvoll vorgestellt wurde. Ein Junge phantasierte, daß er eine aus eßbarer Substanz bestehende Person sei – John Dough, der *Gingerbreadman* –, dem ein arabischer Häuptling nachjagt, um ihn zu verzehren.[1] Offenbar können Kinder das Essen auf einen lustvollen Wunsch nach Gegessenwerden zurückführen; indem sie sich rasch und leicht einfühlen können, was Keks oder Zukkerkuchen empfinden, wenn sie gegessen werden, erweisen sie sich als außerordentlich begabte Phänomenologen.

Der Wunsch nach dem Gefressenwerden entsteht in der Still- oder Fütterungssituation; er deutet sich in den folgenden Empfindungen an: von Mutters Brust umgeben zu sein oder in ihr zu versinken, auch in dem Gefühl, während der Entspannung, die dem Schlaf vorausgeht, von der Mutter gehalten zu werden. In seiner Arbeit über Einschlafphänomene beschrieb Isakower (1938) wie im Moment des Einschlafens die Empfindung entsteht, als würde etwas unbestimmt Großes in den Mund gestopft; zugleich erlebt sich der Einschlafende, als würde er in diese Masse eingewickelt, von ihr umhüllt oder in ihr untergehen. Dieses Gefühl von Untergehen und Verschlucktwerden, das dem völligen Einschlafen vorausgeht, kann in Träumen wiederkehren; man träumt, wie man in einer weichen, nachgebenden Substanz versinkt, zum Beispiel im Schnee, in einem stehenden Gewässer, oder in metaphorischer Darstellung, daß man in einen tiefen, dunklen Wald oder in eine dichte Menschenmenge gerät.

Der Ausdruck »in den Schlaf sinken« (»*to fall asleep*«) läßt sich durch diese Übergangserscheinungen zwischen Wachsein und Schlaf rechtfertigen. Die Muskulatur des Säuglings entspannt sich zunehmend, und er fiele tatsächlich, wenn ihn die Mutter nicht hielte oder wenn er nicht im Bett läge; das Bett ersetzt das Gehaltenwerden und ist ein wohlbekanntes Symbol für die Mutter. Damit vertrete ich eine andere Auffassung als die von Silberer (1912), der Empfindungen und Bilder des Fallens in Träumen als Vorgefühle des Aufwachens interpretierte. Meines Erachtens ist dies nur gelegentlich der Fall; es ist wahrscheinlicher, daß die genannten Empfindungen und Bilder das Einschlafen darstellen, auch in den Traumbeispielen, die Silberer gibt. Fenichel (1945) folgte Oberndorfs Auffassung (1929) und deutete das erschwerte Atmen, wie es in bestimmten Träumen auftritt (zum Beispiel das Ertrinken in Träumen), als Wiederholung jenes Gefühls, das der Säugling hat, wenn seine Nase an die Brust gedrückt wird.[2] Allgemeiner gesprochen, wiederholt sich hier das beim Stillen und Gefüttertwerden erschwerte Ein- und Ausatmen. Die Phantasien vom Verschlungenwerden schließen alle diese Empfindungen des Versinkens und Erstickens sowie den Verlust des Bewußtseins ein.

Es hat den Anschein, daß allen Phantasiebildungen, die auf einer oralen Inkorporation beruhen, zumindest eine Spur der Urvorstellung vom »Gefressenwerden« beigemengt ist. Dies könnte damit zusammenhängen, wie Nunberg (1932) annimmt, daß die Brust vom Säugling nicht als Teil eines fremden Körpers anerkannt, sondern so behandelt wird, wie er mit seinen eigenen Fingern, seiner großen Zehe und anderen Teilen seines Körpers umgeht, wenn er sie in seinen Mund steckt und an ihnen nagt.[3] Mit einer gewissen Freiheit des Ausdrucks kann man sagen, daß der Säugling, wenn er seine eigenen Körperteile belutscht und bekaut, in einem autokannibalistischen Akt schwelgt. So wird, wenn wir dieses Geschehen theoretisch formulieren, jedes Objekt, das gegessen wird, wie das Subjekt behandelt. Das Subjekt identifiziert sich selbst mit dem Objekt und übernimmt damit die Phantasiemöglichkeit des Gegessenwerdens.

Anwendung der oralen Trias auf die Klaustrophobie

Die Phantasie vom Gefressenwerden läßt sich, zusammen mit den Phantasien vom Verschlingen und Einschlafen, leicht an jener Form der Klaustrophobie untersuchen, in der, wie bei Edgar Allan Poes Erzählung *The Pit and the Pendulum* (1843) die Gefahr daher rührt, daß jemand, der sich in einem geschlossenen Raum aufhält, durch etwas, das von außen in diesen Raum eindringt oder durch die Wände, die den Raum einengen, bedroht wird. Der Inhalt der Phobie stammt von einer Kindheitsphantasie über das pränatale Leben. Das Eingeschlossensein steht für den Körper der Mutter, das eindringende Objekt – in Poes Erzählung das Pendel – für den Penis des Vaters und die an den Rand der Grube rückenden Wände für die Gefahr der Austreibung bei der Geburt.[4] Die Vorstellung, in einem geschlossenen Raum zu sein, ist keine Phantasie der Angst, sondern eine der Sicherheit und des Verstecktseins. Erst die Unterbrechung dieses Zustands stellt eine Gefahr dar und führt zur Angstentwicklung. In der Regel wird die Phantasie, im Leib der Mutter zu sein, von Phantasien begleitet, wie man dorthin gelangen kann. Unsere kindliche Phantasie kennt zwei Wege: sich in Mutters Leib hineinzufressen oder verschluckt zu werden. In beiden Fällen nimmt das Kind den Platz des Foetus ein, und die Vorstellung vom Foetus, mit der sich der Klaustrophobiker identifiziert, ist einem echten Neugeborenen nachgebildet, das heißt, der Foetus geht völlig im Essen oder Schlafen, zumeist in letzterem, auf.

Verschiebung von oben nach unten und innen – der aufrechte Gang

Das Konzept der Trias oraler Wünsche ist, wie gezeigt werden soll, ausreichend, um die klaustrophobische Phantasie zu erklären. Die ältere, naive Anschauung von der Rückkehr in den Uterus ist ebenso entbehrlich wie die Annahme von Erinnerungen an eine intrauterine Glücksverfassung. Die Mutterleibsphantasie, in der sich das Kind mit einem Säugling identifiziert, ist eine Säuglingsphantasie; durch eine Verschiebung wird sie von der Brust in den Bauch verlegt, wo der Säugling weiter gefüttert wird und in tiefen Schlaf fällt. Dieser phantasierte Säugling kann stehen und wird bei den Balinesen im Gegensatz zum *Schoß*-Baby, wie Bateson und Mead (1942) berichten, *Knie*-Baby genannt. Der Hinweis von Freud und anderen, daß im aufrechten Gang der entscheidende Einfluß für die Evolution des Menschen zu sehen sei, bezog sich auf die Phylogenese wie auch auf die Ontogenese.[5] Die Perspektive, aus der das Kniebaby seine Umgebung sieht, liegt niedriger als die des Schoßbabys. Es wurde tatsächlich vom Schoß abgesetzt, und statt der Brust und den Armen der Mutter sah es ihren Schoß und Bauch; seine Ideen und Ziele mögen die gleichen geblieben sein. In der phantasierten Wunscherfüllung füttert es sich selbst in Mutters Bauch genau so, wie es seinen Hunger an der Brust stillte. Vielleicht intensiviert es das Gefüttertwerden durch Beißen oder andere, neue Errungenschaften, bis es schließlich einschläft. Das Kniebaby vollzieht in der Phantasie das, was das Schoßbaby in der Realität vollzieht, aber in einer tieferen Position zur Mutter.

Die gleiche Verschiebung von oben nach unten führt zu Phantasien, die uns gut bekannt sind: das Genährtwerden vom väterlichen Penis, aber auch vom mütterlichen Penis bei bestimmten Phantasien über die phallische Mutter, worauf ich in »The Body as Phallus« (1933) hinwies.[6] Ganz gleich, wie diese Phantasien lokalisiert werden, ob in oder außerhalb der Mutter, ob in der unteren Hälfte ihres Körpers oder oben – entscheidend ist, daß der Mechanismus und die Wünsche dieser Phantasien oral sind. Verschlingen, Verschlungenwerden und Einschlafen stehen in einem gemeinsamen Vorstellungskontext. Der Schlaf des Kindes, der dem Stillen oder Gefüttertwerden folgt, ist ein gesichertes Faktum, über das theoretisch eher wenig gearbeitet wurde; über die pränatale Psychologie gibt es dagegen eine Fülle theoretischer Spekulationen, der allerdings nur wenige Fakten gegenüberstehen.

Es läßt sich nicht leugnen, daß in der Pflege des Säuglings die physischen Bedingungen im Uterus reproduziert werden sollen; diesem Konzept kann, da es vernünftig ist und sich biologisch begründen läßt, nicht widersprochen werden. Außer unserer Vorstellungskraft gibt es jedoch keinen verläßlichen Hinweis darauf, daß der Foetalzustand ein glücklicher ist – eher ist anzunehmen, daß der Foetalzustand von präpsychologischen, organischen Instanzen beherrscht wird, ein Bereich »jenseits des Lustprinzips« ist, und zwar im Sinne von »vor dem Lustprinzip«. Die Beobachtung eines Neugeborenen liefert keine stichfesten Beweise für das Erleben von Glück oder Lust. Natürlich müssen wir die traumatischen Auswirkungen des Geburtsvorganges berücksichtigen; einige Monate später ist es jedoch unübersehbar, wie zufrieden und glücklich der Säugling ist, wenn er auf Mutters Schoß gefüttert und geherzt wird, bis er einschläft. Es dauert mehrere Monate, bis die körperliche Versorgung sich von einer biologischen Notwendigkeit in psychisches Lusterleben verwandelt. Die deutlich lustvolle Seite des Säuglingsschlafs spricht gegen die eingängige Vorstellung, »Mutterleibsphantasien« mit Hilfe des pränatalen Zustands zu erklären und als Wiederholung des tatsächlichen Aufenthalts im Mutterleib anzusehen; daher stelle ich die Schlafphänomene des Säuglings in den Vordergrund.

Die klaustrophobischen Phantasien sind natürlich im Verhältnis zur neurotischen Störung sekundär; sie sind dem neurotischen Konflikt nachgeordnet und stellen eine Flucht vor der intrapsychisch entstehenden Gefährdung durch die eigenen sexuellen Triebregungen dar. Der Uterus ist der weite Hafen, in dem der Patient Zuflucht findet und sich verstecken kann. Der Vorstellung, im Innern der Mutter zu schlafen, geht folgerichtig die Phantasie voraus, verschlungen oder verschluckt zu werden – so wie dem Schlaf des Säuglings an der mütterlichen Brust eine passive Empfindung des Sich-Überlassens und »Überwältigtwerdens« vorausgeht.[a]

Weitere Phobien

Der Augenblick vor dem Einschlafen, wenn die Empfindung des Verschlungen- oder Überwältigtwerdens am stärksten ist, kommt im Sinne einer unbewußten Erinnerung am auffälligsten bei den sogenannten »femininen« Phantasien zur Wirkung, vor allem, wenn sie eine masochistische Färbung haben. Die Phantasie von einer Empfängnis durch den Mund beim Essen, mit der sich die hysterische Nausea, das Erbrechen, sowie weitere Eß- und Verdauungsstörungen erklären lassen, ist zwar eine der ältesten psychoanalytischen Entdeckungen[7], dennoch wurde bislang nicht klar genug gesehen, wie groß der Anteil der Phantasie vom Gefressenwerden und Einschlafen am Inhalt der Ängste mit »femininer« Bedeutung ist. Die bekannte Angstphantasie, man falle aus großer Höhe in einen Abgrund oder auf die Straße, die bald als Ausdruck eines Kinderwunsches verstanden wurde, wozu Freud (1926d) noch hinzufügte, daß sie dem Masochismus nahestünde[8], ist auch eine Darstellung des In-den-Schlaf-Fallens. In verschiedenen Fällen konnte ich feststellen, daß Patientinnen davon träumten, wie sie sich an einen Felsen oder eine Klippe, die eine Metapher für die Mutter sind, anklammern und den Abhang oder Abgrund mit Worten beschreiben, deren Bedeutung auffallend »oral« ist; ein Teich oder See beispielsweise, der sie »verschlingen« wird, ein »gähnender« Abgrund oder eine »klaffende« Schlucht. In ausgestalteteren Träumen kommen der Rachen des Todes vor, der Höllenschlund oder reißende Wasserstrudel; Heinrich der Fünfte sprach vom »hungrigen« Krieg, der seinen weiten Rachen öffnet.

In Phobien dieser Art steht die Phantasie von Sterben und Tod für Einschlafen und Schlafen; die Angst ist an die beiden Elemente der oralen Trias gebunden, deren Bedeutung das Verschlungenwerden und das Einschlafen ist; das heißt, sie ist mit jenen frühen Empfindungen verknüpft, die der Befriedigung folgen, und wird, wenn sie »aus der Verdrängung wiederkehrt«, als Angst vor dem Sterben, vor dem Tod wahrgenommen. Die ursprüngliche Lust des Einschlafens verwandelt sich in eine Angst vor dem Tod. Zur Phantasie der oralen Empfängnis gehört nicht nur das aktive Essen, sondern auch sein passives Gegenstück, das

Gegessenwerden. Man erklärte Träume vom Ertrinken als Umkehrung der bekannten Phantasie, daß die Neugeborenen aus dem Wasser kämen, wie in der Legende von Moses und im Mythos von der Geburt Aphrodites dargestellt. In der Stillsituation kommt es zur Umkehr des Triebziels, wenn das aktive Saugen des Säuglings zu Ende geht, sein Gesicht mit Milch befeuchtet ist und das Baby spürt, wie es in den Schlaf fällt.[b]

Weibliche Genitalität und orale Trias

Es ist bekannt, daß bei einigen Frauen in der Schwangerschaft die Phantasie vom Gefressenwerden in Form eines lustvollen Tagtraums auftritt. Sie stellen sich das Kind in ihrem Bauch wie ein listiges, kleines Tier vor, das sie vorsichtig anbeißt, an ihnen »knabbert« oder »zerrt«; in dieser Phantasie kündigt sich die spätere Lust am Stillen an. Rado wies beiläufig auf die umgangssprachliche, »orale« Bezeichnung der Plazenta als Mutterkuchen hin; auch dies läßt den Schluß zu, daß der Embryo in der Phantasie der Schwangeren von ihrem Körper ißt. Solche Phantasien kommen in der ersten Zeit der Schwangerschaft vor, in der auch ein gesteigertes Verlangen nach Schlaf auffällt. In der frühen Schwangerschaft manifestiert sich die orale Trias ohne Angstbesetzung in dreifacher Weise: in freßsuchtähnlichem Verlangen nach Nahrungsmitteln mit symbolischer Bedeutung (die klassischen »Pikas« oder Eßgelüste), in den Phantasien vom Angebissenwerden und in einer befriedigenden Schläfrigkeit.

Seit langem weiß man, daß sich hinter krankhaften Ängsten vor Krebs und anderen schweren Leiden Wünsche nach einem Kind verbergen. Die Phantasie, von innen heraus aufgefressen zu werden, zeigt sich bei diesen Ängsten ebenso deutlich wie ihre logische Fortsetzung in den Schlaf des Todes. Zumeist ist die infantile Lust des Einschlafens bei den

Psychoneurosen weniger deutlich als ihr Abkömmling, die Todesfurcht. Die Angst kann sich auch auf den Schlaf als solchen richten, wie es bei den neurotischen Schlafstörungen der Fall ist, deren phobische Natur, im Sinne einer Einschlafphobie, oft übersehen wird. Patienten, die sich bewußt nichts stärker wünschen als einen erholsamen Schlaf und hartnäckig versuchen, sich mit den verschiedensten Hilfsmitteln zum Einschlafen zu bringen, darunter zum Beispiel das Lesen, halten sich auf diese Weise in Wirklichkeit wach. Die Paradoxie ist in der Tatsache begründet, daß »Schlaf« zwei Bedeutungen besitzt. Was der Patient ersehnt, ist die eine Art des Schlafs, der inhaltslose, einfache Schlaf der frühesten Kindheit. Der »andere« Schlaf ist erotisiert, zugleich mit Angst besetzt und von der Furcht erfüllt, gefressen zu werden und zu sterben; die Angstphantasien drohen ins Traumleben überzutreten, und die Phobie weist auf die Angst hin, im Traum den Phantasien von Tod und Zerstörung zu begegnen.

Zwei Patientinnen stellten in ihren Träumen anschaulich dar, wie das Hautjucken, das ihren Schlaf störte, durch die Bisse von Friedhofswürmern verursacht wurde; sie identifizierten sich über das Hautjucken mit ihren verstorbenen Müttern – und gelegentlich auch mit schwangeren Müttern. Eine andere Patientin träumte, wie sie von Flammen verschlungen wurde; es bedeutete, daß sie vor dem Aufgefressenwerden gebraten wurde. Auf diese Weise identifizierte sie sich mit ihrem verstorbenen, feuerbestatteten Vater.[c] Die genannten Phantasien ließen sich in jedem dieser Fälle auf Erlebnisse mit dem verstorbenen Elternteil und den frühkindlichen Wunsch zurückbeziehen, bei diesem Elternteil zu schlafen. Der Wunsch des Verschlungenwerdens wurde jedoch nicht durch den Schlaf erfüllt, sondern erschien in Form einer Angst im Traumleben. Diese Phantasiebildungen zeigen, daß die Mechanismen der Inkorporation und Identifizierung nicht zwangsläufig als aktive Vorgänge zu sehen sind; die Identifizierung kann auch, wie Graber in »Die zweierlei Mechanismen der Identifizierung« (1937) ausführte, dem passiven Modus des Sich-fressen-Lassens folgen.

Im Unbewußten wird das Sich-Einschläfern oder In-den-Schlaf-versetzt-Werden häufig mit einer Niederkunft gleichgesetzt; offenbar entsteht eine Verknüpfung durch die sich leicht einstellende Assoziation einer vollständigen Anästhesie, die den Ersatz für das ursprünglichste aller einschläfernden Mittel, die Muttermilch, bildet; in den Narkoseängsten wird dieser Ersatz als Gefahr erlebt. Von einigen Patientinnen, die sich mit Hilfe von Drogen in einen »pharmakothymen« Schlaf oder Stupor versetzten, weiß ich, daß sie unbewußt erwarteten, sie hätten, wenn sie aus dem Schlaf erwachten, ein Kind. Bei einem Alkoholiker fand ich eine interessante Variante dieses unbewußten Wunsches, die sowohl an den biblischen Mythos von Adams Schlaf wie auch die Vorstellung von einer »Kindfrau« erinnert; dieser Mann erwartete, daß er nach dem Aufwachen aus einem durch Alkohol herbeigeführten Schlaf im Besitz einer Frau wäre.

In einem besonderen Fall fand ich heraus, daß die Schmerzen bei der Entbindung im Unbewußten mit nagendem Hunger gleichgesetzt wurden; die intravaginalen Bewegungen und Empfindungen während der Geburt hatten dieselbe Bedeutung wie der Stillvorgang: die Brust wurde durch den Kopf des Kindes ersetzt, und seine Geburt stand für einen schmerzlichen Entzug der Brust. Diese Patientin setzte vaginale und orale Aktivität im wesentlichen gleich, ein psychischer Vorgang, auf den in der psychoanalytischen Literatur häufiger hingewiesen wurde, wie zum Beispiel von H. Deutsch (1925) und H. Sachs (1928). Es ist meines Erachtens möglich, daß die sexuellen Orgasmen, die – zumeist auf dem Hintergrund einer Hochstimmung – manchmal die Entbindung begleiten, ebenso oraler Natur sind wie Orgasmen bei bildlosen Träumen. Die unbewußt phantasierte Stillsituation wird von oben nach unten verschoben; das Saugen kehrt in den Wehenkontraktionen wieder, und die Brust wird durch den Kopf des Kindes ersetzt. Im nachfolgenden gehobenen Stimmungszustand oder Schlaf kehren Lusterleben und Schlaf aus der Stillsituation wieder. Wenig später zeigt sich eine Umkehrung desselben psychischen Vorgangs, wenn die Mutter, während sie dem Kind die Brust gibt, sexuelle Erregung verspürt.

Die soweit gegebene Übersicht der oralen Phänomene, wie sie bei den Phobien und der Genitalität, vor allem an der weiblichen Sexualität, zu beobachten sind, bestärkt mich in der schon formulierten Annahme, daß es sinnvoll ist, das Konzept der Oralität zu erweitern. Zum bislang wichtigsten Aspekt der Oralität, den Phantasien aktiver Einverleibung, sind zwei weitere Aspekte hinzuzufügen, die sich unmittelbar aus dem Vorgang der Sättigung an der mütterlichen Brust ergeben und meines Erachtens auch im Bereich des späteren oralen Sadismus ihre Bedeutung behalten; ich meine erstens die vor dem Einschlafen beginnende Entspannung, die sich später in Vorstellungen von Verschlungenwerden, Fallen und Sich-Überlassen niederschlägt, und zweitens das Einschlafen selbst. Ich möchte hervorheben, daß die Vorstellung, gebissen, gefressen oder verschlungen zu werden in meiner Auslegung der Oralität nicht einfach eine Umkehrung des Triebziels vom Aktiven ins Passive, das heißt eine Art Selbstbestrafung für die orale Aggression darstellt, sondern als ein psychischer Vorgang aufzufassen ist, in dem ein Erlebnis des Säuglings nach der Sättigung wiederkehrt, das schon an sich zur Natur der Oralität gehört. In den Gefühlen des Sich-Preisgebens, Fallens und Versinkens, die bei den Phobien als Angst vor dem Tod und gefürchtetem Verschlungenwerden zum Ausdruck kommen, sehe ich eine Nachbildung (*replica*) der passiv erotischen Entspannung, die dem Stillen folgt.

Indem wir das Gefühl des Sich-Überlassens als ein Element der Stillsituation auffassen, erschließt sich für uns auch der Masochismus, und zwar vor allem jene Form, die Freud (1924c) neben dem erogenen und moralischen als femininen Masochismus bezeichnete. Damit entfällt die Unterscheidung eines primären Sadismus von einem primären Masochismus als einer ursprünglichen Verkörperung des Todestriebs.[9] Auf die Stillsituation bezogen zeichnet sich der Sadismus im ersten Abschnitt des aktiven Saugens ab, der Masochismus im anschließenden Sich-Überlassen und im Schlaf. Den zweiten Abschnitt der Stillsituation, den das passive Lusterleben kennzeichnet, können wir – im Sinne einer theoretischen Annahme – als Prototyp von späteren Formen der Passivität auffassen und den Schlaf als das Modell für später entstehende, erotisch gefärbte Wünsche, in deren Mittelpunkt das Sterben steht. Daher können wir auch sagen, daß der Säugling in seinen drei verschiedenen Einstellungen zur mütterlichen Brust, die nacheinander auftreten oder sich auch überschneiden, potentiell ein Kannibale, ein Masochist und ein Suizident ist.

Zum prägenitalen Ursprung oraler Wünsche und Ängste – die Urszene[10]

Im letzten Abschnitt habe ich die Trias oraler Wünsche in ihrer Beziehung zur Genitalität, zur Kastrationsangst und zu den von der Genitalität bestimmten Neurosen betrachtet. Dabei sagte ich schon, daß die Phantasie des Verschlungenwerdens nicht vollständig erfaßt sei, wenn man in ihr einen Abwehrvorgang sieht oder sie als Verkehrung des aktiven Triebziels – des Verschlingens – in sein passives Gegenstück – das Verschlungenwerden – auffaßt. Weil bei den Phobien die Kastrationsangst oder entsprechende Ängste, die mit femininen Wünschen zusammenhängen, stark sind, gilt hier zumeist die Formel: Beißen und Gebissenwerden – die Vergeltung durch Gleiches (nach der Regel der Talion). Die Annahme, daß sowohl der Wunsch wie auch die Angst, die sich auf das Verschlungenwerden richten, ausschließlich mit genitalen Wünschen und Ängsten verknüpft sind und damit immer auch eine Abwehr sowie eine Verkehrung des Triebziels darstellen, ist logisch keineswegs zwingend. Gerade die Umkehrung des Triebziels ist kein entwicklungspsychologisch spät einzuordnendes Erlebnismuster, das der Notwendigkeit eines Abwehrvorgangs entspringt; vielmehr besteht dieses Erlebnismuster schon in der Stillsituation, wenn dem aktiven Saugen eine passive Entspannung folgt, die letztlich in Schlaf übergeht und später als ein Verschlungenwerden oder Sich-verschlingen-Lassen wahrgenommen wird.

Freud (1918b) wies in seiner Diskussion der Urszene im Falle des Wolfsmannes auf die prägenitale Determinierung der Todesangst seines Patienten hin. Er nahm an, daß orale Ängste mit Ereignissen in der frühen Kindheit zusammenhängen könnten, die ursprünglich in keiner Weise auf die Genitalität und Kastrationsphantasien bezogen waren. Das heißt, die Todesangst des Wolfsmannes hätte in erster Linie durch eine Störung der libidinösen Entwicklung in der oralen Phase determiniert sein und später durch die Urszene erneut aktiviert werden können. Orale Reaktionen auf die Urszene sind keinesfalls ungewöhnlich. Teilt sich die genitale Erregung der Erwachsenen dem Kind mit, so wird sie von diesem oft in der Sprache seiner oralen Erlebnisse zum Ausdruck gebracht; mit den Darstellungsmitteln des Unbewußten wird der Verkehr der Erwachsenen da, wo er nicht als gegenseitiger kannibalischer Akt ausgemalt wird, als wechselseitiges Saugen abgebildet.[d] Weil sich mit Sicherheit annehmen läßt, daß die häufige Verknüpfung der Urszene mit »analytischem Material« oraler Art nicht zufällig ist, möchte ich versuchen, eine Erklärung für diesen Zusammenhang zu geben.

Für die Untersuchung des pathologischen Hochgefühls sowie insgesamt für die Erforschung der affektiven Störungen wäre es von Gewinn, wenn sich die orale Reaktion auf die Urszene erklären ließe, da gerade die Urszene nach der Auffassung einer Reihe von Autoren[e] dasjenige Erlebnis ist, welches in den Depressionen und Hochstimmungen Erwachsener wiederkehrt. Wie aber reaktiviert eine Urszene die Trias oraler Wünsche?

Eine Erklärungsmöglichkeit liegt in der oralen Trias selbst, da sie nicht allein aus den beiden unmittelbar oralen Wünschen, dem Essen und dem Gegessenwerden besteht, sondern auch den Wunsch nach Einschlafen und Schlaf einschließt. Die enge genetische Verknüpfung, die in der Stillsituation zwischen den Wünschen der Trias besteht, führt zu der Annahme, daß diese Wünsche zusammen, sozusagen *en masse* reaktiviert werden – die Wiederbelebung eines Wunsches führt auch zur Reaktivierung der beiden übrigen Wünsche. Wenn wir diese Annahme auf die Situation der Urszene anwenden, dann sollten wir mit dem letzten Wunsch der Trias beginnen, weil die nächstliegende Beobachtung die ist, daß in der Urszene der Schlaf des Kindes gestört wird. Wenn Kinder während des Verkehrs der Erwachsenen anwesend sind, werden sie ganz oder nur zum Teil wach; in jedem Fall durchdringen Reize mehr oder weniger heftig den Reizschutz, der im Schlaf besteht. Die Erregung, in die das Kind gerät, widersetzt sich dem Schlafwunsch und hindert seine Befriedigung. Das Kind wehrt die Erregung ab, indem es versucht, wieder einzuschlafen oder weiterzuschlafen; vielleicht kommt ihm das Träumen zu Hilfe, dem Gedanken Freuds entsprechend, daß der Traum der Hüter des Schlafs ist. Wir nehmen also an, daß eine erste Abwehr gegen den Anblick und die Geräusche des störenden Geschehens in einer Intensivierung des Wunsches besteht, den Schlaf fortzusetzen.

In den unterschiedlichsten Situationen setzen Erwachsene das Einschlafen als Abwehr ein; Winterstein (1932) beschrieb die Abwehr durch Einschlafen bei Soldaten, Friedman (1949) bei Gefangenen in Konzentrationslagern. Bateson und Mead (1942) berichteten, daß die Balinesen einschlafen, wenn sie sich in einer neuen Umgebung befinden oder in eine Versuchungssituation geraten, wie sie beispielsweise die Gelegenheit zu einem Diebstahl darstellt. Stone

(1947) beschrieb, wie das defensive Einschlafen in der Analyse eines Patienten mit Zwölffingerdarmgeschwüren auftrat, und Davison (1945) gab Beispiele dieser Abwehr im Rahmen der verschiedensten neurotischen, perversen und psychotischen Störungen. Wir können in dem Wunsch, den Schlaf fortzusetzen oder wieder einzuschlafen, eine Abwehr erkennen, müssen jedoch beachten, daß er im Unbewußten an Erinnerungen geknüpft ist, die das früheste Einschlafen betreffen, das an der mütterlichen Brust nämlich. Wir stellen uns also vor, daß der kleine Beobachter oder Zeuge des Geschlechtsverkehrs ein Stück weit wach wird und die Phantasie vom Stillen wachruft, um seinen Schlaf zu schützen und wieder zu vertiefen.

Neben den »hereditär-instinktartigen oralen« Vorstellungen des Gefressenwerdens, auf die Freud hinwies[12], wird im Traum des Wolfsmannes auch der Wunsch deutlich, weiterzuschlafen. Am Beginn seines Traums liegt der Wolfsmann im Bett und schaut auf das geschlossene Fenster; dieses geht plötzlich von selbst auf. In Freuds Deutung heißt das: ich schlafe und erwache plötzlich.[13] Die entsprechende Bedeutung des geschlossenen Fensters wäre: ich schlafe – das heißt, wir könnten in dem geschlossenen Fenster die Traumleinwand vermuten, die bildliche Darstellung des Wunsches nach einem Schlaf, der ungestört von Reizen, leer und bildlos ist. Da, wie ich in früheren Arbeiten beschrieb[f], die Traumleinwand zugleich auch die Brust vertritt, wiederholt sich der Schlafwunsch in seiner vollständigen Form: der Säugling fällt nach dem Stillen in einen tiefen Schlaf. Wenn wir von dem derart verstärkten Schlafwunsch ausgehen, kommen wir den Einfällen des Wolfsmannes auf die Spur, die sich um das Gefressenwerden drehen. Die wiederbelebte Phantasie vom Gefressenwerden, von der Freud sagte, daß sie aus der vorhergehenden oralen Entwicklungsphase stamme, ist also eine Kopie des »Verschlungenwerdens«, das in der Stillsituation aufkommt, bevor der Säugling in den Schlaf fällt. Soweit der Wunsch des Verschlungenwerdens nicht den anderen Wunsch des Wolfsmannes, in dem er die Rolle seiner Mutter spielen wollte, ersetzt, handelt es sich also um den ursprünglichen oralen Wunsch, *sich vom Schlaf verschlingen zu lassen* – ein Wunsch, der dem Schlafwunsch sehr nahekommt. Der Schlafwunsch verwandelt sich, wenn er mit Angst besetzt wird, in Todesfurcht; dies ist eine eher einfache Umdeutung des »guten« Schlafs in einen »bösen« Tod.[14]

Bei der Besprechung der Klaustrophobie hatten wir festgehalten, daß die Phantasie mit dem Inhalt, im Körperinnern der Mutter zu sein, dort zu essen und in den Schlaf zu fallen, über eine Verschiebung zustande kommt; der Wunsch, an Mutters Brust zu essen und einzuschlafen, wird nach unten und innen verschoben. Diese Vorstellung ist Bestandteil einer häufig vorkommenden Version des Urszenentraums; man hat dieses traumartige Phantasiegebilde die *intrauterine Koitusbeobachtung* genannt.[15] Verschiedene Motive bilden diese Phantasie, darunter die Befriedigung, die mit dem »Spionieren« von einem versteckten Ort aus verbunden ist, wie auch das Verborgen- und Unbemerktsein selbst, soweit es der Abwehr dient. Meines Erachtens kommt ein weiterer, vielleicht entscheidender Faktor hinzu: der Schlafwunsch als Wiederholung der Stillsituation und als Abwehr der Störung durch die Urszene. Ich neige zu der Auffassung, daß die Phantasie vom Aufenthalt im Mutterleib gleichbedeutend mit dem Wunsch ist, gestillt zu werden und einzuschlafen.

Meine Annahme ist, daß die Urszene den Schlaf unterbricht und daß dadurch die Trias oraler Wünsche im ganzen wachgerufen wird. Diese Annahme läßt sich auch am Symptom der Schlafstörung überprüfen. Während die Schlaflosigkeit selbst sich bis zu den Urszenenerlebnissen zurückverfolgen läßt, kommt die Schwierigkeit des Einschlafens zumeist in oralen Begriffen zum Ausdruck. Die Patienten verspüren einen anhaltenden Hunger der einen oder anderen Art; die Hilfsmittel, die sie wählen, um den

Schlaf herbeizuführen, sind – unmittelbar oder symbolisch – von oraler Bedeutung: Milch trinken, Beruhigungsmittel einnehmen, lesen und onanieren ohne bewußte Phantasietätigkeit, worin ich ein Masturbieren an der Brust sehe. Die Wachheit während des Urszenenerlebnisses wird unbewußt mit der Schlaflosigkeit des hungrigen, nichtgestillten Säuglings gleichgesetzt. Um einschlafen zu können, möchte der Patient essen, womit die Schlaflosigkeit des Urszenenerlebens in die »Sprache« der Still- oder Fütterungssituation gebracht wird. In solchen Fällen, auf die wir die deskriptive Diagnose einer neurotischen Depression anwenden, kommt der von Freud hervorgehobene orale Faktor darin zum Vorschein, daß sich die Schlaflosigkeit als Angst vor dem Schlaf herausstellt; diese Patienten setzen im Unbewußten den Schlaf mit Sterben und Verschlungenwerden gleich, worauf ich in meiner Arbeit »Sleep, the Mouth, and the Dream Screen« (1946) hinwies.

Die vorderste Linie der Abwehr von Reizen, die von der Urszene ausgehen, besteht in tiefem Schlaf, der mit Erfolg den oralen Stillvorgang wiederholt. Wenn die Reize dennoch ins Ich dringen, zieht sich die Abwehr auf eine andere Linie zurück; durch die »oneiroide Neutralisierung« der störenden Reize schützt ein Traum den weiteren Schlaf. Die analytische Erfahrung zeigt, daß die Urszene in vielen Träumen von Kleinkindern vorkommt, vor allem in solchen Träumen, die das Aufwachen nicht verhindern können; ich denke dabei an Beispiele in Freuds *Traumdeutung* (1900a) und an Paul Federns Mitteilung »Ein Fall von Pavor nocturnus mit subjektiven Lichterscheinungen« (1913). Weiter oben erwähnte ich, daß gerade die Urszene jenes Ereignis ist, das in den Drepessionen und Hochstimmungen Erwachsener reaktiviert wird; bekanntlich sind die affektiven Störungen durch eine orale Regression bedingt, und es hat den Anschein, als sei die Urszene mit ihren Auswirkungen auf den Schlafmechanismus wie auch auf die übrigen Aspekte der Oralität gleichsam nach Maß dafür gemacht, der frühesten Vorgeschichte des späteren depressiven oder hochgestimmten Patienten Rechnung zu tragen, das heißt, sie zum Bestandteil der Urszenenphantasie werden zu lassen.

Der Penisneid

In den Fallgeschichten hypomanischer oder manischer Patienten tritt neben der Urszene auch der Penisneid hervor. Die Patientinnen H. Deutschs (1933) verleugneten in ihrer Hypomanie ihr Gefühl von phallischer Unvollkommenheit; wurden sie damit konfrontiert, dann verstärkte sich die Verleugnung; sie widersprachen und gerieten in eine hypomanische Stimmung. Eine von H. Deutschs Patientinnen träumte, der Sohn der Analytikerin, »das Objekt ihrer wütenden Eifersucht, halte zwei Pfeifen im Mund und reiche ihr mit liebevoller Geste die eine zum Gebrauch«.[16] Dieser Traum sollte die Patientin für ihr Mangelempfinden entschädigen, und H. Deutsch fügte hinzu, daß dieser Traum die Bedeutung der Hypomanie ihrer Patientin in Kurzform wiedergebe. Daraus schloß H. Deutsch jedoch nicht, der Penisneid habe an sich die manische oder hypomanische Reaktion zu verantworten; ihrer Auffassung zufolge gehört die Hypomanie zur Psychologie der »Melancholie« und ist somit prägenital determiniert. In ihrer Kritik an H. Deutsch hat M. Klein (1935) diesen Zusammenhang leider nicht berücksichtigt, als sie zu zeigen versuchte, daß die Manie in erster Linie durch ein Allmachtsgefühl charakterisiert und erst in zweiter Linie auf dem Mechanismus der Verleugnung aufgebaut sei. Nach ihrer Auffassung hängt die Verleugnung nicht mit der phallischen Phase und dem Kastrationskomplex zusammen, sondern »hat in jener ganz frühen Phase ihren Ursprung, in der das unterentwickelte Ich sich der mächtigsten und tiefsten aller Ängste zu erwehren versucht, nämlich der Angst vor den verinnerlichten Verfolgern und dem Es«.[17]

Die von A. Angel (1934) beschriebenen »chronischen Optimistinnen« schauten den glücklichen Tagen entgegen, wenn alles in Ordnung wäre und sie einen Penis besäßen. Verleugnungen dieser Art ähneln der kindlichen »Wunscherfüllung durch Verleugnung«. In *Die Kastrationsangst des Weibes* zeigte Rado (1934), wie das kleine Mädchen, wenn der Penismangel bewußt wird, von der Mutter wünscht, daß sie diesen Mangel beheben soll; diese Forderung drückt es auf orale Weise aus, als Angriff auf die Brust oder den übrigen Körper der Mutter. Oft bringt ein Traum die Wunscherfüllung; das Mädchen träumt, daß es einen Penis besitzt und kann damit seine Phantasien, daß es kastriert worden sei, verleugnen.[18] Ich finde hier eine Bestätigung meiner Ansicht, daß sich in den Hochstimmungen Kindheitsträume wiederholen; die erwachsene Frau wiederholt den Kindheitstraum ihren veränderten Verhältnissen entsprechend ausgestaltet in einem der Verleugnung dienenden Hochgefühl. Das hieße für den einen von H. Deutsch (1933) beschriebenen Fall, daß eine Manie, die den Penismangel verleugnet, indem der Besitz eines Penis in der Phantasie für gesichert gilt, besagten Traum- und Schlafzustand des kleinen Mädchens wiederholt.

Eine Phantasie, die der geschilderten ähnlich ist und, wenn sie während der Analyse auftaucht, manchmal von einem Hochgefühl oder »guter Laune« begleitet wird, enthält die Vorstellung, der Körper als Ganzer sei ein Penis; diese Phantasie stellt zum einen eine Verleugnung der Kastration dar, zum anderen zeigt sie die nach unten verschobene Identifizierung des schon erwähnten »Kniebabys« mit der mütterlichen Brust.[19]

Orale Trias und Stupor

Ehe ich die Auswirkungen der oralen Trias in den gehobenen Stimmungszuständen umfassender darstelle, möchte ich kurz die pharmakothymen und affektiven stuporösen Zustände betrachten, da sie im Sinne eines »logischen« Resultats der oralen Trias verstanden werden können, deren letztes Ziel der Schlaf ist.

Bevor ein pharmakothymer Stupor klinisch manifest wird, zeigt sich der Wunsch nach dem Gefressenwerden gelegentlich unentstellt, wenn in deliranten Halluzinationen kleine und große, bedrohlich wirkende Tiere auftauchen. Bromberg und Schilder (1933) berichteten über eine weniger augenfällige Phantasie vom Gefressenwerden; sie erwähnen eine Art Zerstückelungsphantasie bei Alkoholhalluzinosen, womit gemeint ist, daß der Patient seine Gliedmaßen, Genitalien und andere Körperteile wahrnimmt, als seien sie von ihm abgetrennt, oder er stellt sich vor, wie er körperlich in einzelne Bruchstücke zerfällt. Die Auflösung des Körper-Ichs ist bei diesen Wahrnehmungen die gleiche wie beim Vorgang des Einschlafens, den Paul Federn (1926, 1934) im Zusammenhang mit der Untersuchung gewisser Träume und den hypnagogen Phantasien beschrieb und das Schwinden des Körper-Ichs beim Einschlafen, aber auch seine »Orthriogenese« beim Wiedererwachen hervorhob. Lillian Malcove (1933) berichtete über ähnliche Phantasien, die ihr von neurotischen Kindern erzählt wurden. Sie konnte Phantasieelemente hinzufügen, die bei den Delirien Erwachsener nicht erfaßt waren. Diese Kinder hatten sich vorgestellt, wie sie in Stücke geschnitten und gekaut würden; sie hatten auch die Werkzeuge der Zerstückelung, Zähne und Besteck, in ihre Phantasien aufgenommen. Die Phantasie vom Kleingeschnittenwerden kam sowohl in lustvoller wie auch in angsterfüllter Ausgestaltung vor. Ich habe in einem früheren Kapitel schon herausgearbeitet, daß der Schlafwunsch bei den meisten Pharmakothymien durch die Betäubung erfüllt ist, die durch die verschiedenen Drogen erzeugt wird. Diese Drogen führen, falls sie keinen bildlosen Tiefschlaf hervorrufen, zu glücklich empfundenen, traumähnlichen Zuständen.

Das orale Sich-Hingeben oder Sich-Überlassen kommt im affektiven Stupor subtiler zum Ausdruck. August Hochs Patienten mit »benignem Stupor« sprachen, bevor der schlafähnliche Zustand einsetzte, immer wieder über den Tod und vom Sterben; einige hatten Selbstmordversuche hinter sich. Wenn sie in anderen Phasen ihrer Psychose in gehobener oder depressiver Stimmung waren, ließ sich kaum ein Unterschied zum bekannten Verlauf affektiver Störungen erkennen. Hoch (1921) schloß sich der psychologischen Betrachtungsweise Kirbys (1913) an, der im Stupor die Flucht in einen vorgetäuschten, scheinbaren Tod sah. Hoch räumte allerdings ein, daß wir sehr wenig über einen vorgetäuschten Tod wissen; zudem war ihm die offensichtliche Parallele zwischen Stupor und Schlaf aufgefallen. Außerdem hatte er im Halbschlaf einen partiell stuporösen Zustand vermutet und von der weiteren Forschung erwartet, daß sie auch auf physiologische Parallelvorgänge stoßen würde.

»Schlafreaktionen treten nicht nur auf, wenn man im Bett liegt«, schrieb A. Hoch (1921) in seiner Monographie *Benign Stupors*. »Müdigkeit ruft einen Zustand der Indifferenz, körperliche Schwerfälligkeit, Unaufmerksamkeit und eine leichte Denkstörung hervor. Alle diese Erscheinungen lassen sich bei einem partiellen Stupor beobachten. Die Phänomene, die zu einem kurzen Mittagsschlaf gehören, sind den stuporösen Erscheinungen auffallend ähnlich. Wer die Fähigkeit zu einem Kurzschlaf besitzt, kann sich psychisch aus der Welt zurückziehen. Als Ergebnis dieser Entlastungsmöglichkeit fühlt man sich (analog zur poststuporösen Hypomanie) zu erneuter Aktivität imstande. Da aber dieser Schlaf nur wenige Minuten dauert, kann die erneuerte Energie schlecht das Ergebnis einer physiologischen Erholung sein.«

Hoch suchte nach einer Analogie für den Stupor im Bereich der Normalität; er wollte sich in seiner weiteren Arbeit an einem »Normalvorbild« orientieren, das er aber nicht finden konnte, da er das adultomorphe Vorurteil des psychiatrischen Denkens seiner Zeit teilte. Psychogenetisch betrachtet ist der traumlose Schlaf des Säuglings die normale Analogie zum Stupor; die poststuporöse Hypomanie findet ihre Entsprechung in den einfachen Kinderträumen. Hochs Hinweis auf den kurzen Mittagsschlaf, das »Nickerchen«, stellt jedoch einen außerordentlich gelungenen Vergleich her. Ich hatte verschiedene Gelegenheiten, diese Form des Schlafs zu analysieren, da sie bei Patienten mit neurotischem Charakter als Zwangssymptom auftrat. Das Schläfchen nach dem Essen stellt ein Überbleibsel einer Kindheitsgewohnheit dar; genetisch ist es unmittelbar mit dem Schlaf der Kinder nach den Mahlzeiten verknüpft, und dieser nimmt in der Still- oder Fütterungssituation seinen Anfang. Die Vorstellung, daß der stuporöse Zustand als eine Art »Schläfchen nach dem Essen« verstanden werden kann, ist der wesentliche Gedanke meiner Überlegungen. In den Analysen, auf die ich hier zurückgreife, war der Mittagsschlaf ein »Miniatur-Stupor«; die gelegentlich in diesem Zustand auftretenden Träume bestanden häufig in einer Verleugnung der Probleme, um die es jeweils zu dieser Zeit in der Analyse ging. In einem bestimmten Fall, ebenfalls während einer konflikthaften Analysesituation, wachte der Schläfer mit einem Traum auf, in dem er gesehen hatte, wie er unangenehme, fädenziehende oder klebrige Substanzen aus seinem eigenen Mund herauszog – was durchaus an Freuds Beschreibung des Lust-Ichs (1930a) erinnert.[20] Eine der Assoziationen dieses Patienten war die Nabelschnur, eine andere »das unangenehme Zeug« in der Analyse, das zumeist für die »überwältigende, erstickende« Brust stand. Sollte der kurze Mittagsschlaf nicht als Normalvorbild des gutartigen Stupors zu betrachten sein, so stellt er meines Erachtens aber mit Sicherheit das Analogon zu diesem Stupor in der Analyse von Patienten mit oralen Fixierungen (sowie Neigungen zu Depressionen und Hochgefühl) dar. Kleinere Ereignisse in der Analysestunde wie zum Beispiel ein kurzes

Einschlafen sind nach meiner Auffassung für die Untersuchung der stuporösen Zustände ebenso aufschlußreich wie die unter den Widerständen auftretenden »Kleinformen« der Depression und des Hochgefühls. Auf den in dieser Hinsicht interessanten Fallbericht von Stone (1947) habe ich weiter oben schon hingewiesen. Ich möchte auch an die Patientin erinnern, die ich schon mehrfach erwähnte; die bildlosen Träume, die ihren Hochstimmungen jeweils vorausgingen, sind dem benignen Stupor auffallend ähnlich, vielleicht sogar mit ihm identisch.[21]

Simmel (1944) scheint in seinen Überlegungen zum Ruhe- und Entspannungszustand, der auf die Triebbefriedigung folgt, einige meiner Gedanken vorweggenommen zu haben. Seinem Vorschlag folgend sollten wir den Schlaf – er spricht weiter gefaßt vom Ruhezustand oder *Nirwana* – als einen Zustand betrachten, in dem sich unsere Interessen, die sich gerade noch auf Objekte und in erster Linie auf die Nahrung richteten, ins Körperinnere wenden. Nach meinem Verständnis seines theoretischen Gedankengangs folgen die nach innen gerichteten Interessen dem Weg der Nahrung; der Verdauungstrakt liefert ein Stück topographische Orientierung – einer Straßenkarte vergleichbar – darüber, wo das innere, libidinöse und aggressive Geschehen stattfindet. Nach dieser Vorstellung wirkt der Organismus in seinem Inneren in der gleichen Weise auf die Nahrung ein, wie er auch außerhalb mit ihr verfährt. Viele Äußerungen Melanie Kleins lassen sich dahingehend verstehen, daß sie diese Vorstellung teilt. Mit dem Hinweis auf Simmel und M. Klein wollte ich zeigen, daß es theoretisch möglich ist, sich eine materielle Vorstellung von dem Vorgang zu machen, den wir als Wendung der Triebaktivität nach innen bezeichnen. In meinem theoretischen Denken gehe ich allerdings über die mehr oder weniger gut beobachtbaren Geschehnisse der Still- oder Fütterungssituation nicht hinaus. Es ist in Übereinstimmung mit Simmels Theorie, wenn ich sage, daß die gegessene Nahrung beim Säugling ein Teil des Ichs wird; die

Nahrung gelangt nicht nur *in* den Körper, sondern sie gehört *zum* Körper. Folglich können wir den Säugling als ein Wesen betrachten, das sich selbst ißt. Das mag sich anhören wie ein schwieriges Kapitel der Metaphysik; es läßt sich jedoch nicht bestreiten, daß wir in unserer klinischen Arbeit Phantasien feststellen können, die eine Identifizierung mit der Nahrung enthalten sowie die Vorstellungen, gefressen zu werden und »zur Ruhe zu kommen«. Es geht also vor allem um eine Frage der Interpretation. In Simmels wie auch in M. Kleins Konzept ist die Vorstellung vom Gefressenwerden mit einem frühen Erlebnis triebhafter Art verknüpft. Nach der Theorie M. Kleins gehen die Vorstellungen vom Verschlungen- und Zerstörtwerden auf eine Angst zurück, die das Kleinkind im ersten Lebensjahr empfindet, und schon zu dieser Zeit sollen die genannten Vorstellungen eine Projektion der eigenen, aggressiven Destruktionswünsche des Kindes sein. Die Vorstellung vom Verschlungenwerden wird bei M. Klein von Anfang an mit Angst verbunden, die, im Gegensatz zu Freuds Auffassung, eine ursprüngliche Angst vor dem Tod sein soll.

Die Theorie von Jekels (1945) lautet, der Schlaf sei dem ständigen Wirken des Todestriebs während unseres gesamten Lebens zuzuschreiben. Hier handelt es sich nicht um eine psychologische, sondern um eine biologische Theorie. Sie kann, gleichviel ob sie richtig oder falsch ist, die Frage nicht beantworten, ob das psychische Erlebnis des Schlafs einer psychischen Vorstellung vom Tod vorausgeht oder auf sie folgt; die Frage nach der Priorität läßt sich mit Jekels Theorie nicht beantworten. Das gilt auch in umgekehrter Betrachtung; Jekels Konzept wird durch die psychogenetische, entwicklungspsychologische Forschung weder bestätigt noch entkräftet.

Der impliziten Argumentation Freuds in *Hemmung, Symptom und Angst* (1926d) folgend, nehme ich an, daß am Ausgangspunkt der psychischen Entwicklung eher eine libidinöse als eine aggressive oder ängstliche Erlebnisweise vorherrscht, das heißt, der Wunsch zu sterben oder verschlungen zu werden geht meines Erachtens der Todesangst oder der Angst vor dem Verschlungen- oder Zerstörtwerden voraus. Im Wunsch, sich verschlingen zu lassen, sehe ich den Ausdruck und das Modell des Wunsches nach Entspannung und Schlaf, der früher einem nicht unterbrochenen Stillvorgang folgte. Der Wunsch nach Schlaf und Ruhe ist nach meiner Auffassung das libidinöse Fundament der Vorstellung vom Gefressen- oder Verschlungenwerden, während die aggressiven und ängstlichen Versionen dieser Vorstellung spätere Niederschläge der ursprünglich libidinösen Vorstellung sind.

Kapitel 6
Die Bedeutung der oralen Trias für das Hochgefühl

Die kannibalischen Triebregungen

Der aktive Wunsch der oralen Trias, vor allem in seiner kannibalischen Form als Fressen und Verschlingen, wurde hinsichtlich des Hochgefühls oft und gründlich untersucht. Man sah den Ursprung des auffallenden »Hungers« und »Durstes« der manischen Patienten nach immer neuen Erlebnissen und Eindrücken, nach »frischer Gedankennahrung« in psychischer Gier. Neben den kannibalischen Wünschen in Phantasien und Träumen bestätigte ein anderes Merkmal des klinischen Bildes die besondere Bedeutung des aktiv oralen Wunsches, der Lust am Verschlingen; Identifizierungen, die bekanntlich vorwiegend auf oralen Einverleibungsstrebungen beruhen, stehen im Vordergrund der Abwehrvorgänge, die der hochgestimmte Patient einsetzt. Man kann sagen, daß sich die Psychoanalytiker der aktiven Oralität ebenso intensiv annahmen wie sich die deskriptive Psychiatrie mit der Hypermotilität der Maniker beschäftigt hatte.

Abraham (1924) nahm im Bereich der oralen Entwicklungsphase eine Stufung an, indem er den Kannibalismus – den Wunsch, das Liebesobjekt *in toto* oder teilweise zu verschlingen – mit der Beißlust verknüpfte und ihn dem zeitlich vorausgehenden Verlangen nach lustvoller, saugender Betätigung gegenüberstellte. Nach seiner Auffassung war die Wendung von der Saugestufe zum »oralen Sadismus« vom Durchbrechen der Zähne bestimmt. Außerdem nahm Abraham in der sekundären Stufe des lustvollen Beißens *den* Fixierungspunkt an, auf den depressive (und hochgestimmte) Patienten in ihrer Erkrankung regredieren.

In der Folge wurde das Beißen vielfach interpretiert, und man sah in den klinisch beobachtbaren kannibalischen Phantasien eine Reaktion auf die mit der Entwöhnung einhergehende Versagung und sogar eine Art Rache an der Mutter für die mit der Entwöhnung verbundene Trennungssituation.

Unter dem Einfluß der Auffassungen Rados (1927) zur Bedeutung der Stillsituation für später auftretende affektive Störungen kritisierte Gerö (1939) die Kennzeichnung der oralen Aktivität als Kannibalismus; die Bedeutung der Zähne und des Beißens werde überschätzt. Später betonte Ernest Jones in seiner Einleitung zu Melanie Kleins *Contributions to Psycho-Analysis* (1948), Phantasien mit kannibalischem Inhalt ließen sich nur bis ins dritte Lebensjahr zurückverfolgen; bestimmte Kinderanalysen ließen allerdings den Schluß zu, daß diese Phantasien auch früher auftreten könnten (M. Klein, 1932 und 1948). Nach Gerös Auffassung müssen Phantasien, die das Verschlingen von Menschen zum Inhalt haben, eine erhebliche Zeit nach der Phase auftreten, für die Abraham die stärksten Beißimpulse annahm. Gerö gibt dem Beißen an der mütterlichen Brust eine andere Bedeutung; er sieht die ursprüngliche orale Lust im Essen, Saugen, Gefüttertwerden etc., während das Beißen bei Kindern auftritt, die sich nicht genügend Lust durch das Saugen verschaffen konnten. »Doch meine ich, wie ich schon betont habe, daß man diese verstärkte Beißlust nicht als Racheaktion auslegen darf. Ich glaube, man beschreibt den Vorgang anspruchsloser, wenn man sagt, daß die Mundzone, die durch das Saugen nicht genug abgesättigt, man könnte auch sagen: nicht genug beschäftigt wurde, sich sozusagen automatisch im Beißen ausleben, betätigen will.«[1] Demnach wäre im Beißen des Säuglings der Versuch zu sehen, einen Mangel durch eine neue Lust auszugleichen, die aus dem Gebrauch der Kiefermuskulatur entsteht. Wir könnten hierin eine Erscheinungsform, vielleicht auch eine Konzentration der Muskelerotik sehen. Gerö erwähnt Mütter, die ihre Säuglinge zum Beißen geradezu provozieren, weil sie beim Stillen ungeschickt mit ihnen umgehen und versuchen, das Stillen oder Füttern und alles, was dazugehört, abzukürzen. Echte kannibalische Phantasien entstünden dagegen später, wenn Objektbeziehungen hergestellt sind. Die Auffassung Gerös stimmt gut mit den bekannten Beobachtungen und Experimenten von Davis Levy (1928, 1934) überein, der einige Fälle von starkem Daumenlutschen in ähnlicher Weise wie Gerö erklärte; Kinder, deren Lust beim Stillen dadurch verkürzt wird, daß die Milch der Mutter zu schnell fließt, suchen im Daumenlutschen eine Ersatzbefriedigung.

Offenbar verlieh Abraham dem Zahndurchbruch mehr Bedeutung als diesem Reifungsschritt wirklich zukommt. Ich vermute, daß er seiner früheren Ausbildung und Forschung als Embryologe folgte, als er annahm, das Erscheinen eines neuen Organs impliziere eine neue Entwicklungsstufe; dabei denke ich an seine Studien zur Entwicklung der Niere, die er im *Handbuch der Entwicklungsgeschichte des Menschen* von Keibel und Mall (1910/11) veröffentlichte. Die Abfolge von Vorniere (*Pronephros*), Urniere (*Mesonephros*) und Nachniere (*Metanephros*) mochte das Modell dafür gewesen sein, daß Abraham das Zahnen als Hinweis auf einen vergleichbaren Ablauf in der psychischen Entwicklung wertete – daß die neue Stufe durch das neue Organ bestimmt wird. Natürlich ist auch die symbolische Bedeutung der Zähne groß; ein wesentlicher Teil dieser Bedeutung leitet sich jedoch aus der Zeit ab, in der die Zähne des Milchgebisses verlorengehen und durch die zweite, bleibende Zahngeneration ersetzt werden. Marie Bonaparte (1933), Lorand (1948) u. a. haben Phantasiebildungen beschrieben, deren Grundlage der Zahnwechsel ist. Wir können also festhalten, daß in der Kleinkindbeobachtung der erste Zahndurchbruch nicht als Wende- oder Höhepunkt der Entwicklung herausgestellt wird und daß die frühkindliche Lustempfindung in der Mundhöhle mit all ihren Begleiterscheinungen fortdauert.

Dennoch müssen die Zähne in oralen Phantasien, gleichviel ob ihr Inhalt erotisch oder aggressiv ist, vorkommen; das hat schon im zeitlichen Ablauf der Entwicklung seinen Grund. Normalerweise folgen Sprechen und bewußtes Denken auf den Durchbruch der Milchzähne; Kauen und Beißen sind dadurch für das Kind bewußt mit dem Essen verbunden, während das Saugen zumeist präverbal ist, das heißt, als persönliches Erlebnis vergessen wird und erst später über Erzählungen oder die Beobachtung eines anderen Kindes an der Brust zur Sprache kommt. Kinder können, wenn sie das Alter erreichen, in dem sie mit Sprechen und bewußtem Denken beginnen, ihre Kau- und Beißwerkzeuge schon gut gebrauchen.

Die Auffassung Gerös, daß die Muskelerotik eine Art Umleitung für das zusätzliche Luststreben des Säuglings darstellt und die ursprüngliche Sauglust ersetzt, läßt sich auf die manische Symptomatik anwenden. Der manische Zustand ist für seine Hypermotilität bekannt, und das Konzept Gerös läßt sich sowohl auf den manischen Redefluß anwenden, in dem sich in erster Linie die gesteigerte Aktivität der Kaumuskulatur manifestiert, wie auch auf die insgesamt gesteigerte Motorik – das körperliche Toben des Manikers stellt ebenso wie der Redefluß einen muskulären Ersatz für die unbefriedigt gebliebene Oralität dar.

Sadger (1911), von dem Gerö den Begriff der *Muskelerotik* übernahm, hatte diese prägenitale Lustkomponente in Verbindung mit Haut- und Schleimhauterotik dargestellt und interessante Beispiele für die Lust aufgeführt, die sich aus der muskulären Aktivität ziehen läßt; für dasselbe Phänomen gab Abraham (1913) der Bezeichnung *Bewegungslust* den Vorzug. Er konnte zeigen, daß bei vielen Patienten, die – wie er es nannte – unter *lokomotorischer Angst* litten, die Bewegungslust einen unbewußten Ersatz der genitalen Aktivität bildete. Die in ihrem tatsächlichen Sexualleben gehemmten oder abstinenten Patienten hatten ihr sexuelles Interesse auf Gehen und Tanzen verschoben oder auch auf die passive Bewegung des Zugfahrens, mußten sich jedoch aufgrund ihrer Angst auch dieser Tätigkeiten enthalten. Abraham schrieb: »Die Lust an Körperbewegungen beschränkt sich bei den Kranken natürlich nicht auf die unteren Extremitäten allein, obwohl, wie gesagt, das *Gehen* besonders lustbetont ist. So beobachtete ich zum Beispiel bei einem an Straßenangst leidenden jungen Manne die Neigung, beständig die Fäuste zu ballen, die Armmuskeln zu kontrahieren und namentlich die Kiefer aneinanderzupressen, zu welchem Zwecke er die Kaumuskeln aufs äußerste kontrahierte. Hier bestand gleichzeitig eine ungewöhnliche erogene Bedeutung der Mundschleimhaut.«[2] Ein anderer Patient äußerte, »das *Gehen* an sich sei für ihn eine sehr angenehme Tätigkeit, sobald nur durch geeignete Begleitung der Angst vorgebeugt sei. Beim Gehen auf der Straße fühle er sich gleichsam *tanzend.* Es stellte sich weiter heraus, daß dem sexuell völlig enthaltsamen Manne das Tanzen große Lust bereitete; daß seine Pollutionsträume oft Träume vom Tanzen waren.«[3] Ich denke, daß diese Beobachtungen Abrahams zur erotischen Lust der Kaumuskeln wie auch des gesamten Muskelsystems sowohl die Annahme Gerös bestätigen wie auch meine Anwendung dieser Annahme auf die Überaktivität des Manikers.

In jedem Falle beansprucht das Beißen einen besonderen Platz in der Psychologie der Oralität. Die Zähne haben zwei wichtige Funktionen: *erstens* sind sie Teil unserer Eßwerkzeuge und dienen dem Lustgewinn; *zweitens* können sie wie bei anderen Säugetieren als Angriffs- oder Abwehrwaffe eingesetzt werden, wenn der Lustgewinn beeinträchtigt oder durchkreuzt wird. In der Anwendung auf den Maniker bedeutet die erstgenannte Funktion, daß alle Mittel eingesetzt werden, durch die sich eine enge Beziehung zur symbolischen Brust aufrechterhalten läßt. Die zweite Funktion der Zähne kommt in den manischen Abwehrmaßnahmen zum Ausdruck; störende Einflüsse der Umwelt werden mit einem Knurren oder Zähnefletschen bedacht sowie symbolisch mit »beißendem Sarkasmus« oder mit einer anderen Art oralen, muskulär-aggressiven Sprechens beantwortet.

Die verleugneten Inhalte – äußere Realität und innere Wirklichkeit

Schon die früheren, deskriptiv vorgehenden Psychiater hatten in den verschiedenen Zuständen des normalen Seelenlebens nach einem Vergleich für das pathologische Hochgefühl gesucht. Als Analogie drängte sich das überaktive Spiel von Kindern geradezu auf; jedoch blieb der Vergleich bei der oberflächlichen Feststellung stehen, worin sich die Überaktivität beim Spiel und das manische Verhalten gleichen, nämlich im aktiven Erzielen der Lust. Da man aber die Bedeutung des Kinderspiels nicht genügend verstand, führte dieser Vergleich nicht weiter. Es lag ebenfalls nahe, die Flüchtigkeit des Manikers mit dem Witz zu vergleichen, womit man jedoch auch nicht über die Ebene der deskriptiven Analogie hinauskam. Mit der Gegenüberstellung von Manie und Alkoholrausch ließ sich zumindest ein psychodynamischer Bezug herstellen. Man konnte unterstellen, daß der Rauschzustand *motiviert* ist – Ärger und Sorgen sollen im Rausch untergehen und vergessen werden. In seiner klinischen Darstellung einer manischen Episode hatte Almasy (1933) eine Reihe belastender, äußerer Ereignisse aufgeführt, die seine Patientin nicht wahrhaben wollte; jeder Psychiater könnte bei einem Blick über seine Krankengeschichten weitere, bewußt erlebte, krisenauslösende Unglücksfälle aufzählen. Bilden aber alle Ereignisse im Hinblick auf die Auslösung einer Manie ein unmittelbar einleuchtendes Motiv? Natürlich können wir uns vorstellen, daß ein Todesfall, eine Untreue, ein finanzielles Desaster oder auch eine schwere Geburt so gravierend erlebt werden, daß der Betreffende sie gerne mit Hilfe eines Alkoholrausches oder einer manischen Verleugnung »vergessen« möchte; wie kann aber die erste Menstruation oder auch die mühelose Geburt eines hübschen, gesunden Kindes eine pathologische Hochstimmung auslösen? Und wie erklären wir uns schließlich das Auftreten von Hochstimmungen nach Ereignissen, die unser sogenannter gesunder Menschenverstand als Glücksfälle wertet – wenn zum Beispiel eine wichtige Aufgabe erfolgreich abgeschlossen wird, wenn uns unerwartet eine große Erbschaft zufällt oder wenn wir gar dem Tod entrinnen?[4]

Es liegt auf der Hand, daß wir ein solches Vergessen oder Entfliehen, wenn wir eine Verleugnung im psychoanalytischen Sinn meinen, auf die vermiedene Enthüllung von Geschehnissen ausdehnen müssen, die uns oder dem Patienten zunächst unbekannt sind. Wir müssen die unbewußte Bedeutung, die einem auslösenden Ereignis oder einer schwerwiegenden Situation zukommt, herausfinden und gelangen damit in den Einflußbereich des psychogenetischen Prinzips, womit zugleich die Analogien, die unser alltägliches Denken bereithält, weniger verläßlich werden. Die unbewußte Bedeutung eines Ereignisses hängt von der jeweiligen Lebensgeschichte ab, und zumeist wird der frühkindliche Vorläufer dieses betreffenden Ereignisses durch die weiterschreitenden Entwicklungsprozesse erheblich abgewandelt. Ein Beispiel aus der Geologie soll dies kurz veranschaulichen: dem Aussehen nach können wir Marmor mit Granit vergleichen, genetisch müssen wir ihn jedoch neben den völlig unterschiedlich beschaffenen, muschelkalkhaltigen Meeresboden stellen.

Somit ist klargestellt, daß die vom hochgestimmten Patienten verleugnete Realität mit Hilfe der genetischen Methode erklärt werden muß. Helene Deutsch (1933) wies zum Beispiel darauf hin, daß die im manischen Zustand so bestimmende und ausgedehnte Verleugnung die Ausstrahlung einer zentralen Verleugnung darstellt. Im Fallbeispiel Helene Deutschs konnte als Mittelpunkt der Verleugnung durch die Analyse freigelegt werden, daß die Patientin das Gefühl, ihr fehle ein Penis, nicht wahrhaben wollte. Dieses infantile Zentrum, von dem die manifesten Konfliktabkömmlinge ausgingen, stellte jedoch selbst eine Art Brennpunkt dar, in dem sich die oralen Konflikte (die »psychologischen Momente« der Melancholie) sammelten. Hochstimmung und Verleugnung reichten letztlich bis in die frühe Oralität zurück. So gesehen schloß der Kindheitskonflikt dieser Patientin, der sich darum drehte, ob sie ihr »Kastriertsein« akzeptieren sollte oder nicht, die erneute Darstellung eines früheren Problems ein. Das heißt mit Hilfe der schon verwendeten optischen Begriffe, daß der Penisneid dieser Patientin dem inneren Brennpunkt eines Mikroskops entspricht, der als Schnittpunkt jener Lichtstrahlen entsteht, die vom Objektiv gebrochen und von den Okularlinsen erneut in das Feld der Hochstimmung fokussiert werden. Natürlich behält diese Analogie nur ihren Sinn, wenn man nicht an die neuesten, ausgefeilten optischen Geräte denkt, sondern eine gehörige Abweichung zuläßt, die auf die Ungenauigkeit der Linsen zurückzuführen ist; das von den Linsen gebrochene Bild enthält zusätzliche Bilder aus anderen Quellen, die das Gesamtbild verwirren und somit erschweren, daß man genau bestimmen könnte, welche Strahlen unmittelbar vom Untersuchungsobjekt herrühren und welche nicht.

Der früheste psychische Anteil des Hochgefühls ist also oral, während spätere Kindheitsereignisse gleichsam Punkte der Konvergenz und Neuanordnung des früheren Erlebens bilden. Meines Erachtens wird der orale Konflikt in diesen späteren Ereignissen erneut dargestellt, bewußt und nach Art einer Vergrößerung, jedoch unterschiedlich, das heißt bei Helene Deutschs Patientin durch den Penisneid, bei anderen durch die Urszene. Nicht immer bilden der Penisneid oder die Urszene die intensivste Wiederauflage (*re-representation*) des oralen Konflikts; in seltenen Fällen wird der frühere Konflikt nur in schwacher Form wiederholt, und gelegentlich findet sich keine Entstellung der oralen Wünsche, Ängste und Aggressionen durch die infantil-genitale Phase der Libidoentwicklung – das Hochgefühl läßt sich, ohne daß der Penisneid, die Urszene oder andere Phantasiegebilde dazwischengeschaltet sind, auf die Stillsituation zurückführen. Dies war in Annäherung bei der erwähnten jungen Frau mit den bildlosen Träumen und den auf diese Träume folgenden hypomanischen Episoden der Fall.

Der Wunsch nach Verschlungenwerden und Schlafen (Sterben)

Die Erörterung der frühen Oralität in den vorausgegangenen Kapiteln führte zu der Hypothese, das Erleben des Säuglings werde durch eine Trias von Wünschen bestimmt: essen, gegessenwerden (eine ersehnte Entspannung genießen) und in den Schlaf fallen. Außerdem haben wir die Behauptung aufgestellt, daß bestimmte Elemente, die für den Schlaf charakteristisch sind, auch in der manischen Verfassung wiederkehren und zur Darstellung kommen. Allerdings ist der Maniker, wovon man sich leicht überzeugen kann, außerordentlich wach. Die sozialen Entsprechungen der Manie, die Freud erwähnte – öffentliche Feste (aber auch viele private), die Saturnalien der Römer und der heutige Karneval – stellen sich dem Schlaf entgegen, dauern die ganze Nacht »bis der Tag anbricht«.[5] Zugunsten von übersteigerter Aktivität und Hochstimmung wird das Schlafbedürfnis beiseite geschoben. Wenn in Erweiterung der üblichen Definition die Manie eine besondere Form oder ein Äquivalent des Schlafs sein soll, dann handelt es sich zweifellos um einen sehr wachen Schlaf, und es stellt sich die Aufgabe, diesen Widerspruch zu lösen.

Der manische Patient liegt mit seinen Wünschen, sich verschlingen zu lassen und in den Schlaf zu fallen, im Konflikt. Seine Schwierigkeit besteht darin, daß er die letzten beiden Wünsche der oralen Trias abwechselnd als annehmbar oder unannehmbar erlebt. Die konflikthaften Wünsche nehmen die phantastischsten Entstellungen und Färbungen an. Auf der begrifflichen Ebene sind die Vorstellungen des Manikers von Schlaf und Tod weitgehend vermischt; er spielt mit »proteischen« Bildern dieser Wünsche.[6] Schlaf und Tod kommen als »glückliches Verschlungenwerden« zum Ausdruck oder sie werden durch übermäßige Wachheit vermieden. Obgleich es sich um ein »Mischbild« handelt, möchte ich aus Gründen der Darstellung die phantasierte Wunscherfüllung – das glücklich erlebte Verschlungenwerden – aus dem Zusammenhang herauslösen und überlieferten Beschreibungen entsprechend als *Ekstase* bezeichnen. In der zweiten Einstellung des Manikers, mit der er jeglichen Hang zum Verschlungenwerden, zu Schlaf oder Tod verleugnet, möchte ich die *Manie* oder die *eigentliche Hypomanie* sehen. Der Leser wird verstehen, daß es sich hierbei nicht um Syndrome oder Formen der Hochstimmung im üblichen Sinn handelt, sondern um Abstraktionen – um eine Typologie, deren Elemente wahrscheinlich nie rein auftreten, was bedeutet, daß der Ekstase Anteile beigemischt sein können, die auf eine Verleugnung hinweisen, und daß auch bei der echten Hypomanie zum Teil eine Befriedigung der genannten Wünsche vorkommt.

Am Beispiel der jungen Frau, auf deren hypomanische Episode ich mich im Kapitel über Manie und Schlaf bezogen habe, möchte ich meine Auffassung veranschaulichen. An ihrem Fall läßt sich sowohl die ekstatische wie auch die hypomanische Haltung zeigen. Ich erinnere kurz daran, daß die Patientin, nachdem sie mit einer Frau, die sie unbewußt als Mutter-Ersatz wahrnahm, einen befriedigenden Tag, ausgefüllt von Einkäufen und gemeinsamem Essen, verbracht hatte, in einen Zustand verzückter, glückseliger Versunkenheit geriet, der während der folgenden Nacht in einem bildlosen, von einem Orgasmus begleiteten Traum endete. Hier haben wir den Zustand vor uns, den ich als

Ekstase bezeichne. Er besteht in einer sich wiederholenden Erfüllung jener Wünsche der oralen Trias, die darauf zielen, sich völlig zu entspannen und von einem guten Schlaf verschlungen zu werden. Auf die Nacht mit dem bildlosen, orgastischen Traumerlebnis folgte die eigentliche Hypomanie mit einem Strudel von Aktivität und Rededrang, voll von Unabhängigkeitsvorstellungen und erotomanen Phantasien. Jegliche Bedeutung, vor allem aber passives Interesse an Mutter-Figuren wurde in diesen Phantasien verleugnet. Die Patientin hatte bis zum Tag ihrer erotischen Verzückung die Fähigkeit besessen, ihr Interesse an Frauen zu *verdrängen*; an dem betreffenden Tag jedoch ließ die Triebabwehr ihres Ichs nach und der Konflikt wurde auf eine andere Weise gelöst, indem sie die Realität, die sie erlebt hatte, *verleugnete*. Nun konnte sie auch den Schlaf nicht mehr ekstatisch erleben; selbst ihre Träume verleugneten, welche Art von Lust die Patientin an ihren Träumen und im Schlaf empfand. Nachdem sie eine Zeitlang fast schlaflos war, holte sie die Verleugnungen ihres Wachlebens in die Träume herüber und verleugnete außerdem, wenn sie wach war, daß ihren Träumen irgendeine andere Bedeutung zukommen könnte als das, was sie manifest zeigten. Dies entspricht genau der Einstellung, die das Kind seinen einfach aufgebauten Wunscherfüllungsträumen gegenüber einnimmt. Die Lust, die der Patientin das Träumen bereitete, führte sie auf einzelne Elemente des manifesten Trauminhalts zurück; zum Beispiel, daß sie sich in Gesellschaft ihrer heterosexuellen Pseudo-Objekte befand oder einige ihrer ehrgeizigen Unternehmungen von Erfolg gekrönt waren. Als der hypomanische Anfall nachließ, wurde auch in den Träumen die Verleugnung der homosexuellen Triebwünsche durch den Mechanismus der Verdrängung ersetzt. Die erotomanen Phantasien bildeten keine Gefahr mehr für die Abwehrmechanismen des Ichs; die Patientin hielt weiterhin an ihren erotomanen Phantasien fest, jedoch mehr im Sinne von stiller Tagträumerei.

Den deskriptiv arbeitenden Psychiatern war bekannt, daß dem Anfang einer typischen Manie mit unangemessener Aktivität und Glücksstimmung kurze, »ekstatisch« erlebte Nächte vorausgehen können. Lange (1928) schrieb in seiner Zusammenstellung jener Phänomene, die dem Ausbruch einer Manie vorausgehen (Prodromalsymptome): »Allgemein bekannt sind ja die Zirkulären, die, am ersten Tage verwirrt, halluzinierend, erst am folgenden oder übernächsten die Manie klar zur Schau tragen. Mitunter scheinen die Kranken dann reiche Erlebnisse gehabt zu haben, die stark an das oneiroide Erleben erinnern, nur eben flüchtiger Natur sind. Solche Erscheinungen spielen sich manchmal auch in schlaflosen, aber dämmerigen Episoden der Nacht ab und können eine Reihe von Nächten hindurch wiederkehren.«[7] Lange wies auf ähnliche Zustände hin, die mit »Gesichten« und »deliranten« Erlebnissen einhergehen oder auch mit einer Bewußtseinstrübung, die der Bewußtseinsveränderung im Alkoholrausch ähnelt. Er teilte auch seine Beobachtung mit, daß die genannten Prodromalsymptome bei jeder sich wiederholenden manischen Episode unverändert wiederkehren. Bei Lange findet sich auch der Hinweis auf einen Patienten von Schüle (1880), der am Vorabend seiner phasisch wiederkehrenden manischen Episoden jeweils einen kleinen grauen Vogel halluzinierte. Schüle hatte diesen Patienten einen *periodischen Maniakus* genannt.[8]

Entscheidend an diesen Fallbeispielen ist, daß dem manischen Anfall eine besondere psychische Verfassung oder Bewußtseinslage unmittelbar vorausgeht, für die man Eigenschaftsworte wie *oneiroid, delirant (delirioid)* und *dämmerig* fand; diese qualitativ veränderte Bewußtseinslage ähnelt der psychischen Verfassung beim Einschlafen, wozu ebenfalls das Auftreten von »Gesichten« (bildhafte Darstellungen von Gedanken – sogenannte optische Pseudohalluzinationen) gehört. Wenn die Hochstimmung ein entstelltes Schlafäquivalent ist, dann sind die genannten Prodromi Äquivalente des hypnagogen Zustands.[9]

Die hypnopompen (oder Wach-)Äquivalente sind nach meiner Kenntnis der Literatur leider nicht beschrieben. In den gängigen psychiatrischen Lehrbüchern, die zumeist eine Orientierung an dem »Folgezustand« psychotischer Episoden erkennen lassen, findet sich keine Beschreibung, wie der Tag aussieht, an dem die Manie endet oder wie die psychische Verfassung des Patienten mehrere Tage nach dem Abklingen der Manie ist. Da meine eigenen Beobachtungen für eine eindeutige Feststellung nicht ausreichen, möchte ich nur den Eindruck festhalten, daß der manische Anfall um so eher insgesamt vergessen wird, je »deliranter« oder traumähnlicher sein Verlauf war; das heißt im großen und ganzen, daß die nachträgliche Einstellung zur manischen Episode von den gleichen Einflüssen bestimmt wird, die auch die Haltung festlegen, die jemand seinen Träumen gegenüber einnimmt.

Freud (1940a) äußerte sich im Hinblick auf wahnhafte Zustände dahingehend, daß wir vermutlich eine psychische Spaltung annehmen dürfen, die bewirkt, daß nebeneinander zwei psychische Einstellungen zur Realität bestehen – »eine, die der Realität Rechnung trägt, die normale, und eine andere, die unter Triebeinfluß das Ich von der Realität ablöst«. Wenn eine wahnhafte Erkrankung geheilt erscheint, dann ist die Wahnvorstellung »nur ins Unbewußte zurückgetreten, wie man ja auch aus zahlreichen Beobachtungen erschließen muß, daß der Wahn lange Zeit fertig gebildet lag, ehe er manifest zum Durchbruch kam«.[10] Meine entsprechende Annahme ist, daß sich nach einer Genesung von der manischen Episode jener Inhalt der Manie, der für den Wunsch nach Verschlungenwerden oder Sterben (Schlafen) stand, verwandelt und in Form eines Stupors oder eines Suizids auftreten kann; vielleicht wird er auch verdrängt und kehrt, entstellt durch die Mechanismen der Konversion und der Verschiebung, aus der Verdrängung wieder ins bewußte Erleben zurück.

Demnach lassen sich in Zeiten, die frei vom pathologischen Hochgefühl sind, Spuren der oralen Wünsche in Symptomen oder Phantasien finden. MacCurdy (1925) gibt ein interessantes Beispiel. Im Vordergrund des Inhalts einer manischen Episode stand der Wunsch zu sterben; er verschwand mit dem Abklingen der Episode und kehrte in Form eines Konversionssymptoms wieder. MacCurdy faßte den entsprechenden Abschnitt der Fallgeschichte folgendermaßen zusammen: der manische Anfall seiner Patientin setzte ein, nachdem sie bei Berührung eines Lichtschalters einen elektrischen Schlag erhalten hatte. Dieser Schlag erschütterte ihr Unbewußtes, und sie stellte sich in der manischen Episode vor, daß sie tot sei. »In Form eines inneren Schauspiels trat die Idee an den Tod in ihr Bewußtsein – sie fühlte sich in Gesellschaft ihres [verstorbenen, B.D.L.] Vaters. Eine Weile nach der Genesung kam überraschend die auslösende Ursache in einem hysterischen Symptom wieder zum Vorschein. Die Patientin klagte über Schmerzen in ihrer rechten Körperhälfte, im Brustkorb und rechten Arm sowie über eine Schwäche ihres rechtes Armes. Sie führte ihre Beschwerden auf den elektrischen Schlag zurück, obgleich sie bis zum Zeitpunkt ihrer Genesung von der Psychose keine Schmerzen verspürt hatte. Offenbar stellten die neuen Symptome einen schwächeren Ersatz für die Todesidee dar, die im Vordergrund der produktiven Symptomatik ihrer Psychose gestanden hatte.«[a]

Der Wunsch, in den Schlaf zu fallen oder zu sterben, der in der Ekstase seinen unmittelbaren Ausdruck findet, erhält im akuten manischen Anfall einen Gegenspieler – das Bestreben des Ichs nach Leben und Wachsein. In der psychischen Verfassung, die ich als Manie oder den eigentlichen hypomanischen Zustand bezeichnete, dominiert die genannte Ich-Strebung; der manische Zustand mitsamt seinen Verleugnungen und seiner übermäßigen Aktivität stellt den Versuch einer Kompromißbildung dar, in der das Streben nach Wachsein und der Schlafwunsch – wir können auch sagen, die Wünsche, zu sterben und zu leben –

zusammengebracht werden. Der Widerspruch, den wir empfinden, wenn wir vom wachen Schlaf des Manikers sprechen, liegt also nicht in dieser Formulierung, sondern im intrapsychischen Konflikt selbst, der darin besteht, daß sich der stark erotisierten Strebung nach Schlaf eine Abwehrstrebung gegenüberstellt, die auf das Wachsein zielt.

Ein Konflikt zwischen Schlafwunsch und Streben nach Wachheit verursacht auffallende Veränderungen der Bewußtseinslage; darauf wies Jones (1916) in seiner sorgfältigen Zusammenfassung und Diskussion der Arbeiten Silberers (1909, 1911 u. a.) hin. Wenn Silberer versuchte, ein schwieriges Problem im Zustand der Müdigkeit oder Schläfrigkeit zu durchdenken, sah er ein Bild, das sich nach seiner Analyse als die bildliche Darstellung der betreffenden Idee herausstellte. Zum Beispiel hatte er im Zustand der Müdigkeit daran gedacht, seinen Schreibstil aufzupolieren und bildlich gesehen, wie er ein Stück Holz glatthobelte; oder er dachte über die Schichtung psychischer Funktionen nach, worauf er (nach Art einer Pseudohalluzination) eine Dobos-Torte, eine aus vielen Schichten bestehende ungarische Gebäckspezialität vor sich sah. Jones wies auf den grundlegenden dynamischen Unterschied hin, der zwischen den gewöhnlichen Träumen und Silberers Bildvorstellungen besteht. Der gewöhnliche Träumer möchte schlafen; seine Gedanken dringen in den Schlafzustand ein und stören ihn. Silberer dagegen wollte wach bleiben, weiterarbeiten oder die hypnagogen Bilder festhalten; hier wurde der Schlaf zum störenden Faktor. Mit diesem Hinweis von Jones werden weitere Bewußtseinsphänomene, über die Silberer in späteren Arbeiten berichtete (mutmaßliche Zeichen des Wachseins in Träumen, Experimente mit Kristallsehen) erklärlich.[11]

Die Arbeiten von Jones und Silberer habe ich herangezogen, um die folgende Parallele anschaulicher formulieren zu können. Die von Silberer beschriebene besondere Bewußtseinslage (das »autosymbolische Phänomen«) leiht sich vom

Schlaf die bildhafte Darstellungsweise, wie sie sich im Träumen manifestiert; entsprechend übernimmt der hypomanische Zustand bestimmte Eigenschaften von Schlaf und Traum, die eine Verleugnung des Wunsches, verschlungen zu werden oder zu sterben, unterstützen. Im Kapitel über Manie und Schlaf habe ich diese Eigenschaften von Schlaf und Traum im einzelnen aufgeführt.

Auf die berechtigte Analogie vom Spiel der Kinder und der Manie werde ich später zurückkommen. Zunächst möchte ich auf eine dynamische Analogie zwischen der Manie und einer anderen psychischen Verfassung hinweisen, die man früher als überwiegend lustvoll ansah und von der außerdem vermutet wurde, daß sie angeboren sei. Ich denke an die sexuellen Perversionen und an eine Arbeit von Hanns Sachs (1923), in der er seine Auffassung, die Perversionen seien Abwehrgebilde, darlegte. Sachs zeigte, wie bei den Perversionen das verdrängende Ich durch Gewährenlassen eines relativ harmlosen Anteils des anstößigen Komplexes erreicht, daß ein großer Teil der Libido des Gesamtkomplexes sich auf diesen Anteil verschiebt und damit zum Bundesgenossen des Ichs wird und hilft, den restlichen Inhalt des Komplexes in der Verdrängung zu erhalten.[12] Fenichel (1931) verglich diesen Vorgang mit der Bildung einer Deckerinnerung.[13] In ähnlicher Weise verstehe ich die Manie; in der zur Manie gehörenden übermäßigen Aktivität kommt *eine* Komponente der oralen Trias zum Zug – die Lust an der aktiven, kannibalischen Oralität, wozu wir noch die Entsprechungen verschiedenster Formen der »Vorlust« zu rechnen haben, wenn wir die Analogie mit der manifesten Perversion weiterführen. Die beiden anderen erotischen Komponenten der oralen Trias werden durch die mit der aktiven Lust – dem ersten Wunsch der oralen Trias – zusammenhängenden Phantasien, Handlungen und Affekte verdeckt und verleugnet; dem Maniker wird also eine teilweise Befriedigung, eine symbolische Erfüllung seiner kannibalischen Lust gewährt, zugleich aber muß er jene andere Lust, sich völlig einem erotischen Schlaf zu überlassen, meiden.

Die Ekstase

Die verzückte, glückselige Versunkenheit, die meine mehrfach erwähnte Patientin zeigte, nenne ich Ekstase, wodurch ich einen veralteten psychiatrischen Begriff erneut und ohne seine ursprünglichen diagnostischen oder prognostischen Implikationen verwende. Gelegentlich findet sich diese Bezeichnung noch, wenn auf die Exaltiertheit aufmerksam gemacht werden soll, mit der katatone Erregungszustände einhergehen können; in dieser Verwendung hat der Begriff Ekstase sowohl »epignostische« wie auch prognostische Bedeutung, da er für jene Hochstimmungen reserviert ist, deren Verlauf nicht mit der sonst zu erwartenden »Genesung« endet. Mit dieser Definition der Ekstase bleibt zugleich die Geschlossenheit der Kraepelinschen Nosologie (1904) erhalten; dennoch waren sowohl vor wie auch nach Kraepelin verschiedene Autoren der Meinung, man könne die genannte Exaltiertheit nicht eindeutig zuordnen. Kahlbaum (1874) sah zum Beispiel in der Ekstase die manische Phase einer Katatonie. Angesichts der Schwierigkeit, daß sich bestimmte Erregungszustände weder den zirkulären noch den schizophrenen Psychosen zuordnen ließen, schlug Eugen Bleuler (1922) die kompromißhaft formulierte Bezeichnung »schizoid-manische Reaktion« vor. Weitere Begriffe wurden gebildet, die der nosologischen Unsicherheit abhelfen sollten. Es wurden auch hysterische Zustände beschrieben, die man zutreffenderweise als Ekstase bezeichnete.

Lassen wir die nosologische Einordnung der Ekstase beiseite und betrachten ihre Psychodynamik. Nach meiner Auffassung stellt die Ekstase einen psychischen Zustand dar, in dem der zweite und dritte Wunsch der oralen Trias vorherrschen. Zumeist findet sich eine Verdichtung von Brust und Über-Ich; dieses Über-Ich besitzt die Qualität der Unsterblichkeit, mit der sich das Ich identifiziert, um an der Unvergänglichkeit teilhaben zu können. Mit den oral-aktiven Phantasien des Verschlingens geht das Gefühl einher, sich einem unsterblichen Wesen zu überlassen, in ihm Ruhe zu finden und schließlich mit diesem Wesen im Schlaf oder in einem schlafähnlichen Zustand vereinigt zu sein.

Mit sicherer Intuition schrieb der Altphilologe Gilbert Murray (1925) über die Bedeutung der Ekstase in den früheren Phasen der griechischen Religion: »In der Regel kam die Vereinigung des Menschen mit dem Gott durch die *ekstasis* zustande – die Seele mußte sich vom Körper frei machen – und *enthousiasmos* – der Gott mußte in den Betenden eingehen und in ihm verweilen.[b] Zumeist sind die Mittel, die zu dieser Vereinigung führen, allegorisiert und vergeistigt; es kommen hingegen auch primitive Bräuche vor. Die Formen des religiösen Empfindens sind auf der ganzen Spielbreite des menschlichen Wesens angesiedelt. Vielleicht hätten die Ureinwohner Trakiens, die sich in die Verrücktheit versetzten, indem sie das warme Blut ihrer Göttertiere tranken, sich unter anderen Umständen bei ihrem Ritual auch mit einem Ersatz für das echte Blut zufrieden gegeben.« Murray erwähnt auch die Hermes-Liturgie des Mithras-Kultes, in der eine intime Vereinigung mit der Gottheit beschworen wird, die in dem Gesang Ausdruck findet: »Ich in Dir und Du in mir.«[14]

In seiner Arbeit »The Sense of Immortality« beschrieb Zilboorg (1938), auf welch unterschiedliche Weise zwanghafte Menschen ein Gefühl der Unsterblichkeit zu erlangen versuchen. Dabei fällt auf, daß sie dies eher anstreben und nicht als Gegebenheit nehmen. Wir finden bei zwanghaften Menschen, aber auch bei vielen normalen Personen den Wunsch, unsterblich zu sein; zumeist kommt er durch eine symbolische Identifizierung mit einem Ideal des Ichs zum Ausdruck. Oft leben die Erwachsenen in ihren Kindern diesen Wunsch aus, das heißt, die Kinder werden, soweit dies möglich ist, im Sinn der Ideale ihrer Eltern erzogen, damit diese Ideale die Eltern überleben und »unsterblich« werden. Ähnlich verhält es sich, wenn solche Identifizierungen mit sozialen Bewegungen bestehen, die für das eigene Volk, für die Nation oder die Humanität eine Ideals (utopische) Zukunft versprechen. Der Maniker bedarf jedoch in der Regel keiner sozialen Ausdrucksform für die Befriedigung seines Wunsches nach Unvergänglichkeit, da er regressiv die »Zeitlosigkeit« der frühesten Kindheit und damit unser frühestes Empfinden von Unsterblichkeit wiederherstellt; darauf werde ich später zurückkommen.

Nach William James, *Die religiöse Erfahrung in ihrer Mannigfaltigkeit* (1902), zitiere ich die Heilige Theresa: »In dem Gebet um Einheit ist die Seele völlig wach für alles, was Gott betrifft, aber tief im Schlaf den Dingen der Welt und sich selbst gegenüber. Solange die Vereinigung dauert, ist sie gleichsam jeder Empfindung beraubt, und selbst wenn sie wollte, könnte sie an nichts denken ... So hebt Gott, wenn er eine Seele zur Vereinigung mit sich emporhebt, die natürliche Wirksamkeit aller ihrer Fähigkeiten auf. Sie sieht, hört und versteht nichts, solange sie mit Gott vereint ist ... Gott erfüllt dann die Seele in einer Weise, daß es ihr, wenn sie wieder zu sich kommt, völlig unmöglich ist, daran zu zweifeln, daß sie in Gott und Gott in ihr gewesen.«[15]

Die Entrückung der Heiligen Theresa gehört zu ihrem Erlebnis mystischer, gegenseitiger Inkorporation; es läßt sich kaum in Worten ausdrücken und stimmt mit dem überein, was wir unter nichtsprachlicher oder vorsprachlicher Verzückung oder Wonne verstehen. Der Heilige Franz von Sales, den James (1902) ebenfalls zitiert, äußerte sich in seinem »Gebet um Ruhe« eindeutig über die orale Natur der andächtigen Vereinigung mit Gott im Gebet: »In diesem Zustande ist die Seele wie ein kleines Kind, das noch an der Brust liegt, und dessen Mutter ihm ihre Milch zärtlich in den Mund fließen läßt, ohne daß es auch nur die Lippen zu bewegen braucht.[16] So auch hier ... Unser Herr will, daß wir satt werden sollen von der Milch, die seine Gnade in unsern Mund strömen läßt, und daß wir ihre Süßigkeit empfinden, ohne zu wissen, daß sie vom Herrn kommt.« An einer anderen Stelle heißt es: »Seht die kleinen Kinder an der Brust ihrer nährenden Mutter; von Zeit zu Zeit könnt ihr bemerken, wie sie sich einen kleinen Ruck geben und sich fester anschmiegen, da es ihnen zu gut schmeckt. So macht auch das Herz, im Gebet mit seinem Gott vereint, oft den Versuch, die göttliche Süßigkeit fester zu umfangen, zu einer noch innigeren Vereinigung zu gelangen.«[17] James' Kommentar zu diesen Zitaten, der sich im Kapitel über Religion und nervöse Veranlagung findet, liest sich außerordentlich interessant. In einer *reductio ad absurdum* dessen, was er die »sexuelle Theorie der Religion« nennt, fragt er: »Warum sollte man die Religionen nicht ebensogut als eine Abirrung der Verdauungstätigkeit bezeichnen und diese Auffassung durch die Verehrung des Bacchus und der Ceres beweisen wollen, oder etwa durch die ekstatischen Gefühle einiger Heiliger beim Abendmahl? ... In der religiösen Literatur sind die dem Gebiet des Essens und Trinkens entnommenen Ausdrücke kaum weniger häufig als diejenigen aus dem Geschlechtsleben. Wir ›hungern‹ und ›dürsten‹ nach Gerechtigkeit; wir haben am Herrn einen ›süßen Geschmack‹; wir ›schmecken und sehen, daß er gütig ist‹. Und ›geistliche Milch für amerikanische Säuglinge aus den Brüsten der beiden Testamente‹ ist der Untertitel einer früher in Neu-England berühmten Gebetsfibel. Die christlichen Andachtsbücher schwelgen geradezu in Milch. Gedacht ist dabei nicht an die Mutter, sondern an das hungrige Kind.«[18]

Diesen Einwand formulierte James 1902, genau drei Jahre bevor Freuds *Drei Abhandlungen zur Sexualtheorie* (1905d) erschienen, und seine Einwände gegen das, was wir eine genitale Theorie des religiös-ekstatischen Empfindens nennen würden, sind nicht unbegründet; was allerdings sein Argument von der »Verdauungsfunktion der Religion«

betrifft, in dem er selber eine *reductio ad absurdum* sah, so können wir uns als Psychoanalytiker nur nach Art der Kirchenväter dazu äußern: *Credo quia absurdum!*

Wir können die sublimierten Empfindungen der Heiligen und die Sprache ihrer Berichte mit der Beschreibung des Orgasmus vergleichen, die ich von einer hypomanischen Patientin erhielt. Sie beschrieb mir, wie sie den Koitus mit ihrem Geliebten, der eine Über-Ich-Figur für sie war, empfand. »Beim Orgasmus verschmelze ich mit (*melt into*) der anderen Person. Es ist schwer zu beschreiben, aber ein gewisses Einssein ist da, ein Verlieren meines Körpers hinüber in die andere Person, als ob ich ohne meine individuelle eigene Identität, ein Teil von ihm wäre, doch in ihm Teil eines größeren Ganzen. Andere Male bin ich das verbleibende Individuum, und er gibt sich auf, so daß ich das vollständige Ganze werde. Es ist, wie wenn man sich in eine große Sache wie Christentum oder Frauenwahlrecht einreiht, ein völliger Verlust des eigenen Selbst darin. Wenn er in mich einzutreten schien, dann gewann ich seine Eigenschaften, zum Beispiel seinen künstlerischen Geschmack, der besser war als der meinige. Es schien, als ob ich die Schönheit, die er zu sehen lehrte, gänzlich eingesaugt hätte. Es war ein Ersatz dafür, daß ich sie nicht besaß. Wenn ein Mann die Brust einer Frau beim Orgasmus in den Mund nimmt, so wird der Geschlechtsvorgang gegenseitig und zeitlich zusammenstimmend.«[19] Dieselbe Patientin stellte einen direkten Vergleich zwischen Saugen und Fellatio her. Sie dachte während des oralen Vorspiels daran, daß die Brustwarze dem Säugling ebenso groß erscheinen müsse wie ihr, der erwachsenen Frau, der Penis.

Die Patientin stellte mit dieser verdichteten, vielschichtigen Verschmelzung, die sie mit der Brust, dem Mann und Über-Ich-Idealen einging, auf anschauliche Weise eine wechselseitige, Glückseligkeit bringende Inkorporation dar. Sie zeigte keinerlei Angst vor dem Tod oder vor dem Verschlungenwerden, sondern nur ihr freudiges Verlangen, das »Verschlungenwerden« und die selige Entspannung an der Brust möchten sich ständig wiederholen.

In vielen Beschreibungen der Ekstase kehrt als manifestes Element die Behauptung wieder, das ekstatische Erlebnis sei nur schwer in Worten auszudrücken oder überhaupt nicht mitteilbar. Die Heilige Theresa meinte dazu, daß an die Ekstase, während sie bestünde, keine Worte heranreichten; erst im nachhinein und auch nur durch besondere Anstrengung fänden sich Worte, die dem unmittelbaren, unbeschreiblichen Erlebnis jedoch nur unvollkommen entsprächen. Meines Erachtens ist dieser Zustand einem bildlosen, erotischen und oral befriedigenden Traum nicht unähnlich. Meine Patientin wies in der vorher zitierten Schilderung ebenfalls auf dieses Phänomen hin: »Es ist schwer zu beschreiben«, sagte sie, »aber ...« Tatsache ist jedoch, daß sowohl die Heilige Theresa wie auch meine Patientin ihre Erlebnisse ausgezeichnet beschreiben konnten. Das Unaussprechliche oder nicht Ausdrückbare erweist sich damit als ein rein subjektives Empfinden und verlangt nach einer genaueren Analyse. Wir können Freuds Überlegungen zum »ozeanischen Gefühl« (1930a) zum Ausgangspunkt unserer Deutung nehmen.[20] Das Gefühl des Unaussprechlichen kehrt als manifestes Element immer wieder und verweist auf Nichtsprachliches in den latenten Gedanken. Ich meine, wir können die gegebenen Beispiele als Hinweis dafür werten, daß in der ekstatischen Stimmung das Nichtsprachliche (oder nie Sprache gewordene) Erlebnis der Einheit an der Brust wiederholt oder erneut belebt wird. Ein ähnliches manifestes Element von ekstatischen Zuständen besteht in der Aussage, es sei zu einer »direkten Inspiration«, zu reiner und unmittelbarer Wahrnehmung einer unaussprechlichen Wahrheit gekommen. Hier können wir uns einem Hinweis von Ernst Kris (1939, 1950) anschließen; er meinte, daß sich in solcher Gewißheit oder Glaubensfestigkeit die Wirklichkeit (*realness*) des Erlebens an der Brust niederschlüge. Wir wissen um dieses Erlebnis, weil es ein ursprüngliches, unmittelbares und unbezweifeltes Erlebnis ist. Nicht weil wir es gesehen oder davon gehört hätten, sondern weil es für unser frühestes, narzißtisches Vertrauen in sensorisches Erleben steht, wissen wir davon.[c]

Das Nebeneinander von subjektiver, zumeist illusorischer Unfähigkeit des Ausdrucksvermögens und oralen Phantasien kann man auch an Patienten beobachten, deren Stimmungslage nicht gehoben ist. Es hat den Anschein, als sei der Mund auf seine Funktion als präverbales Organ regrediert, so daß es ihm folglich schwerfällt, andere Funktionen als die des Essens oder Saugens auszuführen. Leicht läßt sich eine Verbindung zwischen der Ekstase, in der alle Aufmerksamkeit nach innen gerichtet ist, und der Trance sowie weiteren Zuständen herstellen, die mehr Ähnlichkeit mit dem Schlaf zeigen. Häufig werden Trance und Ekstase gleichbedeutend gebraucht. Zustände von Trance, Entrückung und Ekstase wurden als traumähnlich bezeichnet; sie legen den Gedanken an einen partiellen Schlaf oder ein Äquivalent des Schlafs nahe, und wir können annehmen, daß Schlaf und Wachsein graduell variieren. So führt der Zustand des Einschlafens mit dem ihm eigenen Verlangen nach Entspannung und dem Vorstellungsinhalt, verschlungen zu werden und mit der Mutter zusammenzusein, in den Himmel oder in das Nirwana.

»Guter« Schlaf, »schlechter« Schlaf und Tod

Einer Konvention zufolge werden in der psychoanalytischen Literatur die Adjektive »gut« und »schlecht« in Anführungszeichen gesetzt, wodurch in Übereinstimmung mit dem Lust-Unlust-Prinzip zwei gegensätzliche Verfassungen des frühkindlichen Seelenlebens hervorgehoben werden. »Gut« hat die Bedeutung von libidinös befriedigend und lustbringend; »schlecht« bedeutet das Gegenteil, nämlich schmerzlich, enttäuschend oder ängstigend. Wenn die Verdrängung hinzukommt, können sich Dinge, Handlungen und Erlebnisse, die ursprünglich »gut« waren, in »schlechte« verwandeln. Diese am Lust-Unlust-Prinzip orientierte Unterscheidung gilt auch für zwei Arten des Schlafs, die sich schon früh in der Entwicklung feststellen lassen. Modell für den »guten« Schlaf ist der ursprüngliche, inhaltslose Schlaf des gesättigten Säuglings an der Brust der Mutter; er setzt mit einem lustvollen Gefühl ein und dauert ebenso lange wie dieses. Damit der Schlaf später als »gut« erlebt werden kann, muß er ruhig und tief sein; andernfalls müssen die von unbefriedigten Wünschen herrührenden Einflüsse, die den Schlafzustand stören oder durchdringen, mit Hilfe der halluzinatorischen Wunscherfüllung des Träumens neutralisiert oder ausgeglichen werden. »Schlechter« Schlaf dagegen ist gestörter, unterbrochener Schlaf. Die frühesten Quellen der Störung sind der Hunger oder andere »Leibreize«, während später der Schlaf durch Anlässe zu schlechten Träumen gestört wird, wofür der Angsttraum ein typisches Beispiel ist. Wir wissen, wie gesagt, daß beide Arten des Schlafs schon früh im Leben vorkommen.[d]

Den beiden Formen des Schlafs entsprechen zwei Ansichten über seinen Zwillingsbruder, den Tod. Zum einen wird der Tod als angenehme Leere, als Nirwana oder Ruhezustand vorgestellt; darin ist er das Gegenstück zum bildlosen Traum des Kleinkindes. Vielleicht haben die Phantasien über ein vorstellungsloses Leben nach dem Tod mit dem Körperinneren zu tun. Ich leite diese Vermutung aus meiner Überlegung ab, daß dieser Inhalt sich in jenem Entwicklungsstadium bildet, das ich mit der Bezeichnung *Kniebaby* markierte und in dem die oralen Wünsche nach unten und nach innen verschoben werden.[21] Die Zeitlosigkeit, von der wir annehmen, daß sie in den frühesten Tagen der Kindheit, im Unbewußten jedoch für immer herrscht, hebt den Unterschied auf, der zwischen Vernichtung und Unsterblichkeit besteht.[e]

Der erwünschte und mit der Ekstase verwandte Schlafzustand besitzt die Eigenschaft der Unvergänglichkeit, der nicht endenden, himmlischen Verzückung. Diese Eigenschaft ist allerdings an das Über-Ich geknüpft; die Einheit mit einer unsterblichen Über-Ich-Figur steht im Vordergrund, und das Gefühl der Unsterblichkeit ist eine Funktion dieser Einheit oder Verschmelzung. Das Gefühl der Unsterblichkeit erweist sich als regressiv, da sich mit ihm die dem kindlichen Erleben eigene Nichtbeachtung zeitlicher Abläufe wiederholt. Indem die Verschmelzung von Ich und Über-Ich die frühere Vereinigung mit der Brust wiederholt, ist in ihr das Gefühl der Unvergänglichkeit enthalten oder wiedererweckt. In der schon mehrfach erwähnten Arbeit zur Pharmakothymie vertritt Rado (1933) die Ansicht, ein Patient, der sich umbringe, »nimmt die letale Dosis, weil er die (depressive) Verstimmung endgültig durch einen Rausch bannen will, der *ewig* dauert. Er tötet sich nicht, er glaubt an seine *Unsterblichkeit*«.[22] Das heißt, der »gute« Suizid besitzt, da er in einer Verschmelzung sowohl von Ich und Brust wie auch von Ich und Über-Ich besteht, die gleiche Struktur wie eine Manie. Der »gute« Schlaf ist die Vorlage für das unvergängliche Glück; das früheste, subjektive Erlebnis des »guten« Schlafs verknüpft sich mit einer Todesvorstellung von unendlichem, unvergänglichem Glück.

Sicherlich sind einige Formen des Suizids, wie sie bei manisch-depressiven Psychosen beschrieben wurden, von der genannten Phantasie bestimmt.[f] In schweren manischen Erregungszuständen, die psychologisch gesehen Suizidäquivalente darstellen, sprechen die Patienten davon, daß sie in den Himmel kommen, die Heiligen oder Gott sehen oder auch Zeichen von beglückenden Erlebnissen und Unsterblichkeit aus dem Jenseits erhalten; dies steht im Gegensatz zu dem wenig verlockenden Tod, der den Depressiven zu erwarten scheint. Die manischen Patienten hoffen auf einen guten Tod; wie Hamlet hoffen sie auf den Schlaf und die Träume und richten letztere ihren Wünschen gemäß ein.

»Sterben-schlafen-Schlafen!
Vielleicht auch träumen! – Ja, da liegt's.

Was in dem Schlaf für Träume kommen mögen,
Wenn wir den Drang des Ird'schen abgeschüttelt,
Das zwingt uns still zu stehen.«[23]

Wenn die Hochgestimmten nicht in das Nirwana eines Stupors – eines bildlosen Traumes von oraler Befriedigung – eintauchen, dann geben sie sich dem psychologischen Äquivalent eines gleichfalls befriedigenden, einfachen Wunscherfüllungstraumes hin.[g] Man hat oft festgestellt, daß den Todessymbolen eine auf immer lebendig bleibende Ambivalenz eigen ist; das für den Tod stehende Symbol ist zugleich Symbol der Unsterblichkeit. Daher liegt es nahe, daß ein im Traum vorkommendes Museum auch die Bedeutung eines Friedhofs besitzt. Stellen wir uns ein naturgeschichtliches Museum vor mit einer großen Sammlung von Skeletteilen, toten und getrockneten Lebewesen oder ein Kunstmuseum voller Statuen und »Stilleben«, den Abbildungen einstmals lebendiger Menschen oder Dinge. Obgleich diese Sammlungen geradezu durch und durch tot sind, wird ihre Unsterblichkeit durch die Aufbewahrung, Erhaltung und Berühmtheit gesichert. Die Kunst der Ägypter ist eine Begräbniskunst und hat sich nicht weit von der Kunstfertigkeit des Einbalsamierens entfernt. Einige Kunstwerke, die vor vielen anderen als unvergänglich gelten, finden sich in den Gräbern der Medici.

Zwei psychische Verfassungen, der befriedigte, inhaltslose Zustand nach dem Stillen und später die »guten« Traumzustände, bilden die Matrix unseres subjektiven Erlebens, aus der Vorstellungen wie Schlaf, Nirwana, Unsterblichkeit, Himmel und ozeanisches Gefühl allmählich gesondert hervorgehen. Dagegen entspricht dem Tod, vor dem wir uns ängstigen, ein Schlaf, der »schlecht« ist, weil er von unerfüllten Wünschen, nicht abgeführten Spannungen und Ängsten, später auch von Schuldgefühlen unterbrochen und gestört wird. Der Schlaflose gleicht einem Geist, der nicht zur Ruhe kommt, oder dem ewigen Juden (*Ahasverus*), der den kreuztragenden Jesus zur Eile antrieb und von Jesus dafür zu ewiger Wanderschaft und Leben verdammt wurde. Ein rätselhafter Urteilsspruch – es sei denn, wir verstehen ihn so, daß ein besonders schwieriger Fall von Schlaflosigkeit gemeint ist.

Wir können die Entwicklung von Vorstellungen über den Tod und die Unsterblichkeit besser verstehen, wenn wir uns an einem Gedankengang Rados (1928) orientieren. Nach Rado bilden sich beim Kind auf der Grundlage zweier gegensätzlicher Erlebnisweisen sehr früh zwei nach ihrem Lustwert scharf voneinander getrennte Wahrnehmungen und Gedächtnisbilder der einen realen Mutter: die *gute* und die *schlechte* Mutter-Imago. Unter dem Einfluß des Realitätsprinzips werden diese beiden isolierten Triebobjektrepräsentanzen zu *einer* Vorstellung von der Mutter zusammengefügt; bei den depressiven Introjektionen trennen sie sich jedoch wieder voneinander.[24] Entsprechend können wir an den Vorstellungen über den Tod eine Reihe guter und eine Reihe schlechter Todesvorstellungen unterscheiden, die sich beide im wesentlichen aus dem frühen, subjektiven Erlebnis des Schlafs herausbilden und später zu einer, wenn auch unbeständigen Todesvorstellung zusammengeführt werden, die in ihrer ambivalenten Symbolik immer noch auf ihre gegensätzlichen, ursprünglichen Bestandteile verweist. Der Suizid im Glauben an die Unsterblichkeit des Ichs bewirkt eine Regression zum ursprünglich guten Schlaf. Wird der Tod wie bei den Babyloniern, Griechen und Kelten mit der Vorstellung einer *Toteninsel* [i. O. dt.], einem mütterlichen Symbol, verknüpft und der Mutterleib mit der Vorstellung vom Grab verdichtet, dann entsteht eine psychologische Übereinstimmung von gutem und schlechtem Tod mit den entsprechenden guten und schlechten Mutter-Imagines. Diese Todesvorstellung läßt sich leicht verstehen, wenn wir die ursprüngliche Beziehung von Mutter und Schlaf im Säuglingsalter heranziehen.[h]

Diese Überlegungen lassen sich durch einen Fallbericht von Kate Friedlander (1940) bestätigen. Der Patient, ein masochistischer, »neurotischer Charakter«, hatte davon gesprochen, wie sehr ihn danach verlangte zu sterben. Mit Hilfe von Gas und Medikamenten unternahm er verschiedene, beinahe tödlich ausgehende Versuche, sein Verlangen zu befriedigen. Friedlander hob hervor, daß dieser Patient jedoch keine Angst vor dem Sterben hatte und eigentlich auch nicht sterben wollte; er selber glaubte nicht ernsthaft daran, daß er sich umbringen könnte, als er seine kaum vom Suizid zu unterscheidenden Versuche unternahm. Sein Ziel war das Schlafen. »Sein erster Suizidversuch war, wie er selbst sagte, die Inszenierung eines Suizids. Er schloß Fenster und Tür und drehte den Gashahn auf. Er hatte gehört, daß man durch das Einatmen von Gas benommen und schläfrig werde, und sich nun vorgenommen, diesen Zustand zu erreichen und dann das Gas wieder abzudrehen.« Friedlander beschrieb eine Reihe oraler Phantasien, vor allem die Vereinigung des Patienten mit seiner Mutter im Schlaf, die sich um das Verlangen nach Schlaf gruppierten.[25]

Hypomanie und Sublimierung

Verschiedenen Autoren fiel auf, daß hypomanische Menschen ihre übermäßige Aktivität oft mit sozial sinnvollen Zielen verknüpfen. MacCurdy (1925) rückte bei seiner Betrachtung der Hochstimmung diese sublimierte Art der Aktivität sogar in den Vordergrund und wollte ihr einen Platz in der Ätiologie einräumen. Edith Jacobson (1946) wies auf zwei verschiedene Formen der Hypomanie hin. In der einen verbündet sich das Ich mit dem Es und gibt dabei seine wichtigsten Funktionen auf; in der anderen überwiegt das Bündnis des Ichs mit kulturellen und sozialen Idealvorstellungen. Sie schreibt: »Ein bekanntes Beispiel sind schöpferische Menschen, die an einer Zyklothymie leiden und in jenen Intervallen, wo sie dem Anschein nach gesund sind, eine außerordentliche Leistungsfähigkeit besitzen; in Wirklichkeit befinden sie sich in diesen Intervallen jedoch in einem hypomanischen Zustand. Ich konnte an zwei Patienten beobachten, wie das strafende Über-Ich in jener Phase, wo die langsame Genesung von der Depression in eine Hypomanie übergeht, allmählich seine zerstörerischen Züge verlor und überschwengliche Ideale, soziale Interessen, kulturelle Strebungen und Liebesbeziehungen wieder aufgebaut wurden, die das gestärkte und hochgestimmte Ich nun erfolgreich verfolgen und auf intensive Weise genießen konnte.«[26]

Die manische Aktivität ist in vielen Fällen, das steht außer Zweifel, sozial nützlich, aber vielleicht sollten wir diesen Sachverhalt vorsichtiger formulieren und von sozialem Einfluß sprechen. Nach Hartmann (1950) dienen jedoch zahlreiche Anteile des Ichs, auch solche, die den Triebregungen Ausdruck verleihen, zunächst für alle möglichen Aufgaben, bevor sie in den Dienst der Abwehr gestellt werden – einem friedlichen Bürger vergleichbar, der als Soldat einberufen wird. Nach meinen Erfahrungen (1937) mit neurotisch-hypomanischen Patienten können auch die Sublimierungen zur Abwehr umgewandelt werden. In der Vorgeschichte einiger Patienten, die hohe, selbstgesetzte Ideale anstrebten, waren beide Eltern oder einer davon verstorben. Gleichviel ob die Patienten weltberühmt oder in kleinerem Kreis erfolgreich sein wollten, sie ließen erkennen, daß ihre Ziele von einem Wunsch nach Unsterblichkeit getragen waren. Wenn sie schon nicht leben konnten, dann sollte wenigstens ihr Name leben, und in ihren Phantasien strebten sie eine Ähnlichkeit an, oder genauer, sie identifizierten sich mit einem toten, aber zugleich unsterblichen Elternteil. Das eine Mal war die Wirksamkeit ihres sozialen Handelns nicht in Zweifel zu ziehen, ein anderes Mal war es ein Zerrbild sozialen Tuns. Der unterschiedliche soziale Wert dieses Handelns hatte für diese Patienten jedoch keine psychologische Bedeutung; unbewußt setzten sie »Erfolg« mit Unsterblichkeit gleich, und er diente ihnen zur Abwehr ihrer Angst vor dem Tod.

Der wenig selbstkritisch betrachtete Erfolg stellte also bei diesen Patienten eine Abwandlung des ihm vorausgehenden Unsterblichkeitsideals dar. Aber auch ihr Wunsch nach Reichtum, der (zumindest in unserer Kultur) ein bewußtes Motiv für soziale Einflußnahme ist (»einflußreich« sein), ließ erkennen, daß er eine unbewußte Angst vor dem Verhungern, auch eine Art des Gefressenwerdens, zum Ausdruck brachte. »Sammelt euch aber Schätze im Himmel«, schrieb Matthäus (6.20), »da sie weder Motten noch Rost fressen und da die Diebe nicht nachgraben noch stehlen«.[i] Der Erfolg wendet die Gefahr ab, sich selbst aufzuessen und »vom eigenen Fett zu zehren«. Die Sublimierung ist mit dem Spiel der Kinder genetisch verknüpft. Nach Waelder (1932) ist das Kinderspiel eine Zwischenstation zwischen triebhafter Lust und sozialer Nützlichkeit. Der Hypomaniker neigt mehr dazu, im Spiel die sozial gerichtete Aktivität zu suchen, während der schwer erkrankte Maniker auf weniger sublimierte Ausdrucksformen regrediert, die sozial ebenso wenig bedeuten wie das Spiel junger Tiere. Das Spiel und andere, der Sublimierung nahekommende Handlungen, beschreibt Waelder mit einer Formulierung, die auf Ernst Kris zurückgeht, als »Urlaub sowohl von der Realität wie auch vom Über-Ich«. In Übereinstimmung mit Waelder können wir hinzusetzen, daß »Phantasie, die ein reales Objekt umspinnt, nichts anderes als Spiel ist«. Die verschiedenen Aspekte einer psychoanalytischen Theorie des Spiels, wie sie von Waelder zusammengefaßt wurden, sind auch für die sozial gerichteten Handlungen vieler Hypomaniker wenigstens teilweise aufschlußreich: »Der Bemächtigungstrieb, die Wunscherfüllung, die Assimilation überwältigender Erlebnisse entsprechend dem Mechanismus des Wiederholungszwanges, die Umwandlung von Passivität in Aktivität, die Ausschaltung von Realität und Über-Ich sowie Phantasien über reale Objekte.«[27] Es scheint, daß die Sublimierung bei der akuten Hypomanie oder bei den hypomanischen Charakterstörungen den gleichen Zweck erfüllt, wie die von

Anna Freud (1936) beschriebenen zahlreichen Spiele der Kinder und die von Freud (1900a) genannten Träume, deren Inhalt voll von Herumtollen und Spielen ist: ernstgemeinte Intentionen und schwerwiegende Ängste sollen verleugnet werden.

Die neurotische Hochstimmung, die im allgemeinen nicht so gut erkannt wird wie ihr depressives Gegenstück, zeigt die gleiche Verleugnung, wie sie auch bei der Psychose wirksam ist; obgleich in beiden Fällen die Todesangst verleugnet wird, zeigt die Analyse des neurotischen Hochgefühls, daß die Todesangst eine entstellte Kastrationsangst ist und der Wunsch zu sterben auf feminine Wünsche hinweist. Neben der neurotischen Hochstimmung besteht zumeist eine hysterische oder auch zwanghafte Symptomatologie, und das Ich verwendet neben der Verleugnung weitere Abwehrmechanismen, die uns von den genannten Neurosen her vertraut sind. Die Abwehr verfährt nach einer Zwei-Fronten-Strategie. Während sich die Verleugnung gegen Außenweltreize und zur Wahrnehmung gekommene Tatsachen richtet, gehen die Verdrängung und andere Abwehrmaßnahmen gegen die Triebregungen vor. Obgleich die verschiedensten Symptome durch diese Abwehr gebildet werden, ist – wie bei den vergleichbaren neurotischen Depressionen – der Schlaf das Hauptproblem.

Frühzeitig auftretende Schlafstörungen in der Anamnese des Manikers

Im Rückblick auf die erste Arbeit von Abraham (1912) über manisch-depressive Zustände können wir einen interessanten Zusammenhang feststellen. Abraham hatte eine Reihe von Einzelheiten berichtet, die sich auf den Schlaf und die Ereignisse, die dem Schlaf vorausgehen, beziehen – mehr noch, sein erster zyklothymer Patient hatte ihm in der Analyse Material geliefert, das es ermöglichte, den hypnagogen Zustand mit der Manie zu verknüpfen. Der Patient erinnerte sich, daß ihm seine Kinderfrau (früher Amme) noch vor dem sechsten Lebensjahr das Onanieren verboten hatte. Obgleich sie ihm in Aussicht stellte, er werde sich auf diese Weise für sein ganzes Leben unglücklich machen, konnte er sich ihrem Verbot nicht unterwerfen und setzte die Onanie heimlich in seinem Bett fort. Er masturbierte vor dem Einschlafen oder auch in einem halbschlafähnlichen Zustand. In der Pubertät wiederholte er diese Formen der Onanie. Wenn er später als Erwachsener in eine depressive Phase geriet, konnte er gut schlafen; in der hypomanischen Stimmung war er dagegen sehr wach, kannte keinerlei Ermüdung und »besonders in der zweiten Hälfte der Nacht trat eine lebhafte Unruhe ein. In den meisten Nächten machte sich eine explosive sexuelle Erregtheit bemerkbar«.[28] Wie Abraham weiter schrieb, war auch die erwachsene Sexualbetätigung dieses Patienten im wesentlichen auf den Schlaf verwiesen. Darin wiederholte sich die schon in der Kindheit geübte, aber nicht im wachen Zustande, sondern nur im Schlaf oder Halbschlaf vollzogene Sexualbetätigung; daß der Patient in seiner Kindheit wie auch in seinen Hochstimmungen auf die gleiche Art des Lustgewinns zurückgriff, legt den Schluß nahe, daß der Ursprung sowohl seiner Onanie der Kindheit wie auch im Erwachsenenalter in den frühen oralen Zuständen der Befriedigung lag, die dem Stillen folgten und dem Schlaf vorausgingen. Abraham hatte als erster beobachtet, daß eine Beziehung zwischen der dem Schlaf vorausgehenden Entspannung, dem Schlaf selbst und der Hochstimmung besteht. Aus seiner Fallgeschichte läßt sich ein aktiver Wunsch nach lustvollem Schlaf sowie die Verwendung dieses Wunsches zur Lösung von Konflikten mit der kindlichen Sexualität herauslesen.

Nunbergs Bericht (1926) über die depressiven und hypomanischen Stimmungsschwankungen bei einem Patienten mit zwangsneurotischem Grübeln enthält weitere klinische Fakten, die auf den Zusammenhang von Hypomanie und

Praedormitium hinweisen. Der Patient war als frommer Jude erzogen worden. »Seine Krankheit brach am Versöhnungstage, genau eine Woche nach seinem 13. Geburtstage (Konfirmation), mit Zweifel über Gott und mit Reuegefühlen aus. Der Samstag ersetzte später den Versöhnungstag.« Bei frommen Juden beginnt der Sabbat bereits freitagabends mit weihevollen Gebeten. Unter diesen machte auf den Patienten besonderen Eindruck ein Gesang, in dem Gott als Bräutigam des Sabbat, mit dem er sich freitagabends vermählt, gepriesen wird. »Der Junge brachte das religiöse Gebot, von dem er damals schon Kenntnis hatte, daß der Ehegatte an diesem Abend zum Wohlgefallen Gottes den Beischlaf ausüben müsse, mit diesem Gesang zusammen.« In seiner auf diese Weise verdichteten Phantasie stellte er sich vor, daß beim Verkehr die Seele Gottes durch den Mund in den Bauch der Mutter hineingehaucht werde. Der Gedanke aber, »daß die Seele Gottes im Bauche der Mutter mit Kot in Berührung kommen müßte, war ihm ebenso unerträglich wie der Gedanke, daß der Vater an diesem Abend mit der Mutter verkehren könnte«. Während der festlichen Mahlzeit, die den Gebeten folgte, geriet der Junge meist in eine Euphorie; er hatte einen Rededrang, war lustig und ausgelassen. »Außerdem bemächtigte sich seiner eine ihm sonst fremde Gefräßigkeit. Er nahm Naschereien sogar mit ins Bett und knabberte an ihnen so lange, bis er einschlief, erwachte jedoch bald mit Todesangst. Samstags stellte sich die bereits geschilderte depressive Verstimmung ein, die am Abend mit Erbrechen und Stuhlgang, nachts mit einer Pollution endete.«[29]

Nunbergs psychodynamische Zusammenfassung der »Samstagsmelancholie« dieses Zwangsneurotikers, die stets freitagabends mit einer »Manie« begann, lautete: indem der Patient sich mit der Mutter und dem Sabbat identifizierte, bildete er sexuell-orale Phantasien, in welchen er nicht nur den Vater begehrte, sondern sich auch mit ihm identifizierte. Die Todesangst war das Ergebnis dieser Identifizierung. Der

Patient mußte sich in der »Melancholie« für eine Schwangerschaftsphantasie bestrafen und konnte sich dann im Erbrechen, defäzieren und durch die Pollution von Schuld befreien. Dieses Fallbeispiel zeigt die Identifizierung mit beiden Eltern im Koitus, die ekstatische Beziehung zum Über-Ich und die Verschmelzung von Ich und Über-Ich, die zu einem hypomanischen Zustand führte, der von der Gefräßigkeit bis zum Einschlafen reichte und mit einer plötzlich aufkommenden Todesangst endete. Nach meiner Auffassung stellt diese Todesangst eine Umwandlung des Wunsches nach tiefem, erotischem Schlaf dar, das heißt, der Patient wehrte diesen Schlafwunsch ab, indem er sich selbst weckte. Durch die erotisierten Entleerungen wurde die zuvor gestaute Libido expulsiv freigesetzt.

Auch bei dem von mir veröffentlichten Fallbeispiel einer passagèren Hypomanie (1932) fehlte die Schlafstörung nicht. Als die Patientin in die Analyse kam, litt sie unter auffallender Lichtscheu, starker Geräuschempfindlichkeit und Schlaflosigkeit. Diese Symptome waren verschwunden, als sich während der Analyse die Hypomanie entwickelte. Auslösendes Ereignis war, daß die Patientin früher als gewöhnlich zur Analysestunde kam und den Analytiker mit einer Frau im Sprechzimmer reden hörte. In der Übertragung entsprach diese Situation der Belauschung der Urszene. Weiter oben habe ich schon berichtet, wie die Patientin während der Hypomanie ihre Sexualität erlebte.[30] In der Analyse sprach sie unter heftigem Rededrang, war auffallend guter Laune, ließ sich nicht unterbrechen und kicherte, während sie Banalitäten erzählte. Nach ungefähr einer Woche wurde ihr Verhalten wieder annähernd normal, und die früheren Symptome kehrten wieder. Es wurde klar, daß die Patientin auf das Belauschen des Analytikers und der Frau so reagierte, als ob sie einen Geschlechtsverkehr belauscht hätte. In der Hypomanie übernahm sie beide Rollen im phantasierten Geschlechtsverkehr. Allmählich wurde die infantile Situation, die sich in dieser Episode wiederholte, klar. Mit sechs Jahren, nach der Geburt eines Bruders, wurde die Patientin vom elterlichen Schlafzimmer ausgeschlossen. In ihrem neuen Zimmer setzten die genannten Symptome erstmals ein. Der schwächste Lichtschein störte ihren Schlaf, und sie mußte sich ihre Ohren zustopfen, um die »ohrenbetäubenden« Geräusche nicht zu hören. Nachdem sie den Verkehr der Eltern nicht mehr belauschen konnte, war ihr Schlaf ödipal erotisiert; in der Hypomanie wiederholte sich der genetisch orale, zugleich aber genital erotisierte, hypnagoge Zustand. Ihre Symptome zeigten, wie sie an der Lust des Belauschens festhielt, die nun dem kleinen Bruder zuteil wurde.[31]

Lichtschimmer und Geräusche aus dem Schlafzimmer der Eltern spielten bei der neurotischen Abwehr einiger weiterer Patienten, die ich als »neurotisch-hypomanische Charaktere« (1937, 1941) bezeichnete, eine große Rolle. In einem Fall war die Latenzphase abweichend verlaufen; der Patient hatte exzessiv onaniert, ohne begleitende inhaltliche Phantasien – eine Erlebnisweise, die den bildlosen Träumen wahrscheinlich ähnelt. Auch dieser Patient hatte eine Geräuschempfindlichkeit auffallender Art entwickelt. Geräusche innerhalb des Hauses, selbst wenn sie sehr laut waren, konnten ihn keineswegs erschüttern, während er äußerst wachsam auf alle Geräusche und Vorgänge außerhalb des Hauses reagierte. Bis weit in sein Erwachsenenalter hinein wies er von sich, daß er an anderen Menschen ein bewußtes sexuelles Interesse haben könnte – seine stärksten Interessen lagen sozusagen vor der eigenen Tür. Geriet er in sexuelle Erregung, dann reagierte er phobisch auf Licht und Geräusche, die seinen Schlaf stören könnten. Er hatte seinen Schlaf in eine zwanghafte Routine gepreßt; die strikte Festlegung, wann er zu Bett ging, aufstand und wann er ein kleines Schläfchen einschob, rationalisierte er als Maßnahmen, die seiner Gesundheit förderlich sein sollten. In der Analyse zeigte sich, wie ihm das Schlafen zur Vermeidung von Situationen diente, die ihn hätten sexuell erregen können. Der Patient entwickelte vorübergehende, jedoch gespannte hypomanische Hochgefühle, wenn sein »Vermeidungsschlaf« von ödipalen Wünschen und den mit ihnen einhergehenden Kastrations- und Über-Ich-Ängsten gestört wurde. Die Hochstimmung machte es dem Patienten möglich, erregende oder schmerzliche Empfindungen zu ignorieren. Ich konnte beobachten, daß die Hochstimmung nachließ, wenn wieder Abwehrmechanismen wirksam wurden (Verdrängung, Verschiebung u. a.), die an den Vorstellungsrepräsentanzen der Triebregungen ansetzten.

Die Analyse leichter Hypomanien bei weiteren Fällen von neurotisch-hypomanischer Charakterstörung deckte Reaktionen auf, die sich mit den geschilderten Reaktionen auf die Vorgänge im Elternschlafzimmer gut vergleichen lassen. Ich sah in einem solchen Fall, daß der Patient seine unbewußten Urszenenphantasien in hypnagoge Bildvorstellungen (Pseudohalluzinationen) »übersetzte«, wie sie für den Zustand des Halbschlafs charakteristisch sind. Als in der Analyse Material der Urszene auftauchte, wurde der Patient für die »Atmosphäre« empfindlich; sein Denken verschob sich aus dem verbalen mehr in den bildhaften Bereich, und er lag unbeweglich angespannt auf der Couch. Der Patient selbst stellte den Vergleich her zu Silberers bildlichen Darstellungen von Ideen im Zustand der Müdigkeit oder Schläfrigkeit; er konnte auch herausfinden, daß seine Halbschlaf-Bilder vor allem den Verkehr der Eltern mit oralen Bedeutungen darstellten.[32]

Im Kapitel über Manie und Schlaf erwähnte ich zwei Patienten, die in ihrer Pubertät bestimmte Schlafrituale entwickelt hatten, um sich vor ihren Träumen mit erotischen, inzestuösen Inhalten zu schützen. Aufgrund dieser und anderer Fälle läßt sich annehmen, daß eine Erotisierung des Schlafs in der Latenzphase oder Präpubertät das Auftreten offen sexuell-inzestuöser Träume in der Pubertät begünstigt. Die Erotisierung des Schlafs ist nicht davon abhängig, daß ein Kind während des Koitus der Eltern wach ist, sondern es genügt auch, daß die äußeren Reize sein Sensorium erreichen, während es schläft oder im Halbschlaf ist.[33]

Auch in der Anamnese der Patientin, deren Hypomanie jeweils nach einem erotischen, bildlosen Traum einsetzte, reichte die Schlafstörung bis in die Kindheit zurück. Wenn die Aussage Dritter verläßlich ist, dann erstreckte sich das erste Auftreten der Schlafstörung vom 6. bis zum 12. Lebensmonat, das heißt vom Zeitpunkt nach der Entwöhnung bis der Säugling sich an eine geeignete, zeitlich festgelegte Flaschenernährung gewöhnt hatte. In den Phantasien der Patientin zeigte sich immer wieder der leidenschaftliche Wunsch, an der Seite ihrer Mutter zu schlafen, was sie mehrere Jahre lang in ihrer Kindheit getan und ihr eine intensive libidinöse Befriedigung verschafft hatte.

Mit Ausnahme des letzten Beispiels ließ sich an allen hier angeführten Fällen und einigen weiteren, die ich nicht erwähnt habe, erkennen, daß der Schlafwunsch, aber auch die übrigen Wünsche der oralen Trias, jeweils dann mobilisiert wurden, wenn das Ich dieser Patienten äußere Reize abwehrte, die in Verbindung zur ödipalen Situation standen. Im letztgenannten Beispiel zeigte sich der Ödipus-Komplex dagegen kaum; es schien, daß die Wünsche nach Essen und Schlaf genuin präödipalen Bedürfnissen und Sehnsüchten genügten.

Schlaf als Abwehr, erotisierter Schlaf und Hochgefühl

Sich vom Schlaf verschlingen zu lassen, stellt für den Säugling nach dem Stillen noch eine reine, lustvolle Wunscherfüllung dar. Später, in der Kindheit wie im Erwachsenenalter, kann der Schlaf selbst zu einer Abwehrmaßnahme werden, die das Ich dann einsetzt, wenn es sich vor quantitativ oder qualitativ störenden Reizen schützen will. Der Schlaf stellt, wenn er diese Bedeutung hat, die stärkste Form einer »Verleugnung« der Außenwelt dar. Wird der

Schlafzustand von potentiellen Weckreizen und Störquellen angegriffen, bedarf er selbst des Schutzes, den er durch das Träumen gewinnt. Der Traum ist, wie wir wissen, der Hüter des Schlafs und neutralisiert die schlafstörenden Momente. Das Träumen kann also ebenso wie der Schlaf in den Dienst der Abwehr treten. In Anlehnung an Freuds Auffassung, daß Ich-Funktionen, die ursprünglich der Abwehr von Triebregungen dienen, allmählich das Abgewehrte in Form einer Ersatzbildung zum Ausdruck bringen, unterliegt auch der Schlaf, wenn er der Abwehr dient, einer progressiven, das heißt zunehmenden Erotisierung.[34]

Schlaf und Halbschlaf werden schon früh in der Kindheit erotisiert. Der triebhafte Schlafwunsch löst seinerseits Angst und eine Furcht vor dem Einschlafen aus; diese Ängste kommen als Furcht vor dem Tod, vor der Zerstörung oder dem Verschlungenwerden zum Ausdruck und sind später oft auch eine Darstellungsform der Kastrationsangst, vor allem dann, wenn der Schlaf eine ödipale, genitale Erregung abwehren soll. In den prägentialen, analen und urethralen Phasen der Triebentwicklung stehen Schlaf und Ausscheidungsimpulse in gegensätzlichem Verhältnis zueinander; die Ausscheidungsimpulse gehören zu den häufigsten schlafstörenden Reizen dieser Entwicklungsphasen. Daraus folgt, daß die Angst vor dem Schlafengehen sowohl prägenitale wie auch genitale Triebrepräsentanzen ersetzen kann. Berta Bornstein (1931) zeigte am Beispiel einer psychoanalytischen Kindertherapie, wie die Angst vor dem Schlafengehen aus einer Angst vor der Beschmutzung des Bettes mit Ausscheidungen entstand.[35] Die Verknüpfung solcher Befürchtungen mit ödipalen Ängsten ist häufig; wir sagen dann, die betreffende Angst sei überdeterminiert. Während der Pubertät kann die Kastrationsangst schließlich als Befürchtung auftreten, das Bett durch Pollutionen zu beflekken. Auch dann werden der erotisierte Schlaf und das Träumen wie eine Gefahr behandelt und durch neurotische Abwehrmaßnahmen verhindert.

Wenn sich zu Beginn der Latenzphase das Über-Ich bildet, verlagert sich die Passivität des Kindes aus seiner Beziehung zur Brust und zu den Eltern in die Beziehung zum Über-Ich. Die Einheit mit dem Über-Ich wird somit zum Erbe und Ersatz der früheren Vereinigung mit der Brust und den Eltern; der Schlafwunsch kann sich in ein Verlangen nach Einheit (Vereinigung) mit dem Über-Ich verwandeln.

Diese Vereinigung findet im pathologischen Hochgefühl statt. Die Hochstimmung setzt damit ein, daß der erotisierte Wunsch, sich in den Schlaf verschlingen zu lassen, plötzlich aus der Verdrängung hervorbricht. In der Ekstase wird dieser Wunsch anerkannt; die Form, die er findet, zeigt die Ersetzung der Brust durch das Über-Ich. Ein gutes Beispiel für die Vereinigung von Ich und Über-Ich in einer unbeschreiblichen, sprachlosen Glückseligkeit liefern die Zustände religiöser Entrückung; neben einer Wiederholung der Stillsituation enthält die religiöse Entrückung (*transport*) auch Zusätze aus späteren Entwicklungsphasen, vor allem aus der genitalen Phase. Die Ekstase und die Erfüllung des Wunsches nach Verschlungenwerden sind in der echten Hypomanie verleugnet. Die übermäßige Aktivität der Hypomanie erweckt den Eindruck, als sei die aktive Phase des Verschlingens mit all ihren Entsprechungen und Abkömmlingen ausgedehnt, während Entspannung und Schlaf solange wie möglich aufgeschoben werden. Wird der Wunsch des Verschlungenwerdens nicht mehr durch die Verdrängung oder Reaktionsbildungen abgewehrt, was wohl in den von Abraham (1924) mit der Zwangsneurose verglichenen »freien Intervallen« des Manisch-Depressiven der Fall ist, dann kommt die Verleugnung zum Zug. Diese Verleugnung erfolgt, wie Anna Freud (1936) an Beispielen von Kindern zeigte, in der Phantasie oder in Wort und Handlung; ich habe hinzugefügt, daß sie der Verleugnung in den einfachen, wunscherfüllenden Träumen kleiner Kinder ähnlich ist. Die Verleugnung selbst kann zur Kompromißbildung werden, da die verleugneten Wünsche in den verleugnenden Phantasien oder Handlungen symbolisch wieder zur Darstellung kommen können. Freuds Formulierung von der »Wiederkehr des Verdrängten« entsprechend können die Abkömmlinge des Schlafwunsches mit der Verleugnung zum Vorschein kommen.[36] Der manische Anfall, der zu einer »echten Manie« gehört und eine Abwehr des Schlafwunsches darstellt, übernimmt eine Reihe von Eigenschaften des Schlafzustandes, darunter die passagèren Visionen (Pseudohalluzinationen) und oneiroiden Zustände, vor allem aber einen Teil der Mechanismen, die bei der Bildung und sekundären Bearbeitung des Traumes wirksam sind.

Kapitel 7

Hochgefühl und Wirklichkeitssinn*

Unechtes oder trügerisches Hochgefühl

Der psychiatrischen Terminologie fehlt ein Begriff, der sich in Analogie zu den Termini *Wahnidee* (eine inhaltlich falsche Idee) und *Halluzination* (Trugwahrnehmung) dazu eignet, eine unangemessene Emotion zu bezeichnen. Wir besitzen keinen Ausdruck, der *paracrousis* ähnelt, der von Hippokrates der Musiklehre entlehnt wurde und einen »falschen Ton« oder »Mißklang«, einen »eindeutig falschen Klang« bezeichnete; wäre der Gebrauch von *paracrousis* nicht obsolet, könnten wir damit eine Unstimmigkeit oder Unangemessenheit in der Gefühlssphäre benennen. Zugleich haben wir alle aus unserer klinischen Arbeit reichliche Erfahrungen mit unangemessenen Affekten. Wir kennen beispielsweise eine »krankhafte Angst« und meinen damit ein Angstgefühl, das, auf eine bestimmte reale Situation bezogen, unangemessen erscheint. Dagegen wäre es eine Verallgemeinerung, wollte man von »krankhafter Depression« und »krankhaftem Hochgefühl« sprechen; beide Bezeichnungen erfassen seelische Gesamtzustände (analog zur Paranoia im intellektuellen Bereich) und beziehen sich gerade nicht in begrenzter Weise auf eine Gefühlseinheit. An dieser Stelle läßt uns sowohl das Vokabular der Psychiatrie wie auch das der Vermögenspsychologie im Stich. Das uns fehlende Wort sollte eine Diskrepanz zwischen der inneren Gefühlswahrnehmung des Ichs und der objektiven Situation bezeichnen – also keinen Widerspruch kleinerer Art wie ein verstandesmäßiger Irrtum oder eine einfache Sinnestäuschung, sondern ein Mißverhältnis, eine Unvereinbarkeit, die deutlich ins Gewicht fällt.

Manische Patienten empfinden ihre Hochstimmung, die

anderen unverhältnismäßig erscheint, als vollkommen richtig; die unangemessene Stimmung ist mit einem gefühlshaften Realitätssinn ausgestattet. Aber nicht nur bei Patienten mit pathologischem Hochgefühl findet man eine unangemessene Fröhlichkeit, sondern auch bei vielen Kindern und bei Träumenden, wenn sie eine Reihe unlustweckender Fakten durch eine Geschichte ersetzen, in der eine gegensätzliche Stimmung vorherrscht. Gewöhnlich erwarten wir auch, daß ein Träumer seinen Traum, der ihn fröhlich stimmt, solange er andauert, in der gleichen Weise als wirklich erlebt wie ein Kind sich seiner eigenen Vorstellungen erfreut. Allerdings wissen wir, daß wir einer Fehleinschätzung unterlägen, wollten wir diese Art von Freude für selbstverständlich erachten und als unmittelbaren Ausdruck einer gleichsam naturgegebenen Sache ansehen. Es gibt auch schlechte Träume und unglückliches Kinderspiel. Wir achten bei den infantilen und traumhaften Analoga des Hochgefühls nicht allein auf manifesten Inhalt und Stimmung, denn die Untersuchung von Träumen hat uns zum Beispiel gezeigt, daß eine »Glücksstimmung« Todesängste verdecken kann, und wir wissen auch, daß die »gute Laune« unserer Kindheit angsterzeugende Situationen mit einem manieähnlichen Schutz – durch Verleugnung in der Phantasie – abwehrt. Es ist daher anzunehmen, daß ein illusorischer, gefühlshafter Wirklichkeitssinn in mehr als nur zufälligem Zusammenhang mit einer allgemeineren Frage steht: wovon hängt es ab, daß ein seelischer Vorgang, sei es eine Vorstellung, eine Wahrnehmung oder eine Stimmung, als wirklich empfunden wird?

Man stößt auf einige Schwierigkeiten, wenn man ein »reines Gefühl« als manifestes, bewußtes seelisches Element auffaßt und im psychoanalytischen Sinn deutet, das heißt den latenten genetischen Inhalt herausfindet und bestimmt, was mit diesem Element wiederholt wird. In den neurotischen Symptomen wiederholen sich frühere Situationen in entstellten Fassungen; diese Situationen lassen sich erschließen und verstandesmäßig in Form bestimmter Vorstellungen erinnern. Mit Gefühlserinnerungen verhält es sich unterschiedlich. Gefühle kommen zur Erinnerung, indem sie wiedererlebt und wiederempfunden werden. Obgleich den Gefühlen zumeist eine bewußte oder unbewußte Repräsentanz oder Vorstellung anhaftet, kann man zumindest theoretisch ein »reines« Gefühl annehmen, das die Wiederbelebung eines seelischen Zustands ist und aus einer Zeit stammt, in der noch keine Vorstellung an dieses Gefühl geknüpft war.

Freud (1926d, 1933a) entwickelte das Angstgefühl betreffend den Gedanken, daß jeder Angstanfall die physiologischen Ereignisse der Geburt wiederhole, ebenso wie ein hysterischer Krampfanfall die einzelnen Ereignisse eines individuellen, traumatischen Augenblicks wiederholt, die die Originalvorlage für den Anfall bilden.[1] Ein einzelner hysterischer Anfall läßt sich als eine Art artifizielles Gefühl ansehen, das für einen bestimmten Menschen einzig und besonders ist. Dazu ist die umgekehrte Analogie denkbar: das Gefühl der Angst ist eine Art hysterischer Anfall, der allen Menschen gemeinsam ist. Daraus folgt, daß die Bedeutung und der Zweck einer späteren Angst eine Frage der Entwicklung ist. Die Angst richtet sich auf Ziele aus; sie wird für das Ich zu einem Signal der Gefahr, und Vorstellungen von der Art, daß die Mutter abwesend ist oder Liebesverlust, Kastration und soziale Vergeltung drohen, tragen zu späteren Wiederholungen des ursprünglichen Angstanfalls bei, der seine Grundform durch die Geburtsereignisse erhalten hat. Die folgenden Untersuchungsschritte werden nötig, wenn wir Freuds Angsttheorie als Modell für die Analyse anderer Gefühlszustände verwenden: wir müssen einen ursprünglichen, »vorstellungslosen«, physiologisch festgelegten Ausgangszustand annehmen, seinen Zweck begründen und schließlich bestimmen, welche Vorstellungen sich im Lauf der weiteren Entwicklung mit den Wiederholungen der Grundreaktion verknüpfen.

Die schematisierende Untersuchung des Hochgefühls, der

manischen *paracrousis*, analog zur neurotischen Angst, ist allerdings nicht einfach. In der Kindheit findet sich neben dem Geburtsereignis kein anderer gleichermaßen umschriebener Affektprototyp, kein »Paroxysmus«, der sich ähnlich rasch und auffällig ereignet und mit ebenso deutlichen, motorischen und vegetativen Anteilen einhergeht. Die motorischen Bestandteile des Hochgefühls sind variabel, und wir vermuten, daß sie erst mit der weiteren Entwicklung determiniert werden. Die Annahme, nach der sich das Hochgefühl in der Stillsituation erstmals andeutet, ist uns vertraut; wir finden in dieser Situation jedoch keinerlei konstant auftretende, primär motorische und vegetative Wirkungen außer solchen, die eigentlich die Funktion des Essens begleiten. Das Essen tritt nicht wie die Angstreaktion plötzlich auf; es erfüllt auf direktem Weg ein grundlegendes physiologisches Bedürfnis, und schon kurze Zeit nach der Geburt befriedigt es einen psychischen Drang, einen Wunsch. Psychologisch gesehen stimmen Angst und Hochgefühl in einer Einzelheit überein: im Lauf der Entwicklung verändern sich die verstandesmäßigen Inhalte, die mit Gefühl verbundenen Vorstellungen. Es scheint, daß sich im Hochgefühl die frühesten, »präverbalen« und vor dem Erwerb des Vorstellungsvermögens liegenden seelischen Zustände, vor allem gewisse subjektive Gefühle als physiologische Reaktionen wiederholen – vor allem kehrt wohl im Hochgefühl die Lust wieder, die beim Stillen und durch die Sättigung an der Brust empfunden wird.

Aber nicht nur die durchdringende, dramatische Qualität der Angst fehlt dem Hochgefühl; der affektive Prototyp, den es als psychologisches Ereignis liefert, ist insgesamt variabel. Die psychische Verfassung des gesättigten Säuglings, der nach dem Stillen schlafen gelegt wird, ist vielleicht »klar« und heiter, vielleicht schläfrig, träumerisch und umfaßt eine Vielfalt von Wahrnehmungen des Mundes, der Haut, des Gesichts und der Brust. Isakower (1938) nahm an, daß sich in den Veränderungen des körperlichen Ich-

Gefühls, die in der Einschlafphase bei gewissen Zuständen Erwachsener auftreten, frühe unbestimmte Ich-Zustände des Säuglings wiederholen; auch die Symptombildung der Depersonalisation bei später entstehenden Krankheitsbildern soll nach Federn (1926) von solchen frühen Zuständen ausgehen. Zilboorg (1933) beschrieb prästuporöse Zustandsbilder des Ich-Zerfalls, die genetisch wohl auch in den genannten frühen Ich-Zuständen wurzeln. Vermutlich nimmt der schläfrige Säugling körperliche Vorgänge desorganisiert wahr, wenn man seine Wahrnehmung an den Maßstäben des Erwachsenen mißt: das gleichbleibende Element ist ein Affekt, den wir Verzückung oder Glückseligkeit nennen.

Im Gegensatz zum Angstaffekt besitzt das Hochgefühl keine Signalfunktion. Schließen wir auf einen Zweck des Hochgefühls, so scheint dieser eher darin zu liegen, Angstgefühle abzuwehren und die Entwicklung derselben zu verhindern. Das Hochgefühl ist nicht hauptsächlich, wie das für die Signalangst der Fall ist, auf einen verdrängten Trieb bezogen; es ist enger mit Kampf als mit Flucht verknüpft.

Man gewinnt nach diesen Überlegungen den Eindruck, daß sich das Hochsche Konzept der »benignen Psychosen« (trotz des ungeschickt gewählten Adjektivs) für die Zwecke der psychoanalytischen Theorie besser eignet als die Kraepelinsche Klassifizierung und Beschreibung des manisch-depressiven Irreseins. Zu den benignen Psychosen gehören Affekte, die keine reinen Hochstimmungen oder Depressionen sind. Als Affekte einer benignen Psychose können Verwirrtheit, Apathie und Stupor auftreten; eine derartige konzeptuelle Erweiterung der Affektivität ermöglicht, daß wir die psychoanalytische Theorie der Angst und der Abwehr sowie den genetischen Gesichtspunkt anwenden können. Nach Hoch (1921) ist der benigne Stupor ein affektiver Zustand; nach meiner Auffassung soll er den inhaltslosen, zufriedenen Schlaf des Säuglings wiederherstellen, während sich in den delir- und traumähnlichen Verfassungen die frühen Zustände des Einschlafens und Träumens reproduzieren. Nach meiner Auffassung wiederholt sich mit dem Hochgefühl die Trias oraler Wünsche in symbolischer Form, und zwar wiederholt der ekstatische Anteil den späteren Abschnitt der Stillsituation, zu dem das Gefühl von Verzückung oder Glückseligkeit gehört, während die echte Manie den Aufschub des Einschlafens und die Verleugnungsabwehr früher Traumproduktionen reproduziert.

Keine diese Überlegungen gibt uns sichere Hinweise auf die Bedeutung »wirklichen« oder normalen Glücks. Wir können schwerlich darauf hoffen, daß sich uns diese Bedeutung aus der Psychopathologie oder den Geschehnissen in der Kindheit erschließt. Das soziale Milieu und seine Eignung für triebhafte Ausdrucksformen ist hier von großem Einfluß; Freud erörterte dieses Thema in *Das Unbehagen in der Kultur* (1930a) und in *Neue Folge der Vorlesungen zur Einführung in die Psychoanalyse* (1933a). Die Untersuchung der pathologischen Hochstimmungen trägt nicht mehr zur Erhellung dieser besonderen Fragestellung bei als das Studium der anderen Neurosen und Psychosen.

Illusorischer Wirklichkeitssinn

Die obigen Überlegungen erhellen den illusorischen (wunschbestimmten) Wirklichkeitssinn, der sich beim pathologischen Hochgefühl an die Gestimmtheit heftet. Das anachronistische Hochgefühl hat seinen eigenen »inneren« Sinn von Wirklichkeit, der auch ein Wiedererleben oder Erinnern ist. Nach Abraham (1924) haben Optimisten einen »oralerotischen Charakter«[2]; sie waren wohlgenährte, befriedigte Säuglinge, bewahrten sich die unbewußte Erinnerung an die Befriedigung und reproduzieren sie auf habituelle Weise in ihrem späteren Leben, vor allem dann, wenn sie an Situationen, die neu für sie sind, scheitern. Die Brust gilt dem hochgestimmten Neurotiker und dem Maniker nicht allein als Quelle von Glück und Verzückung; für beide steht sie schon früh in ihrem Leben in Beziehung zum Realitätssinn. Freud sagt, die Unterscheidung, ob ein Ding real ist oder nicht, d. h. ob etwas in der Außenwelt einer inneren Vorstellung entspricht, werde letztlich durch die Eliminierbarkeit der Wahrnehmung dieses Dings durch Muskelaktivität getroffen.[2a] Über die Handlung bestimmen unsere Muskeln für uns, ob ein Ding existiert. Luftspiegelungen verschwinden, sobald wir durch sie hindurchlaufen.

Das Kleinkind kann nicht laufen oder fahren, und der vollständige Gebrauch der Muskulatur stellt einen allmählichen Erwerb dar. Ungefähr um die zwölfte Lebenswoche gebraucht es seine Hände erstmals als Greifwerkzeuge; vorher dienen die Hände lediglich dazu, (für den Lustgewinn) in den Mund gesteckt zu werden, wie Hoffer (1949) zeigte. Andererseits gilt auch für das Sensorium, insbesondere die höheren Sinnesorgane wie Augen und Ohren, daß sie ihren Funktionen erst nach verschiedenen Reifungsschritten genügen. Daraus ergibt sich, daß die Skelettmuskulatur zuerst außerhalb des Blickfelds liegt; über die höheren Sinnesorgane eingehende Impulse sind nicht gleichermaßen deutlich und eindrucksstark wie die Signale aus der Mundzone. Der Kopf ist dem Körper gegenüber verhältnismäßig groß; man nimmt an, daß sich diese Gegebenheit erlebnismäßig wiederholt, wenn wir uns bei einer beginnenden Narkose »ganz Kopf« fühlen. Der Kopf entspricht nahezu völlig dem, was beim Säugling als Körper-Ich ausgebildet ist. Es kommt hinzu, daß sich das Körper-Ich mit dem Lust-Ich deckt, denn der Mund ist das zentrale Organ, sowohl für den realen wie auch den lustvollen Kontakt mit der Welt. An der Brust treffen objektive Realität und Lust zusammen. Die Realität umfaßt einen eingegrenzten Bewußtseinsbereich; der Sinn (oder das Gefühl) dieser Realität wird jedoch in Erinnerungsspuren aufbewahrt, die im späteren Leben unter besonderen Umständen wachgerufen werden können. Der verhältnismäßig großen Muskelmenge von Mund und Kopf geht parallel, daß auch ihre »Information« (mit gleichzeitig ablaufenden, zusätzlichen Empfindungen) einen großen Anteil Glaubhaftigkeit besitzt; nur allmählich ersetzt sich der Verlaß auf diese Sinneswahrnehmungen durch das Zutrauen in die Informationsimpulse, die von Augen, Ohren und Skelettmuskulatur kommen. Über längere Zeit untersucht der Säugling Objekte, die er nicht kennt, indem er sie in den Mund steckt; dabei prüft er gleichzeitig ihren »Realitätswert« und ihren »Lustwert«.

Allerdings stiften diejenigen Begriffe der psychoanalytischen Literatur, die sich auf die »Hereinnahme« der Außenwelt beziehen, eine Verwirrung eigener Art. Gelegentlich findet man den Vorgang, durch den von einem Objekt der Außenwelt ein seelisches Bild oder eine Repräsentanz errichtet wird, in derselben Sprache beschrieben, die man für Inkorporationsphantasien benutzt; das hört sich an, als sei die »innere Welt« eine Art Bauch. Diese Begriffsverwirrung ist auf eine Verdichtung zurückzuführen. Frühe subjektive Erlebnisse, die mit Nahrung und Essen einhergehen und einen großen Teil der ursprünglichen Erlebniswelt ausmachen, werden mit späteren durcheinandergeworfen, die zu objektiveren Modi der sensorischen Beobachtung gehören. Es scheint, daß der Maniker in diesem Durcheinander schwelgt, wenn er wie ein Patient Abrahams (1924) davon spricht, daß er die Welt, die um ihn ist, hinunterschlingen möchte und »Hunger nach neuen Ideen und Eindrücken« verspürt.[3] Dagegen steht, daß der Maniker viele objektive Eindrücke überhaupt nicht »schlucken« mag und manchen »guten Brocken« für seine Reflexion entschieden zurückweist. Die ersten Eindrücke, die aufgenommen werden, sind jedoch konkreter Art. An der Brust fallen Hunger und Wissenserwerb zusammen und haben dasselbe Objekt.

Man kann sich mit Nunbergs *Allgemeiner Neurosenlehre* (1932) oder Fenichels *Psychoanalytischer Neurosenlehre* (1945) leicht aneignen, wie sich in der Kindheit der Wirklichkeitssinn entwickelt und die frühen Stadien des Ichs konstituieren. Es ist in vielerlei Hinsicht nützlich, wenn man drei Erlebniswelten unterscheidet, die jeweils durch ein eigenes, nur für sie wesentliches Wirklichkeitsgefühl charakterisiert sind. Zuerst entsteht die orale Erlebniswelt, die ich weiter oben beschrieben habe; die von ihr verbleibenden Erinnerungsspuren kann man gelegentlich bei Erwachsenen, zum Beispiel in den hypnagogen Zuständen feststellen oder aus ihnen ableiten. Darauf folgt die sensomotorische Welt – nach William James (1890) der »Strom der Wahrnehmung« (und des Bewußtseins – »*perceptual flux*«)[4] – mit ihrem von der Muskulatur und der empirischen Beobachtung abhängigen Wirklichkeitssinn. Dies ist die Welt, auf die sich auch die Erwachsenen stützen, als Welt der bewußten Erfahrung und des Experimentierens. Schließlich gibt es die Welt der Worte und Begriffe, wo das, was die Wirklichkeit konstituiert, nicht unmittelbar evident ist und zum Gegenstand von Debatten und philosophischen Kontroversen wird.

Der Übergang von einer dieser Welten zur nächsten ist durch Triebverzicht gekennzeichnet. Die Welt wird immer weniger eßbar. In der oralen Welt herrscht eine verschlingende Triebhaltung vor: die Welt ist zum Essen da. Hier regiert Freuds Prinzip der oralen Wahl, die narzißtische Anlage der späteren, bewußten Urteilsprüfung.[5] In seinen frühesten Anfängen ißt das Lust-Ich das Schmackhafte und spuckt aus, was immer ihm schlecht schmeckt. Die oralen Triebe leiden Not, wenn die orale Welt von der sensomotorischen Welt überholt wird, zu der unter anderem gehört, daß man nicht mehr alles in den Mund stecken kann. Die Welt des »Wahrnehmungsstroms« wird auf Kosten der oralen Triebregungen gewonnen, die zum Teil von Selbstbeherrschungstrieben (Ich-Trieben) ersetzt werden.

Der Übergang von der Welt des Wahrnehmungsstroms zur Welt der Begriffe hat einen ähnlichen oralen Triebverzicht zur Folge, obgleich er nicht ebenso unmittelbar einsichtig ist wie beim ersten Übergang. Die Bildung von Begriffen aus dem Wahrnehmungsstrom wiederholt die

Entwöhnung und erfordert einen Verzicht auf Oralität und Motilität. Es scheint unvermeidlich, daß Psychologen, wenn sie Begriffe oder Vorstellungen näher bezeichnen, ihnen die Eigenschaften der Unbeweglichkeit, Starre und Leblosigkeit zuordnen. Beliebt ist der Vergleich mit einer Statue, und man könnte den auf diese Weise von der Begriffsbildung hergestellten Eindruck einen Pygmalionismus in Umkehrung nennen, denn statt der Umwandlung einer Elfenbeinstatue der Liebe in eine heiratsfähige Frau verwandeln sich heiratsfähige und andere lebendige Dinge in Statuen. Begriffe erscheinen als Depersonifizierungen.

William James (1890) schrieb: »So aber steht die Welt der Begriffe oder der Gegenstände, die wir meinen, wenn wir darüber denken, starr und unbeweglich inmitten der Veränderung unserer Meinungen und der physischen Dinge – wie Platons Reich der Ideen.« Und weiter: »Die Begriffe (oder das denkende Erfassen) bilden ein im wesentlichen diskontinuierliches System und übersetzen die Erlebnisvorgänge unserer Wahrnehmung, die ihrer Natur nach fließend sind, in ein System von stagnierenden und verfestigten Begriffen (Bezeichnungen). Der eigentliche Begriff des Stroms (Bewußtseinsstrom) ist für das Seelische von absolut unveränderlicher Bedeutung: er bezeichnet nur die eine Sache, nämlich unbeweglich den Strom.«[6]

Die Welt der Vorstellungen wird jedoch nicht nur zu einer unbeweglichen, sondern auch zu einer weniger eßbaren. Ich zitiere nochmals James (1916): »Das Leben durch Begriffe verständlich zu machen, heißt, seine Bewegung anhalten; es ist, als schnitte man das Leben mit der Schere in einzelne Stücke und nähme ihnen im Herbarium unserer Logik völlig das Leben, um sie dann als getrocknete Exemplare miteinander vergleichen und bestimmen zu können, welche Art die andere einschließt. Bei dieser Vorgehensweise wird unterstellt, daß sich das Leben selbst schon vollendet habe, weil Begriffe, die erst nach solchem Vorgehen entstehen, post mortem und retrospektiv gebildet werden.«[7]

Der mit der Begriffsbildung einhergehende Verzicht scheint vor allem die Bewegungslust zu treffen. Das Begriffsherbarium füllt sich mit Pflanzen, die jedoch nicht zum Essen bestimmt sind; wahrscheinlich werden sie durch Kampfer und ähnliche konservierende, aber giftige Stoffe geschützt. Man könnte sagen: wenn wir Begriffe bilden, wird von uns ausdrücklich gefordert, daß unsere Hände nichts anfassen und zerstören dürfen; auch unser Mund soll sich nicht einmischen. Unsere jeweilige Ausbildung schult uns darin, mit Vorstellungen, wenn es darum geht, sie zu prüfen, leidenschaftslos, ohne Gefühlsbeteiligung zu verfahren; sie sollen für uns weder gut noch schlecht, weder Freund noch Feind, sondern ohne Leben sein, und ihren Realitätswert sollen wir nicht nach dem, was uns schmeckt oder gefällt, beurteilen.

Alle drei Welten oder inneren Erfahrungszusammenhänge können in einer bestimmten seelischen Struktur gleichzeitig vertreten sein. Am Beispiel des Traumes heißt das: die orale Erlebnisweise stellt sich als Traumleinwand dar – als Hintergrund, der sich genetisch von der (Wahrnehmung der) Brust ableiten läßt; die bildhafte, visuelle und motorische Darstellung im manifesten Trauminhalt geht auf Erinnerungsspuren der zweiten Stufe zurück, während die dritte in den Vorstellungen vertreten ist, die der Traum zum Ausdruck bringt.

Zwei Arten des Wissens

Kinder verfügen, was das Stillen betrifft, über zwei verschiedene Erlebnisweisen, die wir voneinander unterscheiden sollten, wenn wir nach psychoanalytischen Erklärungen suchen. Zum einen besitzen sie das persönliche Erlebnis, daß sie gestillt wurden. Zum andern erfahren sie unabhängig von diesem Erlebnis später, daß sie gestillt wurden, indem ihnen über ihr eigenes Erlebnis erzählt wird oder indem sie andere Kinder an der Brust beobachten. So erwerben sie jene zwei Arten des Wissens, auf die Freud in einem anderen Zusammenhang hinwies. Sie kennen dasselbe Ereignis auf zweierlei Weise. Diesen beiden Arten des Wissens entsprechen die beiden Wege, auf denen ein Analysand ein Geschehnis seiner Vergangenheit zu verstehen lernt, nämlich erstens durch Wiedererleben und Gefühle, zweitens durch verstandesmäßige Einsicht. Bekanntlich ist die Vereinigung dieser beiden Aspekte oder Wege ein Ziel der psychoanalytischen Behandlung. Die verstandesmäßige Einsicht ist mit jenem Gefühl, das für ein bestimmtes Ereignis kennzeichnend war, schwächer besetzt. Unser Wissen, das zu intellektuellen Einsichten führt, beruht auf Beobachtungen mit Hilfe unserer speziellen Sinnesorgane und auf Unterweisung. Denken wir zum Beispiel an Erinnerungen von der Art, daß man gesehen oder davon gehört hat, was ein anderer erlebte; obgleich sie für die Erziehung und das praktische Leben unverzichtbar sind, enthalten sie gerade jenes besondere Gefühl nicht, das zu Ereignissen gehört, die man »wirklich« erlebt hat. Gefühlshaftes Wiedererleben empfinden wir dagegen als wirklich; es besitzt die Eigenschaft der Wirklichkeit oder emotionalen Gültigkeit. Dagegen besitzen verbalisierte Tatsachen, die unser Ich erfaßt, gerade nicht den Eindruck von Glaubwürdigkeit, der zu Erlebnissen gehört, die aus einer sehr viel früheren Zeit stammen, in der es weder Unsicherheit noch Urteilsvermögen in der Welt gab. Es ist ähnlich wie mit dem Unterschied von Wissenschaft und Glauben. Einem gründlichen Wissenschaftler vergleichbar hütet sich das Ich, das durch Beobachtung und Anleitung geschult ist, vor übereilten Schlußfolgerungen und Verallgemeinerungen. Es verhält sich zu den Fakten, die es selbst beobachtet oder ihm von anderen mitgeteilt werden, skeptisch und gefühlsmäßig unvoreingenommen. Das gleiche Ich ist dagegen von einer Inspiration oder Offenbarung unmittelbar überzeugt, sobald es fühlt und wiedererlebt.

Wenn in einer therapeutischen Analyse eine Verdrängung

sowohl im Hinblick auf die Vorstellung wie auch auf die affektive Besetzung dieser Vorstellung vollständig aufgehoben wird und ein Kindheitsereignis mit der ihm entsprechenden Gefühlsfärbung erinnert werden kann, gibt es auf seiten des Analysanden keinerlei Unsicherheit, ob die betreffende Erinnerung »real« ist oder nicht. Der Analysand schenkt dieser Erinnerung seinen vollen Glauben, ist unmittelbar überzeugt und verlangt nicht nach weiterer Prüfung oder Reflexion. Dieses Gefühl der Glaubhaftigkeit ist eine Eigenschaft des Wiedererlebens. Der Analysand erfaßt, indem er sich seine Erinnerung vollständig wieder zu eigen machen kann, mit oder in ihr jenes Gefühl von Wirklichkeit, das zu dem ursprünglichen Ereignis gehörte. Wie ich in einer eigenen Arbeit zeigte (1939), handelt es sich um ein Gefühl, das früher Teil unserer narzißtischen Allwissenheit war, unseres ungeteilten Vertrauens in die Unfehlbarkeit und Verläßlichkeit unmittelbar gegebener Wahrnehmungen.[8] Kürzlich äußerte sich Kris (1950) zur subjektiven Gültigkeit wiederentdeckter Erinnerungen. Er schlägt vor, im Unterschied zum einfachen *Erinnern (recall)* vom *Wiedererkennen (recognition)* zu sprechen. »Es scheint daher sinnvoll anzunehmen, die Erleichterung der integrativen oder synthetischen Funktion des Ichs durch das Wiedererkennen sei einer der dynamischen Faktoren, die zur Erinnerung führen.«[9] Dieses Wiedererkennen ähnelt der Inspiration bei schöpferischen Künstlern. Zum Teil sind Künstler, die im Zustand der Inspiration arbeiten, auf eine Regression angewiesen und ihr schöpferischer Akt wird von unbewußten oralen Phantasien beeinflußt. Kris (1939) ist der Meinung, daß der Künstler seinen schöpferischen Impetus aus einer phantasierten Brust »nährt«; dies verleiht seiner Arbeit die Bedeutung einer unmittelbar gegebenen, künstlerischen Wahrheit und wird von ihm selbst als Inspiration empfunden und vorgestellt.[10]

Das Wirklichkeitsgefühl in Träumen

Eine ähnliche Vorgeschichte wie das Wiederentdecken hat auch das Wirklichkeitsgefühl, das der Träumer während seines Traumes empfindet. Wie ich schon mehrfach gesagt habe, wiederholt sich beim Schlafengehen psychisch das früheste Einschlafen unserer Kindheit nach dem Stillen. Auf diese Weise tragen wir in den Schlaf immer wieder unser frühestes »Wirklichkeitsgefühl« hinein – unser Gefühl, daß wir wirklich einmal an der Brust gelegen haben. In Übereinstimmung mit unseren bisherigen Annahmen muß dieses Gefühl als wirklich erinnert oder wiedererlebt werden. Diese erinnerte Wirklichkeit ist es, die als real erlebt wird; wenn ein Gefühl von Wirklichkeit Zugang zum Schlafzustand findet, stellt dieses Gefühl einen Überrest jener Zeit dar, in der die Stillsituation das realste Ereignis unseres Erlebens war. Bei bestimmten Träumen gehört zum manifesten Inhalt ein Wirklichkeitsgefühl, das so stark ist, daß der Träumer es besonders erwähnen muß. Freud (1900a) gibt das Beispiel eines 35jährigen Mannes, der einen gut erinnerten Traum erzählt, den er mit 4 Jahren gehabt haben will (er hatte den Vater im Alter von 3 Jahren verloren): »Der Notar, bei dem das Testament des Vaters hinterlegt war, brachte zwei große Kaiserbirnen, von denen er eine zum Essen bekam. Die andere lag auf dem Fensterbrett des Wohnzimmers.« Der Patient sei mit der Überzeugung von der Realität des Geträumten erwacht und habe hartnäckig von seiner Mutter die zweite Birne verlangt. Außerdem erinnerte er sich, daß der betreffende Notar wirklich einmal Birnen mitbrachte. Freud setzt die beiden Birnen mit den Brüsten der Mutter gleich und schreibt: »Sein Wirklichkeitsgefühl nach dem Erwachen hat recht, denn die Mutter hat ihn wirklich gesäugt, sogar weit über die gebräuchliche Zeit hinaus, und die Mutterbrust wäre noch immer zu haben. Der Traum ist zu übersetzen: Mutter, gib' (zeig') mir die Brust wieder, an der ich früher einmal getrunken habe.«

Eine weitergehende Auslegung dieses Traumes wäre: das auf die Birnen bezogene, illusorische Wirklichkeitsgefühl stützt sich auf die Realität der Stillsituation.[11]

Auch Rado (1934) nimmt in seiner Arbeit *Die Kastrationsangst des Weibes* das intensive Wirklichkeitsgefühl zum Ausgangspunkt seiner Überlegungen. Er erwähnt Frauen, die das unerklärliche und illusionäre Gefühl haben, daß sie zu einer bestimmten Zeit einen Penis wirklich besaßen. Rado nimmt an, diese Frauen hätten in ihrer Kindheit vom Besitz eines Penis geträumt; diesen Traum habe ein intensives Wirklichkeitsgefühl begleitet, das von einem realen Ereignis, dem Anblick eines Penis bei einem Mann oder Jungen, herrührte und in den Traum übernommen wurde. In gewissem Ausmaß gehört zu allen Träumen diese illusorische Realität, vor allem aber gehört sie zu den Träumen von Kindern. Das vom Träumer für besonders erwähnenswert gehaltene »starke« Gefühl stellt lediglich eine Verstärkung des vorhandenen, illusionären Realitätsgefühls dar. Die weiteren Ausführungen Rados geben mir die Möglichkeit, meinen eigenen Gedankengang fortzusetzen. Er schreibt nämlich, wie sich das eifersüchtige kleine Mädchen in seiner Not und Verstimmung stürmisch der Mutter zuwendet. Oft hatte es gehört, daß es essen müsse, wenn es groß werden wolle; es hatte auch gehört, daß es seine erste Nahrung aus der Brust der Mutter bekommen hatte. Nun möchte es wieder von seiner Mutter gestillt werden. Damit ihm ein Penis wächst, möchte es Mutters ganze Brust verschlingen – was sich in einem Traum auch ereignet.[12] Nach meiner Auffassung ist das, was das Mädchen über die Brust weiß, eher zufällig und nebensächlich. Auch halte ich es nicht für notwendig, das starke Wirklichkeitsgefühl mit dem realen Anblick eines Penis zu verknüpfen. Beobachtungen und Erklärungen sind sekundär; wir erhalten sie später, und sie unterstützen, auch wenn ihr Einfluß gewichtig ist, die primären Vorstellungen und Gefühle. Nach meiner Ansicht entsteht das Wirklichkeitsgefühl im Traum aus dem imaginären Wiederholen (und Wiedererleben) der Stillsituation.

Freie Assoziationen über das Thema »Realität« zeigen oft, daß dieses Wort für das weibliche Genitale steht, wie ich in einer klinischen Notiz mitteilte (1948). Ein starker Kastrationskomplex bei einem meiner Patienten verhinderte, daß er eine nackte Frau ansehen konnte. Er klagte in der Analyse über seine Furcht und Unfähigkeit, sich mit der Realität zu befassen. »Ich kann mich der Realität nicht stellen«, sagte er, »seit meiner Geburt habe ich nie der Realität ins Auge gesehen!«[13] Diese bestimmte »Realität« löste seine Angst aus und entsprach keineswegs der lustvollen Realität eines illusorischen Penis (Wunschpenis) oder der beiden Birnen in Freuds Traumbeispiel. Die Verknüpfung von weiblichem Genitale und »Realität« ist nicht grundsätzlicher Art; es handelt sich vielmehr um Verschiebungen von der Brust nach unten und Umsetzungen in Angstaffekte. Vielleicht werden künftige Untersuchungen zum Fetischismus auch zur Klärung dieses speziellen Realitätsproblems beitragen.

Das Hochgefühl als Wiederholung

Meine Annahme ist, daß sich im Gefühl von Überzeugung und subjektiver Gewißheit über die Gültigkeit des Hochgefühls ein Bestandteil der Stillsituation wiederholt. Der manische Patient – ähnlich dem Analysanden, der Bekanntes zu wissen verneint – verwirft, was er selbst sieht und von anderen erfährt. Das zurückgewiesene, erfahrungsmäßige und gelernte Wissen entspricht dem, was man ihm als Kind erzählte, was er durch die Erlebnisse anderer weiß, sowie späteren eigenen Erlebnissen, die mit seinem ursprünglichen Gefühl nicht übereinstimmen. Der manische Patient setzt die Welt der Beobachtung und des Lernens seinem subjektiven Erleben gegenüber als zweitrangig ein; den Stempel der »Wahrheit« trägt sein subjektives, vorbegriffliches und orales Erleben: das sich im Hochgefühl wiederholende subjektive Erlebnis, früher gestillt worden zu sein. Das so neu belebte, glückliche und wunschbestimmte (illusorische) Wirklichkeitsgefühl wird dann auf Phantasien verschoben, die zu aktuellen Entbehrungen und Enttäuschungen in Widerspruch stehen. Im Klischee sind die Brüste durch die rosarote Brille sowie zahlreiche andere paarige, rosafarbene Objekte oder Gläser ersetzt. Die Realität wird durch die »Rosigkeit« der Stimmung an der Brust einfarbig gesehen. Dieser Mechanismus, durch den Unlustvolles ignoriert wird, ist zugleich eine Sichtweise und ein Verfahren, mit dem an einer anderen, bevorzugten Realität festgehalten wird, der Wirklichkeit des Gefühls und der frühesten subjektiven, oralen Erlebnisse.

Somit stellt sich die glückliche Stimmung des Manikers als eine Wiederholung heraus. Für den, der sie erlebt, ist sie subjektiv gültig und real, weil sie ein primäres, reales und glückliches Gefühl wieder aufleben läßt. Zu den aktuellen Vorstellungsinhalten des Manikers gehören neben der wiederbelebten Stillsituation auch spätere Kindheitsereignisse; diese wiederholen in der einen oder anderen Weise die Stillsituation, lassen sie wiederaufleben, oder sie waren vielleicht selbst schon durch die Stillsituation verfälscht worden.

Anmerkungen

Die Schreibweise des Autors machte zahlreiche Nachweise erforderlich; seine Anmerkungen sind mit Kleinbuchstaben, die des Übersetzers mit arabischen Ziffern versehen. Wird auf weitere Arbeiten des Autors verwiesen, dann wird jeweils, wenn nicht ausdrücklich anders angegeben, nach den von J. A. Arlow (1973) herausgegebenen *Selected Writings of Bertram D. Lewin*, New York, The Psychoanalytic Quarterly Inc. (Abkürzung *S. W.*) zitiert.

Kapitel 1
Einführung

a Siehe Falk (1866), *Studien zur Irrenheilkunde der Alten.*

b Mendel, Emanuel (1881), *Die Manie.* »Unter diesen Umständen und in Anbetracht der Hippokratischen Verwendung des Wortes *hypomainomenai* schlage ich vor, jene Formen der Manie, die das typische Bild dieser Krankheit in schwächerem Ausmaße oder abortiv verlaufend zeigen, Hypomanien zu nennen« (S. 38). Nach Falk (1866) soll Hippokrates die Bezeichnung Hypomanie auf Menschen angewandt haben, die in ein fieberhaftes Delir gerieten, jedoch auch im gesunden Zustand eine Reihe von Besonderheiten zeigten. – Im Griechisch-Englisch-Lexikon von Liddell und Scott wird *hypomainomai* lediglich definiert als *to be somewhat mad.*

1 Hartmann (1950), »Bemerkungen zur psychoanalytischen Theorie des Ichs«. S. 129.

2 Wallace-Dublin und Ricord entdeckten 1820 den Wert des Jods als Antiluikum, insbesondere bei tertiärer Lues. Heute ist die Jodkaliprobe das bedeutsamste Erkennungsmittel für tertiäre Syphilide. Siehe Keining u. Braun-Falco (1969), *Dermatologie und Venerologie*, S. 159. – Oliver Wendell Holmes (1809–1894), amerikanischer Professor für Anatomie und Physiologie, der

witzig-rationalistische, zu seiner Zeit vielgelesene Essays schrieb.

3 *the general mess of imprecision of feeling* – der Autor hat dieses Zitat nicht ausgewiesen. Eine Zeile in T. S. Eliots Gedicht *Out of the Formless Stone* kommt dieser Formulierung nahe.

4 C. A. P. Crusius (1717–1775) stellte die Lehre einer Psychologie des »seelischen Vermögens« auf, nach der seelische Leistungen sich auf drei Grundkräfte zurückführen ließen, Erkenntnis-, »Begehrungs«- und Gefühlsvermögen. Den späteren Klassifikationsprinzipien Denken, Fühlen und Wollen liegt wohl der Vermögensbegriff, obgleich später von Herbart (1776–1841) heftig abgelehnt, noch weiterhin zugrunde. – William McDougall (1871–1938), englischer Psychologe, von 1920 an in den Vereinigten Staaten Professor, versuchte seine Sozialpsychologie von den menschlichen »Antrieben« her aufzubauen (»hormische« Psychologie). Siehe bei McDougall (1935), *Aufbaukräfte der Seele* (dtsch. 1947), S. 139f die Darstellung der Gesinnungen (*sentiments*).

5 Freud (1900a), *Die Traumdeutung, G. W.*, Bd. 2–3, S. 337–38

6 Die zitierte Zeile ist der Ode *L' Allegro* (1645) entnommen; ihr Gegenstück ist *Il Penseroso.* Siehe Meller u. Sühnel (Hrsg.), *British and American Classical Poems*, Braunschweig 1966. Der Autor hat jedoch die 26. Zeile abgeändert – statt »jest« das »Mirth« aus der 13. Zeile – und er läßt der 26. Zeile die 12. Zeile folgen. Damit enthält sein wohl aus dem Gedächtnis abgerufenes Zitat eine *Verdichtung* eben jener Elemente der Ode – Heiterkeit und Frohsinn –, die das Hochgefühl umschreiben.

Kapitel 2
Literaturübersicht

1 Emil Kraepelin (1856–1926), seit 1903 Professor in München und Gründer der dortigen Deutschen Forschungsanstalt für Psychiatrie, hat 1908 den *Wolfsmann* behandelt und bei ihm, wie auch bei seinem Vater eine manisch-depressive Erkrankung dignostiziert. Siehe M. Gardiner (1971), *Der Wolfsmann vom Wolfsmann*, Frankfurt 1972, S. 68, 83.

2 Schon Theophile Bonet (1620–1689) verwendete die Bezeich-

nung *folie manico-mélancolique*. Jean-Pierre Falret (1794–1870) verfaßte 1851 eine Arbeit mit dem Titel: *De la folie circulaire ou forme de maladie mentale caracterisée par alternative regulière de la manie et de la mélancolie.* 1877 schrieb er mit Ernest-Charles Lasègue (1816–1883) *La folie à deux ou folie communiquée.*

3 Haslam (1798), S. 34.

4 Adolf Meyer (1928): »Bislang schien sich die Psychiatrie hauptsächlich darum bemüht zu haben, wie man *work* (Handeln in der Praxis) und *talk* (Nachdenken und Verständigung über den Gegenstand der Praxis, Vorannahmen) zur Übereinstimmung bringen könnte« ... »wir treten in eine Phase ein, in der die theoretische Verständigung zumindest weniger nachteilig und irreführend ist, und die Praxis sich gewichtigeren Themen und schlüssigen Methoden zuwendet«. Meyer, 1866 in der Schweiz geboren, kam 1892 nach USA. Er war seit 1910 Professor für Psychiatrie an der John Hopkins Universität, Baltimore. Er versuchte in einem Ergasiologie genannten nosologischen System eine neue Einteilung der Psychosen vorzulegen und die Psychiatrie auf eine psychobiologische Grundlage zu stellen. Er war (wie Redlich und Freedman 1970, S. 75 schreiben) ein von Grund auf pragmatisch eingestellter Kliniker, der seine Patienten unter biologischen wie psychosozialen Gesichtspunkten studierte. Seine Nosologie, eine Einteilung in Ergasien (Reaktionstypen), geriet bald nach seinem Tod (1950) in Vergessenheit. Sein pragmatischer Ansatz hat nach Meinung der genannten Autoren die Psychotherapie der Schizophrenie gefördert; er sah in den Verhaltensstörungen nicht Krankheitsprozesse, sondern Reaktionen auf verschiedenartige psychobiologische Belastungen im Zusammenhang mit dem Lebenszyklus und der aktuellen Lebenssituation des Patienten. Die Schizophrenie beispielsweise nannte er Parergasie und betrachtete sie als eine Reaktion, die zum großen Teil durch die genaue Erforschung der Lebensgeschichte des Patienten erklärt werden könne. Aus der entsprechenden Arbeit (1928) stammt auch das oben übersetzte Zitat.

Meyers Hoffnung, was das Theorie-Praxis-Verhältnis der Psychiatrie betrifft, erfüllte sich nur zum Teil; die theoretische Verständigung wurde nicht durchgehend weniger mißverständlich. In der heutigen amerikanischen wie deutschen Hochschulpsychiatrie stehen diagnostische Begriffe, die entwicklungspsychologisch und psychodynamisch orientiert sind, unvermittelt einer Terminologie gegenüber, die deskriptiv und vor allem auf einen materialen Krankheitsbegriff ausgerichtet ist. Letztere Einteilung stützt sich auf bekannte und angenommene (noch nicht bekannte) körperliche Veränderungen. *Exogene* Psychosen sind psychische Manifestationen, deren hirnorganische oder sonstige körperliche Verursachungen sich durch übliche medizinische Untersuchungen feststellen lassen. Die Diagnose der *endogenen* Psychosen wird dagegen durch die rein psychopathologische Beschreibung von Zustands-Verlaufs-Einheiten gestellt. Das Adjektiv endogen weist zugleich auf eine körperlich *noch nicht* begründbare Erkrankung hin und gehört zur Degenerationslehre des 19. Jahrhunderts (P. J. Moebius stellte 1892 endogen und exogen gegenüber). Das Beiwort *reaktiv* verlor in der deskriptiven und materialen Diagnostik seine Beziehung zur Psychose und wurde den sogenannten abnormen Erlebnisreaktionen vorbehalten. Häufig werden in der psychiatrischen Literatur neurotisch und reaktiv, vor allem bei der Diagnose Depression, gleichgesetzt.

5 Von den neueren Monographien siehe vor allem J. Mendels (1970), *Concepts of Depression* und E. Jacobson (1971), *Depression.* Eine vergleichende Untersuchung normaler, neurotischer und psychotisch-depressiver Zustände (1977).

6 Freud (1917e), »Trauer und Melancholie«, *G. W.*, Bd. 10, S. 434.

7 Abraham (1924), *Versuch einer Entwicklungsgeschichte der Libido.* Bd. 1, S. 127.

8 Freud (1923b), *Das Ich und das Es, G. W.*, Bd. 13, S. 256.

9 Freud (1917e), *Ibid.*, S. 433.

10 Freud (1914c), »Zur Einführung des Narzißmus«, *G. W.*, Bd. 10, S. 141.

11 Freud (1917e), *Ibid.*, S. 445.

12 Freud (1921c), *Massenpsychologie und Ich-Analyse*, *G. W.*, Bd. 13, S. 147.

13 Freud (1917e), *Ibid.*, S. 441.

14 Freud (1921c), *Ibid.*, S. 147.

15 Siehe dazu D. Rapaport (1959), *Die Struktur der psychoanalyti-*

schen Theorie, S. 27 über den Einfluß des Neurologen H. Jacksons und dessen neuralem Hierarchiemodell.

16 Abraham (1924), *Ibid.*, S. 152–156.

17 Freud (1916–17), *Vorlesungen zur Einführung in die Psychoanalyse, G. W.*, Bd. 11, S. 370, 376.

18 Freud (1918b), »Aus der Geschichte einer infantilen Neurose«, *G. W.*, Bd. 12.

19, 20 Abraham (1924), *Ibid.*, S. 146f, S, 156–161.

21 Freud (1930a), *Das Unbehagen in der Kultur, G. W.*, Bd. 14, S. 424.

22, 23, 24 Abraham (1924), *Ibid.*, S. 158–160. »Die ›reine‹ Manie, welche sich oftmals periodisch wiederholt, scheint mir nun ein Abschütteln der Urverstimmung darzustellen, dem keine Melancholie im klinischen Sinne vorausging.«

25, 26 Rado (1927), »Das Problem der Melancholie«. S. 442, 445–446.

27 Rado (1926), »Die psychischen Wirkungen der Rauschgifte«. S. 372.

28, 29, 30 Rado (1927), »Das Problem der Melancholie«. S. 447, 453 und zur Ergänzung ein Zitat, das insbesondere das Schicksal der Aggression bei der melancholischen Introjektion hervorhebt: »Nachdem das Ich in der Realisierung des objektfeindlichen Triebanspruchs schmählich versagt hat (Zusammenbruch der Auflehnungsphase) und sich jetzt reuig-masochistisch zum Über-Ich einstellt, schlägt sich die aggressive Es-Strebung zum Über-Ich und treibt das durch seine Sühneabsicht geschwächte Ich selbst in die Rolle des Objekts. Nun wütet das Über-Ich gegen das Ich so, wie das Ich hätte fähig sein sollen, gegen das Objekt zu wüten, Das Ich zog einst in die Welt hinaus, um sein narzißtisches Liebesbedürfnis zu befriedigen, ist aber dabei an den Ansprüchen seines Sadismus gescheitert; nun strebt es – der Realität abgewandt – die narzißtische Befriedigung auf dem innerseelischen Schauplatz an, kann aber der Übermacht des Aggressionstriebes auch hier nicht entrinnen« (S. 448).

31 Fenichel (1945), *Psychoanalytische Neurosenlehre*. Bd. II, S. 248.

32 Siehe Anmerkung 4 über A. Meyer.

33 Siehe zur heutigen Bedeutung der »benignen Psychose« oder

»pseudoneurotischen Schizophrenie« O. Kernberg, (1975), *Borderline-Störungen und pathologischer Narzißmus.* Frankfurt/M., Suhrkamp 1978. »Übrigens ist bemerkenswert, daß sowohl Zilboorg als auch Hoch, die beide grundlegende Beiträge zur deskriptiven Analyse der Borderline-Psychopathologie geliefert haben, diese Patienten durchwegs für Schizophrene hielten. Sie scheinen nicht bemerkt zu haben, daß sie es hier mit einer anderen Form von Störung zu tun hatten« (S. 21).

34 A. Hoch zum »gutartigen Stupor« auch in Kap. 4, S. 88 f, Kap. 5, S. 123 f und Kap. 7, S. 171 f.

35 Siehe auch Kapitel 3, S. 54.

36 Siehe auch Hanna Segal (1964), *Melanie Klein. Eine Einführung in ihr Werk.* München 1974. »Manische Abwehrmechanismen werden in der depressiven Position zur Abwehr depressiver Angst-, Schuld- und Verlustgefühle entwickelt. Sie basieren auf einer omnipotenten Verleugnung psychischer Realität, und die Objektbeziehungen sind gekennzeichnet durch Triumph, Kontrolle und Verachtung« (S. 165) und Kap. 7, S. 111 ff.

37 Die beiden erwähnten Arbeiten faßte Edith Jacobson 1971 in ihrer Monographie zusammen: *Depression.* Eine vergleichende Untersuchung normaler, neurotischer und psychotisch-depressiver Zustände. Frankfurt/M., Suhrkamp 1977. Kapitel 8, »Der Einfluß der frühkindlichen Entwicklung auf wiederholte depressive Zustände« (S. 259 ff).

Kapitel 3
Verleugnung, analytischer Behandlungsverlauf

a Kris (1950), »On Preconscious Mental Processes«.

b Ph. Greenacre (1949), »A Contribution to the Study of Screen Memories«.

c Fenichel (1941), S. 80 und (1945), Bd. III, S. 173. Der entsprechende Hinweis auf Rado (1925) enthält jedoch diese Überlegung nicht; Rado äußerte sie in seinen Berliner Vorlesungen.

d Gerö (1936).

1 Abraham (1912), Studien II, S. 156.

2 Freud (1940a), *G. W.*, Bd. 17, S. 134.

3 Freud (1940a), *Loc. cit.*

4 H. Deutsch (1933), S. 368.

5 Zum genaueren Verständnis aus Lewins (1932) ausführlicher Darstellung dieses Falles: »Sie hatte bis zur Geburt des Bruders in einem Bettchen im elterlichen Schlafzimmer geschlafen. Jetzt wurde sie im Nebenzimmer untergebracht. Das Brüderchen nahm nun ihre frühere Stelle neben den Eltern ein, und sie beneidete ihn darum, daß er mehr hören und sehen konnte als sie« (S. 78).

6 Theresia von Jesus, 1515–1582, reformierte in Spanien den Karmeliterorden; in *Libro de sa Vida* (1588) schilderte sie ihre Erleuchtungen, in ihrem Hauptwerk *El Casillo interior o Las Moradas* (1588) stellte sie die mystische Lehre dar und interpretierte die einzelnen Stufen des Gebets. Schriften in Deutsch, hrsg. von Petrus de Alcántara und Fr. Aloysius in 9 Bdn., 1933–41.

7 Rado (1927), S. 447.

8 Freud (1924c), »Das ökonomische Problem des Masochismus«: »Dies Über-Ich ... ist dadurch entstanden, daß die ersten Objekte der libidinösen Regungen des Es, das Elternpaar, ins Ich introjiziert wurden, wobei die Beziehung zu ihnen desexualisiert wurde, eine Ablenkung von den direkten Sexualzielen erfuhr«, *G. W.*, Bd. 13, S. 380.

9 Freud (1925h), »Die Verneinung«, *G. W.*, Bd. 14, S. 13.

10 Almasy (1933): »Der Objekthunger des Manischen ermöglicht die Realisierung der spontanen Selbstheilungsbestrebungen. Der Arzt kann, quasi durch eine Affektübertragungspassage, durch entsprechendes Verhalten die Übertragung auf seine Person konzentrieren und die Restitution in einigen Fällen vielleicht auch beschleunigen. Im beobachteten Fall war diese Übertragungskonzentration auffallend, ging schnell vonstatten und ließ dem Arzt gegenüber den manischen Zustand plötzlich aufgeben. Diese erst isolierte, auf die analytischen Stunden beschränkte Veränderung des Bildes ermöglichte das Verständnis und Bewußtmachen des Vorganges, was wieder den Weg zur Aufgabe der Manie ebnen konnte« (S. 207).

11 Lange (1928), S. 23–26, 149, 204.

12 S. Mentzos (1967), *Mischzustände und mischbildhafte phasische Psychosen.* Stuttgart, Enke. S. 71–77 und 83.

13 A. Freud (1936), 6. Kapitel: Die Verleugnung in der Phantasie, S. 257ff und 7. Kapitel: Die Verleugnung in Wort und Handlung, S. 269ff.
14 A. Freud (1936), S. 258.
15, 16 *Ibid.*, S. 260.
17 *Ibid.*, S. 261.
18 *Ibid.*, S. 274.
19 *Ibid.*, S. 272.
20 *Ibid.*, S. 267–268.
21 S. Freud (1900a), *G. W.*, Bd. 2–3, S. 132–138.
22 Freud (1940a), *Abriß der Psychoanalyse.* »Ich gedenke eines Falles chronischer Paranoia, bei dem nach jedem Eifersuchtsanfall ein Traum die korrekte, völlig wahnfreie Darstellung des Anlasses zur Kenntnis des Analytikers brachte. Es ergab sich so der interessante Gegensatz, daß während wir sonst aus den Träumen des Neurotikers die seinem Wachleben fremde Eifersucht erraten, hier beim Psychotiker der tagsüber herrschende Wahn durch den Traum berichtigt wurde«, *G. W.*, Bd. 17, S. 132.
23 *Ibid.*, S. 133.
24 *Ibid.*, S. 134. Die Frage, ob es sich um eine Spaltung handelt oder nicht, bleibt auch bei Freud offen beziehungsweise widersprüchlich beantwortet. »Nun wäre es unrecht, diesen Vorgang bei der Bildung des Fetisch eine Ichspaltung zu heißen, es ist eine Kompromißbildung mit Hilfe von Verschiebung, wie sie uns vom Traum her bekannt ist. Aber unsere Beobachtungen zeigen uns noch mehr« (S. 133). Dann schließt sich die von Lewin zitierte Textstelle an, die damit endet: »Das ist, was man eine *Ichspaltung* nennen darf.«
25 A. Freud (1936), S. 223–24.
26 Freud (1925h), »Die Verneinung«, *G. W.*, Bad. 14, S. 14.
27 Benedek (1937), S. 491.
28 Gerö (1936), S. 379–380.
29 Freud (1925h), *Ibid.*, S. 12.
30 Lewin (1941), S. 79, 80.
31 Abraham (1924), Studien I, S. 156–161.
32 Freud (1917e), *G. W.*, Bd. 10, S. 439, 442.
33 Freud (1926d), *G. W.*, Bd. 14, S. 205.
34 Freud (1937c), *Die endliche und die unendliche Analyse*, *G. W.*, Bd. 16, S. 60. Dazu S. Ferenczi (1927), »Zur Kritik der

Rankschen *Technik der Psychoanalyse«*, *Internationale Zeitschrift für Psychoanalyse 13*, worin Ferenczi Ranks Technikbuch von 1926, Leipzig und Wien, Deuticke, kritisiert.

35 Freud (1917e): »Es spinnt sich also bei der Melancholie eine Unzahl von Einzelkämpfen um das Objekt an, in denen Haß und Liebe miteinander ringen; die eine, um die Libido vom Objekt zu lösen, die andere, um diese Libidoposition gegen den Ansturm zu behaupten. Diese Einzelkämpfe können wir in kein anderes System verlegen, als in das *Ubw,* in das Reich der sachlichen Erinnerungsspuren (im Gegensatz zu den Wortbesetzungen). Ebendort spielen sich auch die Lösungsversuche bei der Trauer ab, aber bei dieser letzteren besteht kein Hindernis dagegen, daß sich diese Vorgänge auf dem normalen Wege durch das *Vbw* zum Bewußtsein fortsetzen. Dieser Weg ist für die melancholische Arbeit gesperrt ...«, *G. W.*, Bd. 10, S. 444.

36 siehe Anm. 13.

37 Lewin (1928), »Zur Geschichte der Gewissenspsychologie«. *Imago 14*, S. 441–446. Aus einer Reihe von etymologischen Belegen und philosophiegeschichtlichen Hinweisen schließt Lewin: »Der Begriff *Bewußtsein* ist aus dem Begriff *Gewissen* entstanden. Bewußtsein war zuerst entgöttertes Gewissen. Bis um 1700 dient die Introspektion zur Erforschung des Gewissens, erst später zu der des Bewußtseins. Der Keim des rationalistischen Bewußtseinsbegriffs war der moralische kirchliche Gewissensbegriff. Es ist kein Zufall, daß die Worte *Bewußtsein, consciousness* gerade zu dieser Zeit entstanden sind ... um die Seele überhaupt zu studieren, mußte man sie den Priestern entziehen.. Das *Gewissen* blieb den Priestern und Moralphilosophen überlassen, das *Bewußtsein* erhielt die Wissenschaft, die dafür zunächst auf das *Gewissen*, später auf die Seele überhaupt verzichtete« (S. 442).

38, 39 Freud (1925h), *G. W.*, Bd. 14, S. 15, 13.

40 siehe Anm. 36.

41 Abraham (1924), Bd. 1, S. 158.

Kapitel 4
Manie und Schlaf

a Freud (1900a), *G. W.*, Bd. 2–3, S. 474–476, Ferenczi (1916) und Grotjahn (1945).

b In wenigen Worten möchte ich hervorheben, worin sich meine Gedanken von den Konzepten Melanie Kleins unterscheiden (siehe auch Kapitel 2, S. 44 f). Den frühesten Vorläufer der Hochstimmung sieht M. Klein in der manischen Position am Ende des ersten Lebensjahres. Diese manische Position ist eine Abwehr der vorausgegangenen depressiven Position, und allgemeiner gesehen, gegen die Gefahr, der das Ich des Kleinkindes von seinem Inneren her ausgesetzt ist – dem Todestrieb, der dem Es und den introjizierten bösen Objekten entspringt. Meine theoretische Konstruktion bezieht sich auf zwei Punkte oder Stufen des Entwicklungsgeschehens; sie liegen zeitlich vor und nach der manischen Position M. Kleins. Zum einen meine ich die früheste Stillphase mit besonderer Hervorhebung des Einschlafens an der Brust. Dieser Entwicklungsstufe (die im absoluten Verhältnis gesehen nur einen sehr kleinen Abschnitt der Entwicklung umfaßt, proportional jedoch größer ist) ordne ich eine relativ einheitliche, physiologisch begründete, reflexhafte Erlebnisweise zu; es besteht kein Einfluß einer Ich-Struktur und folglich ist auch das Abwehrkonzept ohne Bedeutung. Der zweite Bezugspunkt ist eine Art Querschnitt aus der Entwicklung der Schlaf-Funktion und damit auch abhängig von einem Ich mit gewisser Organisationshöhe. Wenn ein Kind im Schlaf die Entbehrungen des Tages beiseite *träumt*, setzt es einen Abwehrmechanismus ein – die Verleugnung.

1 Rado (1928), »Das Problem der Melancholie«, S. 447. Siehe auch Kapitel 2, S. 32–37 und die entsprechenden Anmerkungen 28–30, S. 188.

2 Freud (1921c), *Massenpsychologie und Ich-Analyse, G. W.*, Bd. 13, S. 147.

3 Siehe Lewin (1946, 1948, 1953), »Sleep, The Mouth and The Dream Screen«, »Inferences from The Dream Screen« und »The Reconsideration of The Dream Screen«.

4 *representatives* werden in Unterscheidung zu Repräsentanz (*representation*) als Repräsentanten oder Abbilder übersetzt.

5 Freud (1900a), *G. W.*, Bd. 2–3, S. 136.
6 Kubie (1948), S. 26.
7 Rado (1925), S. 23.
8 Sopor – graduell stärkere Bewußtseinstrübung als Somnolenz; der Betroffene ist weckbar, jedoch nur für kurze Zeit aufnahmefähig.
9 Siehe hierzu Freuds Definition des Agierens in der Analyse als ein Wiederholen im Gegensatz zum Erinnern. »Der Analysierte erzählt nicht, er erinnere sich, daß er trotzig und ungläubig gegen die Autorität der Eltern gewesen sei, sondern er benimmt sich in solcher Weise gegen den Arzt. Er erinnert nicht, daß er in seiner infantilen Sexualforschung rat- und hilflos steckengeblieben ist, sondern er bringt einen Haufen verworrener Träume und Einfälle vor, jammert, daß ihm nichts gelinge, und stellt es als sein Schicksal hin, niemals eine Unternehmung zu Ende zu führen.« In: »Erinnern, Wiederholen und Durcharbeiten« (1914g), *G. W.*, Bd. 10, S. 210.
10 Freud (1900a), S. 239 und (1901a), S. 659, beide *G. W.*, Bd. 2–3.
11 Das Spielerische in der Manie wurde vor allem hervorgehoben von L. Binswanger (1933), *Über Ideenflucht*. Zürich, Orell-Füssli.
12 Nach Rado (1934) sind der pharmakogene Stupor, die Psychose mit produktiver Symptomatik und Suizidversuche Ausgänge der *pharmakothymen Krise*, d. h. Lösungsversuche für den Fall, daß die pharmakothyme Steuerung des Ichs (die dem Lust-Prinzip folgt) versagt (S. 25, 26 und 30). Im Zusammenhang mit Lewins Überlegungen zum Schlaf und seinem Hinweis auf Rado ist auch interessant, daß letzterer offenbar den Grundstein für eine Theorie des Suizids legte, die erst vor einigen Jahren ausführlich vorgelegt wurde durch H. Henseler (1974), *Narzißtische Krisen. Zur Psychodynamik des Selbstmords.* Reinbek, Rowohlt. Rado schrieb 1934: »Der Kranke nimmt die letale Dosis, weil er die Verstimmung endgültig durch einen Rausch bannen will, der ewig dauert. Er tötet sich nicht, er glaubt an seine *Unsterblichkeit*« (S. 26).
13 Grotjahn (1938), S. 513. »Selbst im Wachzustand ist das Kleinkind einer psychischen Verfassung näher, die am ehesten dem Traumleben des Erwachsenen gleicht.«
14 Sterba (1946), S. 179. »Die enge Verknüpfung von Agieren und

Traum läßt vermuten, welche Funktion das Agieren hat: es könnte eine Assoziation sein, die dem Traumbericht vorausgeht. Meistens läßt sich der Traum unmittelbar aus dem Inhalt des Agierens verstehen. Das Agieren ist also ebenso wie der Traum, der ihm vorausgeht, ein Ausdruck der gleichen unbewußten Triebdynamik, die vor allem dann die verdrängenden Kräfte des Ichs überwindet, wenn die Abwehr durch die analytische Arbeit aufgelockert wurde.«

15 Sophokles, *König Ödipus*. Herausgegeben und übertragen von W. Schadewaldt. Frankfurt/M. 1973, Insel. 4. Auftritt, S. 47, 48. Siehe auch Freud (1900a), *Die Traumdeutung*, S. 267–271.

16 Reiss (1910), *Konstitutionelle Verstimmung und manisch-depressives Irresein*, Fall 43, S. 154–157.

17 Siehe Lewin (1937), »A Type of Neurotic Hypomanic Reaction«.

18 Mit *equation* ist bei Lewin »Gleichung« gemeint, genau die Ausdrucksweise, die zuerst Freud (1917c, »Über Triebumsetzungen, insbesondere der Analerotik«) wählte, um die symbolische Gleichsetzung im Unbewußten (zum Beispiel von Kot, Kind und Penis) darzustellen. Später verwendete vor allem Fenichel (1945) in seiner Neurosenlehre diese Beschreibungsweise zur Erklärung der unbewußten Bedeutung von Symptombildungen. – Es ist eine interessante Frage, warum der Gebrauch der symbolischen Gleichung in der klinischen Psychoanalyse heute seltener geworden ist.

Kapitel 5
Addenda zur Theorie der Oralerotik

a Melitta Schmiedeberg (1948) berichtete über eine interessante Variante der »*Pit and Pendulum*«-Phobie. Die in der Erzählung beschriebenen beweglichen Elemente des dunklen Gefängnisses, die Winkel und Ecken, Spalten und gefährlichen Objekte waren bei einem ihrer Patienten durch den Mund und die Zähne vertreten. Schizophrene Patienten berichteten ihr ähnliche Phantasien; darin stellte der eigene Mund den Leib der Mutter dar, die Zunge entsprach dem Pendel und der kauende Mund den sich bewegenden, verengenden Wänden. Wir haben hierin einen offensichtlich sehr abgekürzten Fluchtweg in den Mutterleib zu sehen (S. 309).

b Freud (1900a), *Die Traumdeutung*, *G. W.*, Bd. 2–3, S. 315 ff über die Darstellungsmittel des Traums, insbesondere die Umkehrung, S. 331 ff.

c Diese Patientin setzte beispielsweise die alten Küchenmüllgruben mit Hügelgräbern gleich. Wem der Gedanke, daß zwischen Feuerbestattung und Kochen eine Verknüpfung besteht, völlig unbekannt ist, der möge sich die Bilder von Toteneinäscherungen in *Balinese Character* von G. Bateson und M. Mead (1942) betrachten; dabei fällt ihm sicherlich auf, wie der Tote »garniert« wird, daß eine Art »Grill«-Atmosphäre besteht und vor allem, wie ambivalent die Festteilnehmer sich verhalten, wenn sie den Leichnam schließlich dem Feuer aussetzen – als widerstrebte es ihnen, den Körper herzugeben, ohne davon gegessen zu haben. – Kürzlich sah ich in einer Zeitschrift eine Witzzeichnung, auf der ein überrascht dreinblickender *»G. I. Joe«* abgebildet war, wie er gerade von einer Gruppe Trauernder vor die Tür eines Hauses gesetzt wurde, auf dem die Aufschrift »Feuerbestattungsinstitut« zu lesen war. Er sagte zu seinen Kameraden: »Ich weiß gar nicht, was hier los ist – ich bin doch nur reingegangen und habe gefragt, was hier gekocht wird.« – In diesem Zusammenhang noch eine Bemerkung zur Überdeterminierung der Feuervogellegenden. Prometheus, der den Menschen das Feuer brachte, wurde im Kaukasus an einen Felsen geschmiedet; ein Adler fraß ihm täglich ein Stück seiner Leber weg, das nachts nachwuchs. Offensichtlich fällt nach dem Tod den Aasvögeln und dem Feuer dieselbe Aufgabe zu: den Toten zu verzehren.

d siehe P. Federn (1913), Abraham (1924), Brunswick (1929) und Lewin (1932).

e siehe Abraham (1924), Nunberg (1926), Brill (1928), French (1929), Lewin (1932), M. Klein (1935) und E. Jacobson (1943).

f »Sleep, the Mouth and the Dream Screen« (1946), »Inferences from the Dream Screen« (1948).

1 Freud (1926d), *G. W.*, Bd. 14, S. 133.

2 Fenichel (1945), Bd. II (1975), S. 85–87, 184.

3 Nunberg (1932), S. 83–84.

4 *Faszination des Grauens.* Elf Meistererzählungen Edgar Allan Poes. Aus dem Amerikanischen übertragen von Arno Schmidt und Hans Wollschläger. München, dtv 1981. – Siehe zur Erzählung »Die Grube und das Pendel« auch Marie Bonaparte (1934), Bd. 3, S. 137–166.

5 Freud (1930a), *G. W.*, Bd. 14, S. 459.

6 Lewin (1933), *S. W.*, S. 42.

7 Freud (1905d), *Drei Abhandlungen zur Sexualtheorie, G. W.*, Bd. 5, S. 87.

8 Freud (1926d), *G. W.*, Bd. 14, S. 201 – Fußnote 1.

9 Freud (1924c), »Das ökonomische Problem des Masochismus«, *G. W.*, Bd. 13, S. 376.

10 Diese Überschrift erscheint in sich widersprüchlich, was jedoch auf eine Bedeutungsverschiebung des Adjektivs »prägenital« zurückzuführen ist. Während für Freud Ferenczi, Reich u. a. alle Entwicklungsabschnitte, die der reifen Genitalität vorausgehen, als »prägenital« galten, wird dasselbe Adjektiv heute oft in der Bedeutung von »präödipal« verwendet. Zum Teil wurde diese Bedeutungsverschiebung schon durch Fenichels Konzept der »prägenitalen Konversion« (1945) eingeleitet.

11 Freud (1918b), *G. W.*, Bd. 12, S. 140ff.

12 *Ibid.*, S. 156.

13 *Ibid.*, S. 61.

14 Zum Wolfsmann siehe auch Lewin (1968) in *The Image and the Past*, S. 26ff.

15 dazu Freud (1918b), *G. W.*, Bd. 12, S. 134–135; Freud (1933a), *Neue Folge der Vorlesungen, G. W.*, Bd. 15, S. 26; M. Bonaparte (1934), Bd. 3, S. 159ff.

16 H. Deutsch (1933), S. 362.

17 M. Klein (1935), »Zur Psychogenese der manisch-depressiven Zustände«, S. 61 – dieses Zitat ist eine Textergänzung des Übersetzers.

18 Rado (1934) stellte in dieser Arbeit eine klare Verknüpfung von dieser Art Traum, dem »illusorischen Penis« (Wunschpenis) und dem Konversionssymptom (z. B. Globus hystericus) her.

19 Siehe dazu auch Lewins Arbeit von 1933 »The Body as Phallus« und die Falldarstellung von Sandler (1959), »The Body as Phallus: A Patient's Fear of Erection«, *International Journal of Psycho-Analysis* 40, S. 191–198.

20 Freud (1930a), *Das Unbehagen in der Kultur*, G. W., Bd. 14, S. 424–425.

21 Vielleicht ist auch der *petit mort* nach dem Orgasmus als Miniatur-Stupor zu sehen; auch die Bedeutung des postorgastischen *horror vacui* wäre unter dem Gesichtspunkt der oralen Trias zu überdenken.

Kapitel 6
Die Bedeutung der oralen Trias für das Hochgefühl

a MacCurdy (1925), S. 230.

b Federn (1926) schlug in diesem Zusammenhang folgende Überlegung vor: wenn in ekstatischen Zuständen die Seele den Körper verlasse, gehe dies auf eine regressive Trennung des »körperlichen« vom »seelischen Ich-Gefühl« zurück, wie dies in bestimmten hypnagogen und hypnopompen Zuständen, in Träumen und bei Depersonalisationszuständen der Fall sei (S. 32). Siehe auch Federn (1934), S. 88.

c Lewin (1939), »Some Observations on Knowledge, Belief, and the Impulse to Know«, S. 318.

d Siehe für weiterführende Literatur Despert (1949).

e Fritz Wittels (1949) sieht in der Zeitlosigkeit, die den unbewußten seelischen Vorgängen eigen ist, den infantilen Vorläufer des Unsterblichkeitsgefühls, vor allem bei Tieren, Kleinkindern und in sogenannten Primitivkulturen. Es scheint, daß Tiere, aber auch stille, statische Zivilisationen der Zeit keine besondere Beachtung schenken. »Gott ist zeitlos, und da er zeitlos ist, ist er unsterblich. Wir haben das innere Erlebnis eines zeitlosen Systems in uns (d. h. die Erinnerungsspuren aus frühester Kindheit) und projizieren es in den Himmel«, S. 245.

f Siehe Zilboorg (1935, 1937), Garma (1937, 1943) und Kate Friedlander (1940).

g Zur Beziehung zwischen Trauminhalten und Vorstellungen über den Himmel siehe Róheim (1932), »Animismus und Religion«. Róheim berichtet von »genitalisierten« Vorstellungen über das Leben nach dem Tode, die voll von wilden Koitus-Orgien sind (S. 208 ff). Er nimmt an, daß diese Phantasien über postmortale Koitus von Wünschen und Ahnungen aus der

Adoleszenz stammen. Nach seiner Auffassung altert das Gottesbild im Verlauf der Geschichte eines Volkes. Die jugendlichen Geister der australischen Wüste werden durch die Vorstellung eines Graubarts, Jahwes, ersetzt; die konventionelle Darstellung des christlichen Gottes ersetzt die Bilder von Ares und Apollo (S. 226f). Bei den Ureinwohnern Australiens entwickelt sich die Himmelsvorstellung von einem »Kinderzimmer« zu einem wilden Fest von Jugendlichen. Dagegen enthält die westliche Himmelsvorstellung, aber auch ihre Entsprechung in den altorientalischen Kulturen eine eher abstrakte Darstellung des vorsprachlichen Erlebens und schließt eindeutig sexuelle Bilder aus.

h Siehe Abrahams Hinweis, Nacht und Dunkelheit als Symbole der Mutter aufzufassen. (Nicht in der Arbeit »Über eine konstitutionelle Grundlage der lokomotorischen Angst« von 1913, sondern in »Einschränkungen und Umwandlungen der Schaulust ...«, ebenfalls 1913, interpretiert Abraham die Bedeutung der Dunkelheit für die Psychologie der Neurosen. Bd. I, S. 352–357, der Übers.) – Bettina Warburg (1938) berichtete über eine Patientin, die ihren Suizid plante, jedoch wieder davon abkam. »Als sie mit ihrem Boot draußen auf dem See war, mußte sie sich vorstellen, wie Fische, Würmer, Wasserschlangen und Blutegel ihren Körper fressen würden. Diese Vorstellung erschreckte sie derart, daß sie nicht ins Wasser springen konnte und stattdessen zum Strand zurückruderte ... In den vergangenen Jahren hatte die Patientin mehrfach geträumt, wie sie von einer Flutwelle [das heißt, einer verschlingenden Brust – der Autor] erfaßt wird und ertrinkt. Unzweideutig hatte sie das Wasser mit ihrer Mutter und dem Tod gleichgesetzt. Ins Wasser zu springen entsprach damit der Vorstellung, sie werde von ihrer Mutter zur Strafe für ihre sexuellen Vergehen getötet«, S. 496f.

i Vielleicht ist für Leser der Arbeiten von Ernest Jones der Hinweis interessant, daß im Evangelium für »verschwinden« oder »vergehen« das griechische Wort *aphaniso* steht. Hat Aphanisis somit eine orale Nebenbedeutung? (Jones führte diesen Begriff 1928 in seiner Arbeit »Die erste Entwicklung der weiblichen Sexualität« ein, um eine für beide Geschlechter zutreffende Angst zu benennen, die tiefer reicht als die

Kastrationsangst; Jones war der Ansicht, daß sich das Verschwinden oder die Vernichtung der Sexualität nicht mit der Kastration deckt. – Der Übers.)

1 Gerö (1939), »Zum Problem der oralen Fixierung«, S. 250.
2 Abraham (1913), »Über eine konstitutionelle Grundlage der lokomotorischen Angst«, Bd. II, S. 50.
3 *Ibid.*, S. 47.
4 Edith Jacobson (1971), *Depression*, S. 297f.
5 Freud (1921c), *Massenpsychologie und Ich-Analyse, G. W.*, Bd. 13, S. 147.
6 Proteisch – siehe die (Flucht-)Verwandlungen des Proteus, der von Menelaos und seinen Gefährten festgehalten wird, bis er ihnen auf ihre Frage nach dem Weg Rede und Antwort steht. Ovid, *Metamorphosen*, Buch 7. München, Heimeran 1952, S. 731ff.
7 Lange (1928), S. 192.
8 Schüle (1880), S. 120.
9 Siehe auch Lewins spätere, ausführliche Diskussion der Einschlafphänomene in »Reconsideration of the Dream Screen« (1953).
10 Freud (1940a), *Abriß der Psychoanalyse, G. W.*, Bd. 17, S. 132f.
11 Siehe bei Jones (1916) auch die Nachweise und die kritische Zusammenfassung der verschiedenen Arbeiten Silberers zur Symbolik (S. 82ff).
12 Sachs (1923), »Zur Genese der Perversionen«, S. 182.
13 Fenichel (1934), *Perversionen, Psychosen, Charakterstörungen*, S. 29, 30.
14 Gilbert Murray (1925), S. 145f. – nach Murray gab es zu dem Gebet »*I in thee, and thou in me*« die frühere Fassung »*Enter into me as a babe into the womb of a woman*«.
15 nach W. James (1902), S. 325f. – das Zitat stammt aus dem Hauptwerk der Heiligen Theresa, *El Castillo interior o Las Moradas*, 1588. Vgl. auch A Garma (1930), »Eine obszöne Gebärde der Heiligen Teresa«. *Die psychoanalytische Bewegung 2*, S. 339–347.
16 Der Hinweis läßt sich nicht unterdrücken, daß diese Säuglinge sich, wenn Gottes Milch so leicht und schnell fließt, mit Beißen – später mit Daumenlutschen – für die verkürzte Sauglust

entschädigen werden, wie Lewin dies mit Hinweisen auf Gerö (1939) und Levy (1928, 1934) auf S. 128–130 ausgeführt hat.

17 W. James (1902), S. 7f.

18 *Ibid.*, S. 8.

19 Lewin (1932), »Struktur und Analyse einer passagèren Hypomanie«, S. 77.

20 Freud (1930a), *Das Unbehagen in der Kultur, G. W.*, Bd. 14, S. 421–425.

21 siehe 5. Kapitel, S. 105–107.

22 Rado (1933), »Psychoanalyse der Pharmakothymie«, S. 26.

23 Shakespeare, *Hamlet*, 3. Aufzug, 1. Auftritt (Schlegel/Tieck).

24 Rado (1927), »Das Problem der Melancholie«, S. 450.

25 Kate Friedlander (1940), »On the Longing to Die«, S. 419f.

26 Edith Jacobson (1946), »The Effect of Disappointment on Ego and Superego Formation«, in *Depression* (1971), 8. Kapitel, S. 286.

27 Robert Waelder (1932), »Die psychoanalytische Theorie des Spiels«, S. 185, 187f, 189, 191.

28 Abraham (1912), »Ansätze zur Erforschung ... des manisch-depressiven Irreseins ...«, Bd. II, S. 148–151 (S. 150).

29 Nunberg (1926), »Schuldgefühl und Strafbedürfnis«, S. 350.

30 siehe S. 147.

31 Lewin (1932), »Analyse und Struktur einer passagèren Hypomanie«, S. 74, 75, 77.

32 siehe Lewin (1937, 1941).

33 siehe S. 115.

34 siehe Freud (1923b), *Das Ich und das Es, G. W.*, Bd. 13, S. 277ff (5. Kapitel über die Abhängigkeiten des Ichs), sowie in *Hemmung, Symptom und Angst* (1926 d), *G. W.*, Bd. S. 176 (der Vorschlag Freuds, Ersatzbildung und Symptombildung gleichzusetzen).

35 Berta Bornstein (1931), »Die Phobie eines zweieinhalbjährigen Kindes«. Sie schreibt: »Die kleine Lisa war zwei Jahre vier Monate alt, als sie nach einer bis dahin normal verlaufenen Entwicklung an schweren Angsterscheinungen erkrankte. Die Angst trat am Abend auf, wenn das Kind ins Bett niedergelegt werden sollte, und wurde so stark, daß das Kind nach vielen Stunden des Weinens nur mit Hilfe von Schlaf- und Beruhigungsmitteln zum Einschlafen gebracht werden konnte. Meh-

rere Nächte hindurch stand es angstvoll und vor Erregung zitternd in der Ecke des Bettes, immer nur die gleichen Worte wiederholend, ›Nein, Mama, nein‹, womit sie die Mutter bewegen wollte, nicht von ihrem Bette zu weichen. Fiel sie dann mit Hilfe der Schlafmittel doch in Schlaf, so geschah dies im Sitzen mit geballten Fäustchen und einem verkrampften Gesichtsausdruck. In dieser für ein schlafendes Kind ganz ungewöhnlichen Stellung fand man sie dann am Morgen« (S. 344). Nach fast fünf Wochen Behandlung kotet Lisa das Bett ein, läuft danach fröhlich durchs Haus und legt sich zum ersten Mal, nachdem sie umgebettet ist, nieder. »Das Einkoten war der Kernpunkt der ganzen besprochenen prägenital-aggressiven, gefürchteten Triebansprüche« (S. 359).

36 Freud (1915d), »Die Verdrängung«, *G. W.*, Bd. 10, S. 256–58.

Kapitel 7
Hochgefühl und Wirklichkeitssinn

* *sense of reality* – im Deutschen haben wir die Möglichkeit, objektive und subjektive Realität auseinanderzuhalten, indem wir von Realität und Wirklichkeit sprechen. Das philosophische und erkenntnistheoretische Problem des Realitätsbegriffs kann hier nicht dargelegt werden. Freud (1900a) unterschied *»psychische«* und *»materielle Realität«*. Er sah in den Abkömmlingen der unbewußten seelischen Prozesse die psychische Realität (*G. W.*, Bd. 2/3, S. 620). Der Wirklichkeits*sinn* (siehe auch Ferenczi, »Entwicklungsstufen des Wirklichkeitssinnes«, 1916 und »Das Problem der Unlustbejahung«, 1926) umfaßt die verschiedensten Erfahrungen und Erlebnisweisen der psychischen Realität, zum Beispiel das Wirklichkeits*gefühl*. Letzteres ist uns sowohl in einer verstärkt empfundenen Form bei bestimmten Träumen (siehe Seite 180 f) wie auch als abgeschwächte Empfindung bei der Depersonalisation bekannt (von der Empfindung, daß einzelne Körperteile sich wie fremd anfühlen, bis hin zum »Gefühl der Gefühllosigkeit« bei schweren Depressionen). Siehe zur Beziehung zwischen Wirklichkeitssinn und Realität auch D. Beres (1960), »Perception, Imagination, and Reality«, *IJPA 41*, S. 327–334.

1 Freud (1926d), *Hemmung, Symptom und Angst, G. W.*, Bd. 14, S. 164f und Freud (1933a), *Neue Folge der Vorlesungen zur Einführung in die Psychoanalyse, G. W.*, Bd. 15, 22. Vorlesung über Angst und Triebleben.

2 Abraham (1924), »Beiträge der Oralerotik zur Charakterbildung«, Bd. I, S. 211.

2a Freud (1915c), »Triebe und Triebschicksale«, *G. W.*, Bd. 10, S. 212 sowie »Metapsychologische Ergänzung zur Traumlehre« (1917d), *G. W.*, Bd. 10, S. 423.

3 Abraham (1924), *Versuch einer Entwicklungsgeschichte der Libido*, Bd. I, S. 134f. und 156f.

4 W. James (1890), *Principles of Psychology*, deutsch 1909, S. 238.

5 siehe Freud (1915c), »Triebe und Triebschicksale«, *G. W.*, Bd. 10, S. 228 und Freud (1925h), »Die Verneinung«, *G. W.*, Bd. 14, S. 13.

6 W. James (1890), S. 238.

7 W. James (1916), *A Pluralistic Universe*, S. 244.

8 Lewin (1939), »Some Observations on Knowledge, Belief, and the Impulse to Know«, S. 318.

9 Kris (1950), »Vorbewußte Geistesvorgänge«, S. 183f.

10 Kris (1939), »Über Inspiration«, S. 165.

11 Freud (1900a), *Die Traumdeutung, G. W.*, Bd. 2/3, S. 376. – Zusatz: »Das *früher* wird durch das Essen der einen Birne dargestellt, das *wieder* durch das Verlangen nach der anderen.«

12 Rado (1934), S. 28.

13 Lewin (1948), »The Nature of Reality, the Meaning of Nothing, With an Addendum on Concentration«, S. 320.

Abkürzungen

G. W.	Die Schriften Freuds werden nach den *Gesammelten Werken*, Imago Publishing Co., London 1940–52, S. Fischer, Frankfurt/M. aufgeführt.
S. W.	Die Nachweise der Arbeiten B. D. Lewins beziehen sich auf die von J. A. Arlow herausgegebenen *Selected Writings of Bertram D. Lewin*, New York, The Psychoanalytic Quarterly, Inc. 1973. Die folgende Bibliographie Lewins richtet sich unter Auslassung von Übersetzungen, Rezensionen, Diskussionsbemerkungen und wenigen frühen, nichtanalytischen Veröffentlichungen nach der von Arlow herausgegebenen Bibliographie.

IJPA	*The International Journal of Psycho-Analysis*
IZP	*Internationale Zeitschrift für Psychoanalyse*
JAPA	*Journal of the American Psychoanalytic Association*
PQ	*Psychoanalytic Quarterly*
PR	*Psychoanalytic Review*
PSC	*The Psychoanalytic Study of the Child.* New York, International Universities Press

Nachwort

Bei der vorliegenden Monographie Bertram D. Lewins über das Hochgefühl (1950) handelt es sich neben dem mit Helen Ross verfaßten Buch über die psychoanalytische Ausbildung in den Vereinigten Staaten (1960) vermutlich um jene Arbeit Lewins, die in Europa am ehesten bekannt geworden ist. Bisher wurde weder *The Psychoanalysis of Elation* noch eine andere Veröffentlichung Lewins übersetzt; bei einem Gesamtwerk, das vier Monographien und fast 50 Artikel zur Symptombildung, Traumtheorie, Technik und psychoanalytischen Situation, zur Psychoanalyse des Wissens und den verschiedensten Fragen der Ausbildung umfaßt, haben wir es mit einem »Rezeptionsskotom« zu tun, für dessen Entstehung weniger Zufälle verantwortlich sind als vielmehr die Besonderheiten des »Aufbaus« der Psychoanalyse nach dem Zweiten Weltkrieg.

Mitte der 50er Jahre setzte die American Psychoanalytic Association eine Untersuchung in Gang, die das Ausbildungsprogramm und die Qualität der Ausbildung überprüfen sollte. Bertram Lewin und Helen Ross besuchten die damals bestehenden 17 Ausbildungsinstitute, nahmen an Kontrollstunden, Seminaren, Ausschußsitzungen etc. teil. Die Ergebnisse ihrer Untersuchung (1960) haben sich ebenso wenig auf die Ausbildungssituation in Deutschland ausgewirkt wie Heinz Kohuts Memorandum von 1969 über die Forschung in der amerikanischen Psychoanalytischen Vereinigung (1971).[1] Die Mitglieder- und Kandidatenzahlen sind während der 70er Jahre in der Deutschen Psychoanalytischen Vereinigung (DPV) sprunghaft angestiegen; der Mitgliederzahl steht eine um fast 25% höhere Kandidatenzahl gegenüber.[2] Die Frage ist berechtigt, ob bei solchen Zahlenverhältnissen die neuen Ergebnisse psychoanalytischer Forschung vermittelt und in den zentralen Bereichen der Psychoanalyse überhaupt gewonnen werden können. Der zunehmenden Professionalisierung der Ausbildungseinrichtungen hatte Kohut bekanntlich die Einrichtung eines wissenschaftlichen Zweiges der Vereinigungen entgegengesetzt.[3]

Die Ausbildungssituation ist jedoch nur ein Bereich, in dem zu bedauern ist, daß Lewins Arbeit kaum rezipiert wurde; ein anderer Bereich betrifft die Konzepte zur Pathogenese. Als ich vor wenigen Jahren die Übersetzung von Lewins *The Psychoanalysis of Elation* anregte, hatte die Diskussion um Heinz Kohuts *Analysis of the Self* (1971)[4] durch die Arbeiten Otto F. Kernbergs, 1975 zusammengefaßt in *Borderline Conditions and Pathological Narcissism*[5] erneut einen Höhepunkt erreicht. Kernbergs Auffassungen von internalisierten Objektbeziehungen, die er vor allem unter dem Einfluß von Edith Jacobsons *The Self and the Object World* (1964)[6] entwickelte und in »Early Ego Integration and Object Relations« (1972)[7] und »Structural Derivatives of Object Relations« (1976)[8] zusammengefaßt hatte, schien all jenen stichhaltige Begründungen zu liefern, die den Anhängern Kohuts einen »härteren, therapeutischen Kurs« entgegensetzen wollten. Mit Recht hatte Kernberg die relative Selbständigkeit einer narzißtischen Entwicklungslinie in Frage gestellt und auf die durch den pathologischen Narzißmus abgewehrte, präödipale Aggression hingewiesen. Ein unklarer Bereich der Kohutschen Theorie blieb jedoch unberührt: das Verhältnis des Narzißmus zu den Entwicklungsstufen der Libido.

Béla Grunbergers in *Le Narcissisme* (1971)[9] gesammelte Arbeiten stellen einen solchen Beitrag zum Verhältnis von Analerotik, Sadismus und Narzißmus dar; die merkwürdige Verschiebung der Entwicklungsphasen, die Grunberger vornimmt, wenn er die oral-sadistische Phase lieber als Beginn der analen Phase definiert und den »absolut primären Narzißmus« als libidinöse Komponente des Selbsterhaltungstriebes sieht und mit dem »erhebenden (unbewußten) pränatalen Zustand« zusammenbringt[10], vermehrt meines Erachtens jedoch die Unklarheiten, die hinsichtlich des Verhältnisses von Trieb und Narzißmus bestehen.

Freuds »primäre Identifizierung« ist der begriffshistorische Ausgangspunkt für die verschiedenen theoretischen Auffassungen zur frühesten Zeit unserer individuellen Existenz; mit dem Zusatz »primär« hatte Freud, wie er in *Massenpsychologie und Ich-Analyse* ausführte, sagen wollen, daß diese Identifizierung nicht als Folge einer Objektbeziehung im eigentlichen Sinne entsteht, sondern »die ursprüngliche Form der Gefühlsbindung an ein Objekt ist.«[11] In *Das Ich und das Es* brachte Freud diese Identifizierung mit Einverleibung und Oralerotik zusammen: »Uranfänglich in der primitiven oralen Phase des Individuums sind Objektbesetzung und Identifizierung wohl nicht voneinander zu unterscheiden.«[12]

An dieser Stelle ließe sich ein Vergleich der genannten Autoren beginnen, der noch vertieft werden könnte um weitere Auffassungen, wie die von René A. Spitz, D. W. Winnicott, Michael Balint, Edith Jacobson, Margaret S. Mahler und Alfred Lorenzer.[13] Ein Vergleich dieser Art hätte dem jeweils verschiedenen logisch-theoretischen und methodologischen Status der einzelnen Konzepte Rechnung zu tragen und ginge über den Rahmen eines Nachworts hinaus. Hier soll es ausreichen, den verschiedenen Konzepten zur präödipalen Entwicklung, den »Organisatoren der Psyche«, dem Begriffspaar »Objekt-Mutter« und »Triebmutter«, der »primären Liebe« und dem »basic fault«, dem »frühesten, psychophysiologischen Selbst«, der »menschlichen Symbiose« sowie den »Subphasen des Loslösungs- und Individuationsprozesses«, den »Protosymbolen«, »Interaktionsformen« und der »präsentativen Symbolik« die *Traumleinwand (dream screen)* und die *Trias oraler Wünsche* Bertram Lewins gegenüber zu stellen. Letztere zeigen ein psychoanalytisches Denken, das bei den genannten objekt- und ichpsychologischen Arbeiten aus dem Blick geraten ist.

Vielleicht hat Lewin mit seiner dichten und doch zumeist einfach anmutenden Schreibweise die Rezeption seiner Auffassungen selbst behindert, wie Gregory Zilboorg in seiner Rezension von *The Psychoanalysis of Elation* andeutete.[14] In geradezu irritierender Kürze legte Lewin seine Ergänzung zur Theorie der Oralerotik, die Trias oraler Wünsche, dar.[15] In ähnlicher Einfachheit formulierte Lewin sein Konzept der Traumleinwand (1946), das eine rege Diskussion auslöste, die er selbst in »Reconsideration of the Dream Screen« (1953) zusammenfaßte.[16] Lewins spätere Arbeiten über den Affekt (1965), die Depression (1961), die phobische Symptombildung (1952), über die analytische Situation (1954, 1955, 1959) sowie *The Image and the Past* (1968) zeigen, daß sie von den beiden genannten Konzepten »leben«; orale Trias und Traumleinwand erwiesen sich nicht als verdinglichte Hypothesen, sondern als Erkenntnis generierende, heuristische Annahmen, die meines Erachtens in die gegenwärtige deutschsprachige Diskussion über Pathogenese und Theorie der psychoanalytischen Technik einzubeziehen sind.

Why don't you go to Zurich;
to Bleuler and Jung?
They are doing that Freud stuff over there.
I think you would like it (Frederick Peterson)[17]

Eine Skizze von Bertram Lewins Ausbildung zum Psychoanalytiker muß auf die enge Wechselwirkung zwischen der Entfaltung der deutschsprachigen Psychoanalyse und ihrer raschen Verbreitung in Amerika Bezug nehmen; diese Entwicklung läßt sich mit Hilfe von Ives Hendricks *Facts and Theories of Psychoanalysis* (1939), der Freud-Biographie von Ernest Jones (1962) und *Fruition of an Idea: Fifty Years of Psychoanalysis in New York,* herausgegeben von Martin Wangh (1962), nachvollziehen.[18]

Auf Einladung von Stanley Hall hielt Freud 1909 an der Clark University (Worcester, Massachusetts) fünf Vorlesungen über Psychoanalyse (1910a); dort begegnete er auch J. J.

Putnam und William James. Nach dem Nürnberger Kongreß (1910) konstituierten sich die bereits bestehenden psychoanalytischen Vereinigungen als örtliche Gruppen der Internationalen Vereinigung. Die erste war die Berliner Gruppe mit Karl Abraham als Präsidenten; es folgten die Wiener Gruppe unter Alfred Adler und die Züricher Gruppe unter Ludwig Binswanger. Abraham A. Brill organisierte 1911 die New York Psychoanalytic Society, während zur gleichen Zeit in Baltimore die erste Versammlung der Amerikanischen Psychoanalytischen Vereinigung unter J. J. Putnam als Präsidenten stattfand. 1913 erschien in Brills Übersetzung *Die Traumdeutung;* zugleich begann die Herausgabe der ersten englischsprachigen Zeitschrift, des *Psychoanalytic Review.* Das 1920 unter Karl Abraham in Berlin gegründete Institut wurde zum Vorbild für weitere Gründungen von Ausbildungsinstituten in den Vereinigten Staaten. In kurzer Abfolge wurden 1931 das New Yorker, 1932 das Chicagoer Institut unter Franz Alexander und ein Institut in Boston aufgebaut. Die Gründung des New Yorker Instituts unterstützten die älteren Vereinigungsmitglieder Abraham Kardiner, A. Stern, H. A. Bunker, L. Baumgart, M. Meyer und C. P. Oberndorf sowie die frühen Auswanderer Sandor Lorand, Paul Schilder und Fritz Wittels. Vor allem aber engagierten sich jüngere, kurz zuvor in Berlin und Wien ausgebildete Analytiker wie Gregory Zilboorg, Dorian Feigenbaum und Bertram Lewin; die Leitung des New Yorker Instituts wurde Sándor Radó anvertraut. 1932 begannen Feigenbaum, Lewin und Zilboorg mit der Herausgabe des *Psychoanalytic Quarterly.*

Als zweiter Sohn deutsch-amerikanischer Eltern wurde Bertram David Lewin 1896 in Texas geboren. 1920 erhielt er an der John Hopkins Medical School seinen medizinischen Doktorgrad. Mehrfach hob Lewin in seinem Beitrag »Reminiscence and Retrospect« (1962) zum 50. Jahrestag der Gründung der New Yorker Psychoanalytischen Vereinigung das Jahr 1925 hervor, in dem der Bad Homburger

Kongreß stattfand, auf dem Eitingon vorschlug, eine internationale Kommission für Ausbildung zu gründen, die an der Vereinheitlichung der Ausbildungsorganisationen und ihren Richtlinien arbeiten sollte. Ebenfalls 1925 ging Lewin mit Feigenbaum und Zilboorg nach Berlin, arbeitete als Neurologe an der Oppenheim-Klinik und dem Friedrich-Wilhelm-Hospital; kurz zuvor war Karl Abraham überraschend verstorben. Lewin erhielt seine psychoanalytische Ausbildung von Max Eitingon, Otto Fenichel (der kaum ein Jahr älter war), Sándor Radó und Ernst Simmel; seine Lehranalyse machte er bei Franz Alexander. Ende der 20er Jahre kehrten mit Lewin Thomas M. French, Ives Hendrick, Lawrence S. Kubie, Clara Thompson und Gregory Zilboorg aus Europa nach Amerika zurück.

Lewin war 1936–39 Präsident der New Yorker Vereinigung. Während der Kriegsjahre setzte er sich intensiv für die emigrierenden Psychoanalytiker ein. 1946 wurde er Präsident der Amerikanischen Vereinigung, und von 1956–59 leitete er das schon erwähnte Forschungsprogramm der Amerikanischen Vereinigung, den Survey of Psychoanalytic Education in the United States, dessen Ergebnisse er 1960 gemeinsam mit Helen Ross publizierte. 1962 erhielt Lewin eine Professur an der Medizinischen Fakultät der Universität von Pittsburgh, der ein neugegründetes psychoanalytisches Institut angeschlossen wurde. 1971 starb er auf seiner Farm in Texas.

In der Einleitung zu Lewins *Selected Writings*, die 1973 von Jacob A. Arlow in sorgfältiger Gliederung und mit informativen Zwischentexten herausgegeben wurde, vor allem aber in Arlows Nachruf »The Examined Life: In Tribute to Bertram D. Lewin (1896–1971)«, der auch Gedichte Lewins enthält, sowie in Kubies Nachruf »Bertram D. Lewin: The Renaissance Cosmopolite with Tongue in Cheek« (1973) finden sich viele Hinweise auf die Persönlichkeit Lewins, einen offensichtlich äußerst liebenswürdigen, humorvollen, gelehrten und bescheidenen Menschen.[19]

Find out all about dreams and you will have found out all about insanity (Hughlings Jackson)[20]

Um darzulegen, was die Eigenart der Theoriebildung Lewins bestimmt, möchte ich von einer Passage in »Sleep, Narcissistic Neurosis, and the Analytic Situation« (1954) ausgehen; dort bezieht Lewin sich auf zwei Arbeiten Freuds, die in sehr unterschiedlicher Weise bekannt und für die Entwicklung der psychoanalytischen Theorie wichtig wurden: »Metapsychologische Ergänzung zur Traumlehre« (1917d) und »Trauer und Melancholie« (1917e), die Freud parallel zu »Triebe und Triebschicksale« (1915c), »Die Verdrängung« (1915d) und »Das Unbewußte« (1915e) abfaßte.

In der erstgenannten Arbeit schrieb Freud: »Wir werden bei verschiedenen Anlässen die Erfahrung machen, wie vorteilhaft es für unsere Forschung ist, wenn wir gewisse Zustände und Phänomene zur Vergleichung heranziehen, die man als Normalvorbilder krankhafter Affektionen auffassen kann. Dahin gehören Affektzustände wie Trauer und Verliebtheit, aber auch der Zustand des Schlafs und das Phänomen des Träumens.«[21] Freud hatte in dieser Arbeit seine kurz zuvor entwickelte Auffassung vom Narzißmus eingefügt und sah alle wesentlichen Eigenschaften des Traums als vom Narzißmus des Schlafzustands determiniert an; außerdem beschrieb er, wie die veränderte Besetzung der psychischen Systeme beim Traum und bei den Übertragungsneurosen miteinander verglichen werden kann.

Auch in »Trauer und Melancholie« verwendete Freud sein Narzißmus-Konzept. Er zeigte, daß die Depression einerseits der Trauer gleicht, sich andererseits von ihr durch die Regression der Objektbeziehung auf die dem Narzißmus zugehörige, orale Libidophase unterscheidet. »Wir haben an anderer Stelle ausgeführt, daß die Identifizierung die Vorstufe der Objektwahl ist und die erste, in ihrem Ausdruck ambivalente, Art, wie das Ich ein Objekt auszeichnet. Es möchte sich das Objekt einverleiben, und zwar der oralen oder kannibalischen Phase der Libidoentwicklung entsprechend auf dem Weg des Fressens.«[22]

Es fällt auf, daß in »Trauer und Melancholie« der Vergleich mit Schlaf und Traum, wie er in »Metapsychologische Ergänzung zur Traumlehre« empfohlen wird, wieder entfällt. In der weiteren Entwicklung der psychoanalytischen Theorie blieben die beiden Bereiche, Traumtheorie und Krankheitslehre, weitgehend getrennt; der Traum wurde, wie Lewin hervorhob, der Technik zugeordnet und es interessierte, wie man den Traum »handhaben« sollte, während der heuristische Wert der Traumtheorie ungenutzt blieb.[23] Nach diesem Exkurs läßt sich die theoretische Position Lewins, die er bis in seine letzten Arbeiten beibehielt, präzis bestimmen; er nahm die Verknüpfung der genannten Bereiche an dem Punkt wieder auf, an dem sie gelöst worden war, setzte die Arbeit mit der Annahme einer grundlegenden Identität von Traum und Neurose als Wunscherfüllung fort und konnte diese Annahme sowohl für Beiträge zur Symptombildung (affektive Symptome sowie wunschbestimmte Veränderungen des Wirklichkeitsgefühls eingeschlossen[24]), zur analytischen Situation und zur Technik anwenden und ausbauen. Mit *The Psychoanalysis of Elation* hatte Lewin die Summe seiner vorausgegangenen, klinischen Arbeiten gezogen; diese Entwicklung soll zunächst nachgezeichnet werden.

Inkorporation und Identifizierung

In »Kotschmieren, Menses und weibliches Über-Ich« (1930), »The Body as Phallus« (1933) und »Claustrophobia« (1935) stellte Lewin Wirkungen und Inhalte unbewußter Einverleibungsphantasien dar. Er griff dabei auf den Gedanken Abrahams in »Versuch einer Entwicklungsgeschichte der Libido« (1924) zurück, der besagt, daß ein verlorenes Objekt, wenn es dem Kot gleichgesetzt wird, auf koprophage Weise zurückgewonnen werden kann. Mit Fallbeispielen belegte Lewin, wie die Haut als erotisches Ersatzorgan für die Befriedigung von passiv-analen Wünschen dient. Die abzuwehrende genitale oder anale Triebregung und die zugehörige Beziehung zum Objekt werden über die regressiv erotisierte Haut in entstellten Phantasien von Sich-selbst-Beschmieren und Koprophagie kompromißhaft befriedigt. So schreibt er zur Menstruation: »Die Menses setzen ein und werden im Unbewußten als Kastration betrachtet. Aber gleichzeitig wird die Kastration verleugnet, und es erscheint die Phantasie: ›Das ist nicht Blut. Es ist Kot (Urin)‹ ... wenn dies eine anale Kastration ist, so vermag der psychische Apparat die Situation gut zu meistern: der Verlust kann durch Schmieren oder Koprophagie wieder gutgemacht werden.«[25] Eine bekannte Ausdrucksform des Schmierens ist das Schminken; seine anale Bedeutung ist jedoch im Zusammenhang mit der in der weiblichen Pubertät stattfindenden und von verschiedenen Autoren festgestellten, regressiven Verschiebung der Libido von der Klitoris zur Körperoberfläche zu sehen.

Wie der Körper unbewußt die Bedeutung des Genitales erhält, zeigte Lewin in »The Body as Phallus«. Die Phantasie vom Körper-als-Phallus bildet das passive Gegenstück zur Phantasie, den Penis zu verschlingen; das der Libidoorganisation dieser Phantasie entsprechende Triebziel – gefressen oder verschlungen werden – ist ein orales Vorstellungs- und Gefühlsäquivalent der Kastrationsphantasie.[26] Lewin sah in dem Wunsch nach Rückkehr in den Leib der Mutter eine Ausgestaltung der unbewußten Phantasie, der eigene Körper sei ein Phallus; dabei wird der Körper-als-Phallus zu einem Körper-als-Fötus, eine Phantasie, mit der Rivalen wie Vater und Geschwister, die der Liebe zur Mutter im Wege stehen, beiseite geschoben werden. Lewin deckte bei der Klaustrophobie den hinter dem manifesten, angsterfüllten Zustandsbild liegenden latenten Wunsch nach Verschlungenwerden auf und wies auf eine weitere, phantasierte Angst hin – die

Befürchtung, aus dem *claustrum* (Schoß und Versteck) durch den Penis oder die Geburt von Geschwistern vertrieben zu werden. Der Phantasie, selber ein Fötus zu sein, geht nach Lewin eine orale Aggression gegen einen realen Fötus voraus, die zu einer Einverleibung (Inkorporation) und Identifizierung mit dem Fötus führt. »Einverleibung und Identifizierung sind uns als ›partiell‹ bekannt, und die Phantasie entlehnt Form und Vorstellungsinhalte den frühen Theorien des Kindes über Schwangerschaft, embryonales Leben und Geburt.«[27]

An dieser Stelle sollen einige Arbeiten in Erinnerung gerufen werden, auf die sich Lewin bei seinen eigenen Arbeiten über Identifizierung und Inkorporation stützen konnte: von Ferenczi »Die Symbolik der Brücke« (1921), »Die Brückensymbolik und die Don-Juan-Legende« (1922), von Jones »A Forgotten Dream. Note on the Oedipus Saving Phantasy« (1912) und von Fenichel »Introjektion und Kastrationskomplex« (1925), »Zur Angst vor dem Gefressenwerden« (1928) wie auch »Über respiratorische Introjektion« (1931).[28]

Lewin fand bei seinen Studien über hypomanische Patienten (1932, 1937, 1941), daß die Identifizierungen dieser Patienten im hypomanischen Zustand wiederum mit Phantasieabkömmlingen von Verschlingen und Verschlungenwerden zusammenhingen. Seine eigenständigen Beiträge zur psychoanalytischen Theorie konnte Lewin jedoch erst formulieren, nachdem er die skizzierten Funde unter dem Aspekt von Schlaf und Traum durchdacht hatte.

Traumleinwand (dream screen) und orale Trias

Ein entscheidender Schritt von Lewins Theoriebildung bestand darin, daß er aus seinen klinischen Beobachtungen das Konzept der Traumleinwand entwickelte und gleichzeitig den Zusammenhang der Phantasien von Fressen und

Gefressenwerden in einer Trias oraler Wünsche präzisierte, indem er den Wunsch nach Schlaf einbezog. Die Arbeit »Sleep, the Mouth, and the Dream Screen« (1946) stellt diesen theoretischen Wendepunkt dar. Bekannt wurde der *Two-tumblers*-Traum, durch den Lewin auf die Idee kam, die Vorstellung von einer Traumleinwand, einem bildlosen Traumhintergrund, als theoretische Annahme zu formulieren. Eine Patientin hatte berichtet: »Der Traum, den ich Ihnen erzählen wollte, war eben noch greifbar für mich, aber dann hat er sich, während ich hier lag und ihn betrachtete, von mir weggedreht – es war, als würde er sich aufwickeln und wie zwei sich überschlagende Akrobaten von mir wegrollen.«[29]

Die auffällige Wegbewegung des Traums, teils wie ein akrobatischer Akt, teils wie eine mechanische Rotationsbewegung von der Patientin beschrieben, ließ Lewin zum einen an die von Isakower (1936) dargestellten, hypnagogen (und hypnopompen) Phänomene, zum anderen an das Vergessen von Träumen denken. Nach Lewins Auffassung (1953) ist das Vergessen eines Traumes dem Trauminhalt zuzurechnen, als letztes Traumbild gleichsam. »Die wegrollende Traumleinwand war das letzte Ereignis auf dem Weg zum vollständigen Erwachen der Patientin ... Man kann auch sagen, daß die Patientin partiell noch schlief, solange sie den Traum erinnerte (mehrere Stunden also nach dem Erwachen in der alltäglichen Bedeutung des Wortes).«[30] Die Traumleinwand verknüpfte Lewin mit dem Schlafwunsch; er sah in ihr eine Erscheinungsform des Schlafwunsches, den Schlaf selbst und zugleich eine Erinnerungsspur der mütterlichen Brust. In ihrer Bildlosigkeit *(blankness)* sah Lewin eine Kopie des Säuglingsschlafes. Er hob jedoch hervor, daß die Traumleinwand selbst ein integrales, wunscherfüllendes Element im Traum sei und nicht nur Projektionsfläche für die bildhaften Elemente, die Gegenspieler des Schlafwunsches.[31]

In »Reconsideration of the Dream Screen« diskutierte

Lewin eine Reihe von Beispielen; in diesen Träumen standen undefinierbare Wahrnehmungen und amorphe Sinneseindrücke im Vordergrund, die Lewin als Reproduktionen von Isakower-Phänomenen interpretierte. Ähnliche Träume, aber auch Phantasien von wolkigen, zähflüssigen oder weißlichen Gebilden, die nach Lewin das wort- und formlose Gefühl des Einschlafens repräsentieren und damit Äquivalente des bildlosen Traumhintergrunds, der Traumleinwand sind[32], hat auch de Boor (1965) erwähnt, als er die Strukturunterschiede unbewußter Phantasien von psychoneurotischen und psychosomatischen Patienten beschrieb.[33] Leider sind Lewins Konzepte der oralen Trias und der Traumleinwand weder von ihm selbst noch von anderen Autoren zur Erklärung der psychosomatischen Symptombildung herangezogen worden; *pénsee operatoire* und *relation blanche* der psychosomatischen Patienten drängen Überlegungen, die Abwehr und Befriedigung des Schlafwunsches einbeziehen, geradezu auf.

If Somebody is skillful and clever, he probably kept his eyes open when his parents had intercourse
(Sprichwort der Yuma-Indianer nach Roheim[35])

»Weil sich mit Sicherheit annehmen läßt, daß die häufige Verknüpfung der Urszene mit analytischem Material oraler Art nicht zufällig ist, möchte ich versuchen, eine Erklärung für diesen Zusammenhang zu geben.«[36] Lewins Erklärung beginnt mit der engen genetischen Verknüpfung, die in der Stillsituation zwischen den Wünschen der oralen Trias besteht; er nimmt an, die Wiederbelebung eines Wunsches ziehe die Reaktivierung der beiden übrigen Wünsche nach sich. Kinder werden, wenn sie im Zimmer der Eltern schlafen, beim Geschlechtsverkehr mehr oder weniger wach, das heißt, die Erregung der Eltern teilt sich den Kindern mit, durchbricht ihren psychischen Reizschutz und stört zugleich die Befriedigung des Schlafwunsches. Im einfachsten Fall gelingt die Abwehr der ins Bewußtsein dringenden Reize durch eine Intensivierung des Schlafwunsches; der

Schlaf wird im Sinne einer Wiederholung der Stillsituation fortgesetzt. Mißlingt diese Abwehr, dann werden die eingedrungenen Stimuli oneiroid neutralisiert.

Die Urszene kommt in Kinderträumen häufig vor. Ein wohlbekanntes Beispiel für einen Kindertraum mit Urszeneninhalt ist der Traum, durch den ein Patient Freuds den Namen Wolfsmann erhielt. In diesem Traum ist die Koitus-Beobachtung im starren Blick der Wölfe festgehalten. Lewin hat sich mehrfach auf diesen Traum bezogen und zuletzt in *The Image and the Past* (1968) wichtige Überlegungen zum Verständnis dieses Traumes hinzugefügt, unter anderem, daß in diesem Traum auch der psychische Zustand des Träumers im Hinblick auf das Verhältnis von Schlaf und Wachzustand im Sinne der funktionalen oder Schwellensymbolik Silberers (1909, 1911) dargestellt ist. »Ich habe geträumt, daß es Nacht ist und ich in meinem Bett liege ... Plötzlich geht das Fenster von selbst auf, und ich sehe mit großem Schrecken ...«[37]

Freud hatte selbst schon einen Zusammenhang zwischen dem Aufwachen im Traum und der Hauptbeschwerde seines Patienten, daß er die Welt erlebe, als sei sie in einen Schleier gehüllt, hergestellt. In *einer* Situation jeweils »zerriß« dieser Schleier: wenn infolge eines Klistiers der Stuhlgang den After passierte. Zum Bild des Schleiers gehörte auch die Erinnerung des Patienten (wie sein Traum kurz vor dem Ende der Analyse, nach der Terminierung durch Freud, berichtet), daß er in einer »Glückshaube« zur Welt gekommen sei. Freud gab sich bekanntlich nicht mit der Interpretation der Hauptbeschwerde als Mutterleibs- bzw. Wiedergeburtsphantasie zufrieden. Seine Konstruktion der persistierenden Urszenenphantasie des Wolfsmannes lautete: »Er wünscht sich in den Mutterleib zurück, nicht um dann einfach wiedergeboren zu werden, sondern um dort beim Koitus vom Vater getroffen zu werden, von ihm die Befriedigung zu bekommen, ihm ein Kind zu gebären.«[38] Ein wichtiges Detail der rekonstruierten Urszene war: »Das

Kind unterbrach endlich das Beisammensein der Eltern durch eine Stuhlentleerung, die sein Geschrei motivieren konnte.«[39]

Lewin erweiterte die Gleichsetzung von Schleier mit Glückshaube um das Traumelement der geschlossenen Augen und folgerte, daß der Wolfsmann mit der Konversionsphantasie, er schliefe, in die Analyse kam. Das Klistier interpretierte Lewin als »neurotisches Weckmittel«; es »öffnete dem Patienten die Augen« und hob für einige Zeit den schlafähnlichen, autoerotischen Zustand auf. In der Analyse erhielt das neurotische Weckmittel ein Gegenstück: die analytische Einsicht. Die therapeutisch-technische Schwierigkeit in Freuds Analyse des Wolfsmannes bestand darin, daß Freuds Rekonstruktionen zwar einen entscheidenden Sinnzusammenhang herstellten, zugleich aber auch dem unbewußten Verlangen des Patienten entgegenkamen. Die Terminierung schließlich schien dem Patienten geradezu gewaltsam die Augen geöffnet zu haben; der Zustand, in dem der Patient zu Ruth Mack Brunswick in die Analyse kam, ließ auch erkennen, daß Freuds »Gewaltakt« am Ende der Analyse vom Patienten als neurotische Wunscherfüllung erlebt wurde.[40]

Leider kann hier nicht weiter auf die interessanten Arbeiten über die Traumleinwand und sogenannte *waking screens* eingegangen werden, die durch Lewin angeregt wurden.[41]

In *The Image and the Past* formulierte Lewin seine Bedenken hinsichtlich adultomorpher Auffassungen über die kindliche Erlebnisweise. Im Sinne einer sprachlichen Analogie wählte er das Adjektiv *pädomorph*, um klarzustellen, daß sein Konzept der oralen Trias sich nicht unmittelbar auf den Säugling bezieht, sondern auf Phantasien eines wesentlich älteren Kindes stützt. »Wäre ich ein Kind von drei oder vier Jahren, das ein Neugeborenes betrachtet und sich einfühlt, dann dächte ich, daß das Baby diese drei Wünsche haben müßte.«[42] Das Konzept der oralen Trias enthält also jenes reflexive Verhältnis, das ein Kind in der ödipalen Phase seiner eigenen, vorausgegangenen Entwicklung gegenüber einnehmen kann. Diese Präzisierung ist für den Psychoanalytiker von großer Bedeutung. Wenn er die Inhalte der Assoziationen mit einer schematischen Tendenz jeweils bestimmten Entwicklungsabschnitten zuordnet, vernachlässigt er leicht die Arbeitsweise der Phantasie, in der sich die Mechanismen der Traumarbeit wiederfinden, und gelangt womöglich zu einem eingeengten Übertragungskonzept, das einseitig auf die Wiederholung ontogenetischer Entwicklungsstufen bezogen ist. Es kommt hinzu, daß die ausgedehnte Literatur zur psychoanalytischen Entwicklungspsychologie, da sie eine Systematisierung unseres Wissens anstrebt, verständlicherweise leicht in die Gefahr explizit oder implizit adultomorpher Begriffsbildungen gerät.

The point I wish to make is that the dream
is the freest of free association (Greenson[43])

Auch in seinen letzten Arbeiten hielt Lewin daran fest, daß die freie Assoziation das Kernstück der psychoanalytischen Methode ist und daß es mit Hilfe der Traumtheorie möglich sei, die verschiedenen Fragen der Technik und der Neurosenlehre psychoanalytisch sinnvoll zu formulieren und zu beantworten.

Meines Erachtens sind die Arbeiten Lewins in der Literatur zur Psychoanalyse eine Art Glücksfall. Er beginnt mit seinen frühen Arbeiten da, wo nach Cremerius (1969) »die große Bahnbrecher-Epoche ausläuft. Das ist der Punkt, an dem sich das Interesse von der Es-Psychologie, für welche Libido-Theorie, Frühsexualität, Symbollehre, Traumerkundung ... so sehr bedeutsam waren, zur Ich-Psychologie verlagert.«[44] Sein theoretischer Weg wurde nicht durch den Einfluß Hartmanns bestimmt, der das Ich, zumindest in wesentlichen Bereichen, als selbständige und vom Triebbedürfnis unabhängige Instanz konzipierte. In S. Drews und K. Brechts Darstellung der psychoanalytischen Ich-Psychologie heißt es zusammenfassend, das Konzept der Unabhängigkeit des Ichs sei theoretisch unhaltbar. Was die Anpassungsorientierung angehe, habe sich gezeigt, daß sie »in den theoretischen Korpus der psychoanalytischen Theorie so nicht integrierbar« sei.[45] Lewins genuin psychoanalytische Konzepte scheinen mir, was die Körperbezogenheit und das animistische, konkretistische Denken in Traum- und Phantasiebildungen betrifft, ein solches Problem der theoretischen Integration nicht aufzuwerfen. Daher ist zu hoffen, daß die vorliegende Monographie über das Hochgefühl das Interesse der deutschen Psychoanalytiker an der bislang ausgebliebenen Rezeption der zahlreichen Arbeiten Lewins wecken wird.

Anmerkungen

Hier nicht verzeichnete Literaturangaben finden sich in der Bibliographie B. D. Lewins, S. 223 ff. oder im Literaturverzeichnis, S. 226 ff.; Abkürzungen siehe S. 204.

1 Kohut, Heinz (1969), »Forschung in der Amerikanischen Psychoanalytischen Vereinigung«, *Psyche 25* (1971), S. 738–757.
2 Rolf Klüwer (1981), unveröffentlichtes Diskussionspapier über das Wachstum der Deutschen Psychoanalytischen Vereinigung.
3 Kohut (1969), *Ibid.*, S. 757.
4 Kohut, Heinz (1971), *Narzißmus*. Frankfurt/M., Suhrkamp 1973.
5 Kernberg, Otto F. (1975), *Borderline-Störungen und pathologischer Narzißmus*. Frankfurt/M., Suhrkamp 1978.
6 Jacobson, Edith (1971), *Depression*. Frankfurt/M., Suhrkamp 1977.
7 *Annual of the New York Academy of Science 193* (1972), S. 233–247.
8 In Kernberg, Otto F. (1976), *Object Relations Theory and Clinical Psychoanalysis*. New York, Aronson, S. 19–54.
9 Grunberger, Bela (1971), *Vom Narzißmus zum Objekt*. Frankfurt/M., Suhrkamp 1976.
10 Grunberger (1971), *Ibid.*, S. 180 u. 246.
11 Freud (1921c), *G.W.*, Bd. 13, S. 118.

12 Freud (1923b), *G.W.*, Bd. 13, S. 257.

13 René A. Spitz (1965), *Vom Säugling zum Kleinkind.* Stuttgart, Klett 1969. Ders. (1969), *Eine genetische Feldtheorie der Ichbildung.* Frankfurt/M., S. Fischer 1972.
D. W. Winnicott (1965), *Reifungsprozesse und fördernde Umwelt.* München, Kindler 1974. Ders. (1971), *Die therapeutische Arbeit mit Kindern.* München, Kindler 1973.
Michael Balint (1952), *Die Urformen der Liebe und die Technik der Psychoanalyse.* Bern, Huber (Stuttgart, Klett) 1966. Ders. (1968), *Therapeutische Aspekte der Regression.* Stuttgart, Klett 1970.
Edith Jacobson (1964), *Das Selbst und die Welt der Objekte.* Frankfurt/M., Suhrkamp 1973.
Margaret S. Mahler (1968), *Symbiose und Individuation.* Stuttgart, Klett 1972. Dies. Fred Pine und Anni Bergman (1975), *Die psychische Geburt des Menschen.* Frankfurt/M., S. Fischer 1978.
Alfred Lorenzer (1970), *Kritik des psychoanalytischen Symbolbegriffs.* Frankfurt/M., Suhrkamp. Ders. (1972), *Zur Begründung einer materialistischen Sozialisationstheorie.* Frankfurt/M., Suhrkamp.

14 Gregory Zilboorg, *PQ 19* (1950), 414–419, S. 415.

15 *Das Hochgefühl,* Kapitel 5.

16 1946, »Sleep, the Mouth, and the Dream Screen«, *S.W.*, S. 87–100.

17 Frederick Peterson 1907 in einem Brief an A. A. Brill, zitiert nach Bertram D. Lewin und Helen Ross (1960), S. 27.

18 Ives Hendricks (1939), *Facts and Theories of Psychoanalysis.* New York, Knopf, S. 324 ff. Ernest Jones (1962), *Das Leben und Werk von Sigmund Freud.* Bern, Huber, Bd. II, S. 73 ff. Wangh, Martin (Hrsg.), *Fruition of an Idea: Fifty Years of Psychoanalysis in New York.* New York, International Universities Press 1962, S. 7 ff.

19 Jacob A. Arlow (1973a) Ed., *S.W.* of Bertram D. Lewin. Ders. (1973b), *IJPA 54,* 103–109. Lawrence S. Kubie (1973), *PSC 28,* 1–16.

20 H. Jackson zitiert nach Freud (1900a), *Die Traumdeutung. G.W.*, Bd. 2–3, S. 574.

21 Freud (1917d), *G.W.*, Bd. 10, S. 412.

22 Freud (1917e), *G.W.*, Bd. 10, S. 436.

23 Lewin (1954), »Sleep, Narcissistic Neurosis, and the Analytic Situation«, S. 229.
24 *Das Hochgefühl* (1950), Kapitel 6 und 7.
25 Lewin (1930), S. 51.
26 Lewin (1933), S. 47.
27 Lewin (1935), S. 54.
28 Ferenczi (1921, 1922) in *Bausteine zur Psychoanalyse*, Bd. II, S. 238 ff. und 244 ff.; Jones (1912), *Journal of Abnormal Psychology 7*, S. 5–16; Fenichel (1925, 1928, 1931), *IZP 11*, S. 261–296, *IZP 14*, S. 404–405, *IZP 17*, S. 234–255.
29 Lewin (1946), S. 88
30 Lewin (1946), S. 88, 89.
31 Lewin (1953), S. 175.
32 Lewin (1953), S. 183.
33 de Boor, Clemens (1965), *Psyche 18*, S. 664–673.
34 Siehe de M'Uzan, Michel (1978), »Zur Psychologie der psychosomatisch Kranken«, in Gerd und Annegret Overbeck (Hrsg.) (1978), *Seelischer Konflikt – körperliches Leiden.* Hamburg, Rowohlt, S. 170–183.
35 Roheim (1934), »The Evolution of Culture«. *IJPA 15*, S. 393.
36 *Das Hochgefühl*, S. 114.
37 Freud (1918b), »Aus der Geschichte einer infantilen Neurose«, *G.W.*, Bd. 12, S. 140 ff.
38 *Ibid.*, S. 135.
39 *Ibid.*, S. 112.
40 Siehe Muriel Gardiner (Hrsg.) (1971), *Der Wolfsmann vom Wolfsmann.* Frankfurt/M., S. Fischer 1972.
41 Z. B. Boyer (1960), *IJPA 41*, 114; Gammill (1980), *IJPA 61*, 375; van der Heide (1961), *JAPA 9*, 85; Heilbrunn (1953), *PQ 22*, 200; Kepecs (1954), *PQ 23*, 62; Rycroft (1951), *IJPA 32*, 178; Slap (1974), *JAPA 22*, 844; Warren (1961), *JAPA 9*, 504.
42 Lewin (1968), S. 43.
43 Greenson (1970), »The Exceptional Position of the Dream in Psychoanalytic Practice«. *PQ 39*, S. 525. Dtsch. in *Psychoanalytische Erkundungen.* Stuttgart, Klett-Cotta 1982.
44 Cremerius (1969), Einleitung zu Abraham, *Psychoanalytische Studien.* Frankfurt/M., S. Fischer 1969/1971. Bd. I, S. 23.
45 Drews und Brecht (1975), *Psychoanalytische Ich-Psychologie.* Frankfurt/Main., Suhrkamp, S. 287.

Bibliographie Bertram D. Lewins

(1928) »Zur Geschichte der Gewissenspsychologie«. *Imago 14*, 441–446.
(1930) »The Compulsive Character«. *Med. Rev. of Reviews 36*, 191–199. *S. W.*, 3–11.
– »Kotschmieren, Menses und weibliches Über-Ich«. *IZP 16*, 43–56.
– »Warum Kinder von den Erwachsenen geneckt werden«. *Zeitschrift für psychoanalytische Pädagogik 4*, 312–316.
(1932) »Anal Erotism and the Mechanism of Undoing«. *PQ 1*, 343–344. *S. W.*, 26–27.
– »Analysis and Structure of a Transient Hypomania«. *PQ 1*, 43–58. »Analyse und Struktur einer passageren Hypomanie«. *IZP 20* (1934), 73–84.
(1933) »The Body as Phallus«. *PQ 2*, 24–47. *S. W.*, 28–47.
– »Obsessional Neuroses«. In: *Psychoanalysis Today*. Hrsg. S. Lorand (1944), New York, International Universities Press.
(1935) »Claustrophobia«. *PQ 4*, 227–233. *S. W.*, 48–54.
(1937) »A Type of Neurotic Hypomanic Reaction«. *Archives of Neurology and Psychiatry 37*, 868–873. *S. W.*, 71–77.
(1939) »Some Observations on Knowledge, Belief, and the Impulse to Know«. *IJPA 20*, 426–431. *S. W.*, 313–319.
(1941) »Comments on Hypomanic and Related States«. *PR 28*, 86–91. *S. W.*, 78–83.
– »The Emergency Committee on Relief and Immigration of the American Psychoanalytic Association«, mit B. Warburg und L. S. Kubie. *Journal of Nervous and Mental Disease 93*, 416.
(1946) »Countertransference in the Technique of Medical Practice«. *Psychosomatic Medicine 8*, 195–199. *S. W.*, 449–458.
– »Sleep, the Mouth, and the Dream Screen«. *PQ 15*, 419–434. *S. W.*, 87–100.
– »Training in Psychoanalysis«. In: »Symposium: Preparation of Psychiatrists for Practice, Teaching and Research«. *American Journal of Orthopsychiatry 16*, 427–429.
(1948) »Inferences from the Dream Screen«. *IJPA 29*, 224–231. *S. W.*, 101–114.

– »The Nature of Reality, the Meaning of Nothing, With an Addendum on Concentration«. *PQ 17*, 524–526. *S. W.*, 320–322.
– »The Neuroses and their Accompaniment in Physical Dysfunction«. In: *Synopsis of Psychosomatic Diagnosis and Treatment.* Hrsg. F. Dunbar, St. Louis, C. V. Mosby, 393–408.
(1949) »Child Psychiatry in the 1830's – Three Little Homicidal Monomaniacs« (Excerpt from Esquirol's *Maladies mentales*). *PSC 3/4*, 489–493.
– »Psychoanalysis: A Supplement to Freud's 1925 Article«, mit L. S. Kubie. In: *Encyclopedia Britannica Vol. 18*, 672–674.
(1950) *The Psychoanalysis of Elation.* New York, Norton. Reprinted by The Psychoanalytic Quarterly Inc., 1961. *Das Hochgefühl.* Psychoanalyse der gehobenen, hypomanischen und manischen Stimmung. Frankfurt/M., Suhrkamp 1982.
(1951) »A Psychoanalytic Notation on the Root Gn, Kn, Cn«, mit H. A. Bunker. In: *Psychoanalysis and Culture.* Hrsg. G. Wilbur und W. Muensterberger. New York, International Universities Press, 363–367. *S. W.*, 323–328.
(1952) »Phobic Symptoms and Dream Interpretation«. *PQ 21*, 295–322. *S. W.*, 187–212.
(1953) »The Forgetting of Dreams«. In: *Drives, Affects, and Behavior, Vol. I*, Hrsg. R. M. Loewenstein. New York, International Universities Press, 191–202. *S. W.*, 213–226.
– »Reconsideration of the Dream Screen«. *PQ 22*, 174–199.
– »Problems of Infantile Neurosis. A Discussion«. *PSC 9*, 44.
– »Sleep, Narcissistic Neurosis, and the Analytic Situation«. *PQ 23*, 487–510. *S. W.*, 227–247.
(1955) »Clinical Hints from Dream Studies«. *Bull. Menninger Clinic 19*, 73–85. *S. W.*, 248–263.
– »Dream Psychology and the Analytic Situation«. *PQ 24*, 169–199. *S. W.*, 264–290.
(1958) *Dreams and the Uses of Regression.* Freud Anniversary Lecture. New York, International Universities Press. *S. W.*, 329–352.
– »Education or the Quest for Omniscience«. *JAPA 6*, 389–412. *S. W.*, 459–483.
(1959) »The Analytic Situation: Topographic Considerations«. *PQ 28*, 455–469. *S. W.*, 291–304.
– »Some Psychoanalytic Ideas Applied to Elation and Depression«. *American Journal of Psychiatry 116*, 38–43.

(1960) *Psychoanalytic Education in the United States*, mit H. Ross. New York, Norton.
(1961) »The Organization of Psychoanalytic Education. Historical and Current«. In: *The Birth of an Institute*. Hrsg. I. Hendrick. Freeport, Maine, Bond Wheelwright, 95–118. *S. W.*, 504–519.
– »Reflections on Depression«. *PSC 16*, 321–331. *S. W.*, 147–157.
(1962) »American Psychoanalytic Education: Historical Comments«. *JAPA 10*, 119–126. *S. W.*, 520–530.
– »The Consultation Service«. *JAPA 10*, 139–144.
– »Knowledge and Dreams«. *Bull. Philadelphia Association of Psychoanalysis 12*, 97–111. *S. W.*, 353–368.
– »Reminiscence and Retrospect«. In: *Fruition of an Idea: Fifty Years of Psychoanalysis in New York*, Hrsg. M. Wangh. New York, International Universities Press, 35–42.
– »Supervision: A Report Based on the Responses of 192 Supervisors to a Questionnaire«, mit H. Ross. New York, American Psychoanalytic Association, Inc.
(1964) »Psychoanalytic Education and Research«. In: *Vistas in Neuropsychiatry*, Hrsg. Y. D. Koskoff und R. J. Shoemaker. Pittsburgh, Univ. of Pittsburgh Press, 83–94. *S. W.*, 531–544.
(1965) »Reflections on Affect«. In: *Drives, Affects, and Behavior, Voll. II*. Hrsg. M. Schur. New York, International Universities Press, 23–37. *S. W.*, 158–172.
– »Teaching and the Beginnings of Theory«. *IJPA 46*, 137–139. *S. W.*, 545–550.
(1967) »The Past and Future of Psychiatry«. Psychiatric Communications, Western Psychiatric Institute and Clinic 9, 1–12.
(1968) *The Image and the Past*. New York, International Universities Press.
– »Phobias«. International Encyclopedia of the Social Sciences 12, 81–85.
(1969) »Remarks on Creativity, Imagery, and the Dream«. *Journal of Nervous and Mental Disease 149*, 115–121 (Lawrence S. Kubie Festschrift). *S. W.*, 173–183.
(1970) »The Train Ride: A Study of One of Freud's Figures of Speech«. *PQ 39*, 71–89. *S. W.*, 369–384.
(1971) »Metaphor, Mind, and Manikin«. *PQ 40*, 6–39. *S. W.*, 413–445.

Literaturverzeichnis

Abraham, K. (1900) mit F. Keibel, *Normaltafeln zur Entwicklungslehre des Huhnes*, Jena.

– (1910/11) in Keibel, F., F. P. Mall, *Handbuch der Entwicklungsgeschichte des Menschen*, Leipzig.

– *Psychoanalytische Studien I u. II*, Frankfurt/M., S. Fischer 1971. Darin:

– (1912), »Ansätze zur psychoanalytischen Erforschung und Behandlung des manisch-depressiven Irreseins und verwandter Zustände«, *Studien II*, 146–162.

– (1913), »Über Einschränkungen und Umwandlungen der Schaulust bei den Psychoneurotikern nebst Bemerkungen über analoge Erscheinungen in der Völkerpsychologie«, *Studien I*, 324–382.

– (1913), »Über eine konstitutionelle Grundlage der lokomotorischen Angst«, *Studien II*, 46–54.

– (1916), »Untersuchungen über die früheste prägenitale Entwicklungsstufe der Libido«, *Studien I*, 84–112.

– (1924), »Versuch einer Entwicklungsgeschichte der Libido auf Grund der Psychoanalyse seelischer Störungen«, *Studien I*, 113–183.

– (1924), »Beiträge der Oralerotik zur Charakterbildung«, *Studien I*, 205–217.

Alexander, Franz (1925), »Metapsychologische Darstellung des Heilungsvorganges«, *IZP 11*, 157–178.

– (1927), *Psychoanalyse der Gesamtpersönlichkeit*, Wien, Internationaler Psychoanalytischer Verlag.

– (1930), »The Neurotic Character«, *IJPA*, 292–311.

– (1934), »The Influence of Psychological Factors on Gastrointestinal Disturbances«, *PQ 3*, 501–539.

Almásy, Endre (1933), »Daten zur manischen Assoziation und Affektübertragung«, *IZP 19*, 205–207.

Angel (Katan), Anny (1934), »Einige Bemerkungen über Optimismus«, *IZP 20*, 191–199.

Bateson, Gregory und Margaret Mead (1942), *Balinese Character*, New York Academy of Sciences.

Benedek, Therese (1937), »Abwehrmechanismen und Ichstruktur«, *IZP 23*, 490–508.
Bleuler, Eugen (1906), *Affektivität, Suggestibilität, Paranoia*, Halle, Marhold.
– (1911), *Dementia Praecox*, Leipzig u. Wien, Deuticke.
– (1922), »Die Probleme der Schizoidie und der Syntonie«, *Zeitschrift für die gesamte Neurologie und Psychiatrie 78.*
Bonaparte, Marie (1933), »Der Mensch und sein Zahnarzt«, *Imago 19*, 468–472.
– (1934), *Edgar Poe. Eine psychoanalytische Studie*, Wien, Internationaler Psychoanalytischer Verlag, Bd. I–III.
Bornstein, Berta (1931), »Die Phobie eines zweieinhalbjährigen Kindes«, *IZP 17*, 344–367.
– (1936), »Ein Beispiel für die Leugnung durch die Phantasie«, *Zeitschrift für psychoanalytische Pädagogik 10*, 269–275.
– (1949), »The Analysis of a Phobic Child«, *PSC 3/4*, 181–226.
Brill, Abraham A. (1911), »Ein Fall von periodischer Depression psychogenen Ursprungs«, *Zentralblatt für Psychoanalyse 1*, 158–164.
– (1928), »The Schizoid Concept in the Neuroses and Psychoses«, in: *Schizophrenia*, New York, Hoeber.
– (1928), »The Application of Psychoanalysis to Psychiatry«, *Journal of Nervous and Mental Diseases 68.*
Bromberg, Walter und Paul Schilder (1933), »Psychologic Considerations in Alcoholic Hallucinosis – Castration and Dismembering Motives (*Zerstückelungsmotiv)«*, *IJPA 14*, 206–224.
Brunswick, Ruth Mack (1928), »Die Analyse eines Eifersuchtswahnes«, *IZP 24*, 459–507.
– (1929), »Ein Nachtrag zu ›Freuds Geschichte einer infantilen Neurose‹«, *IZP 25*, 1–43.
– (1929), »Eine Beobachtung über die kindliche Theorie des Coitus a tergo«, *IZP 25*, 500–502.
Campbell, C. Macfie (1914), »On the Mechanisms of Some Cases of Manic-Depressive Excitement«, *Review of Neurology and Psychiatry 12.*
Davison, Charles (1945), »Psychological and Psychodynamic Aspects of Disturbances of Sleep«, *PQ 14*, 478–497.
Despert, J. Louise (1949), »Dreams in Children of Preschool Age«, *PSC 3/4*, 141–180.

Deutsch, Helene (1927), »Über Zufriedenheit, Glück und Ekstase«, *IZP 13*, 410–419.
– (1933), »Zur Psychologie der manisch-depressiven Zustände, insbesondere der chronischen Hypomanie«, *IZP 19*, 358–371.
– (1937), »Absence of Grief«, *PQ 6*, 12–22.
Dooley, Lucille (1921), »A Psychoanalytic Study of Manic-Depressive Psychoses«, *PR 8*, 38–72.
Eddison, H. Wilfrid (1934), »The Love Object in Mania«, *IJPA 15*, 459–461.
Eisler, Michael J. (1921), »Über Schlaflust und gestörte Schlaffähigkeit«, *IZP 7*, 166–178.
– (1921), »Der Ausbruch einer manischen Erregung«, *IZP 7*, 198–203.
Erickson, Milton H. und Lawrence S. Kubie (1941), »The Successfull Treatment of a Case of Acute Hysterical Depression by a Return under Hypnosis to a Critical Phase of Childhood«, *PQ 10*, 583–609.
Falk, Friedrich (1866), »Studien über die Irrenheilkunde der Alten«, *Allgemeine Zeitschrift für Psychiatrie 23*.
Federn, Paul (1913), »Ein Fall von Pavor Nocturnus mit subjektiven Lichterscheinungen«, *IZP 1*, 556–559.
– (1926), »Einige Variationen des Ichgefühls«, 1. Kapitel in Federn (1952), 29–39.
– (1934), »Das Erwachen des Ichs im Traume«, 4. Kapitel in Federn (1952), 84–88.
– (1952), *Ichpsychologie und die Psychosen*, dt. von Walter und Ernst Federn 1956, Frankfurt/M., Suhrkamp 1978.
Feigenbaum, Dorian (1926), »A Case of Hysterical Depression«, *PR 13*, 404–423.
Fenichel, Otto (1925), »Introjektion und Kastrationskomplex«, *IZP 11*, 261–296.
– (1928), »Zur Angst vor dem Gefressenwerden«, *IZP 14*, 404–405.
– (1930), »Statistischer Bericht über die therapeutische Tätigkeit«, in: *Zehn Jahre Berliner Psychoanalytisches Institut*, Wien, Internationaler Psychoanalytischer Verlag.
– (1931), »Über respiratorische Introjektion«, *IZP 17*, 234–255.
– (1931), *Spezielle psychoanalytische Neurosenlehre*, Wien, Internationaler Psychoanalytischer Verlag. Unveränderter Nach-

druck in 2 Bd., *Hysterien und Zwangsneurosen* und *Perversionen, Psychosen, Charakterstörungen*, Darmstadt, Wissenschaftliche Buchgesellschaft 1967.
– (1935), »Schautrieb und Identifizierung«, *IZP 21*, 561–583.
– (1941), *Problems of Psychoanalytic Technique*, New York, The Psychoanalytic Quarterly, Inc.
– (1944), »Remarks on the Common Phobias«, *PQ 13*, 313–326.
– (1945), *Psychoanalytische Neurosenlehre*, Olten u. Freiburg, Walter. Bd. I–III, 1974, 1975 u. 1977.
– *Aufsätze I* (1923–1935) u. *II* (1935–1946), Hrsg. K. Laermann, Olten und Freiburg, Walter 1979 u. 1981.
Ferenczi, Sándor (1913), »Entwicklungsstufen des Wirklichkeitssinnes«, in: *Bausteine zur Psychoanalyse*, Bern u. Stuttgart, Huber 1964, Bd. *I*, 62–83.
– (1916), »Affektvertauschung im Traume«, in: *Bausteine*, Bd. *II*, 141–142.
– (1926), »Das Problem der Unlustbejahung«, in: *Bausteine*, Bd. *I*, 84–100.
French, Thomas M. (1930), »Beziehung des Unbewußten zur Funktion der Bogengänge«, *IZP 16*, 73–86.
– (1937), »Reality and the Unconscious«, *PQ 6*, 23–61.
– (1937), »Die Realitätsprüfung im Traum«, *Imago 23*, 157–170.
Freud, Anna (1936), *Das Ich und die Abwehrmechanismen*, in: *Die Schriften der Anna Freud*, München, Kindler 1980, Bd. *I*, 193–351.
Freud, S. (1900a), *Die Traumdeutung, G. W.*, Bd. 2/3.
– (1901a), *Über den Traum, G. W.*, Bd. 2/3, 643.
– (1905d), *Drei Abhandlungen zur Sexualtheorie, G. W.*, Bd. 5, 27.
– (1905e [1901]), »Bruchstück einer Hysterie-Analyse«, *G. W.*, Bd. 5, 161.
– (1909b), »Analyse der Phobie eines fünfjährigen Knaben«, *G. W.*, Bd. 7, 241.
– (1914c), »Zur Einführung des Narzißmus«, *G. W.*, Bd. 10, 137.
– (1914g), »Erinnern, Wiederholen und Durcharbeiten«, *G. W.*, Bd. 10, 125.
– (1915c), »Triebe und Triebschicksale«, *G. W.*, Bd. 10, 209.
– (1915d), »Die Verdrängung«, *G. W.*, Bd. 10, 247.
– (1916–17 [1915-17]), *Vorlesungen zur Einführung in die Psychoanalyse, G. W.*, Bd. 11.

– (1917c), »Über Triebumsetzungen, insbesondere der Analerotik«, *G. W.*, Bd. 10, 401.
– (1917d [1915]), »Metapsychologische Ergänzung zur Traumlehre«, *G. W.*, Bd. 10, 411.
– (1917e [1915]), »Trauer und Melancholie«, *G. W.*, 427.
– (1918b [1914]), »Aus der Geschichte einer infantilen Neurose«, *G. W.*, Bd. 12, 27.
– (1921c), *Massenpsychologie und Ich-Analyse*, *G. W.*, Bd. 13, 71.
– (1923b), *Das Ich und das Es*, *G. W.*, Bd. 13, 235.
– (1924c), »Das ökonomische Problem des Masochismus«, *G. W.*, Bd. 13, 369.
– (1925h), »Die Verneinung«, *G. W.*, Bd. 14, 11.
– (1926d[1925]), *Hemmung, Symptom und Angst*, *G. W.*, Bd. 14, 111.
– (1927e), »Fetischismus«, *G. W.*, Bd. 14, 309.
– (1930a [1929]), *Das Unbehagen in der Kultur*, *G. W.*, Bd. 14, 419.
– (1933a [1932]), *Neue Folge der Vorlesungen zur Einführung in die Psychoanalyse*, *G. W.*, Bd. 15.
– (1940a [1938]), *Abriß der Psychoanalyse*, *G. W.*, Bd. 17, 63.
– (1940e [1938]), »Die Ichspaltung im Abwehrvorgang«, *G. W.*, Bd. 17, 57.
Friedlander, Kate (1940), »On the Longing to Die«, *IJPA 21*, 416–426.
Friedman, Paul (1949), »Some Aspects of Concentration Camp Psychology«, *American Journal of Psychiatry 105*.
Garma, Angel (1937), »Psychologie des Selbstmordes«, *Imago 23*, 63–95.
– (1943), *Sadismo y masoquismo en la conducta*, Buenos Aires, El Ateneo.
– (1947), »Psychoanalytic Investigations in Melancholia and Other Types of Depression«, in: *Yearbook of Psychoanalysis 3*, New York, International Universities Press.
– und Rascovsky, Luis, Hrsg. (1948), *Psicoanálisis de la Melancolia*, Buenos Aires, El Ateneo.
Gerö, Georg (1936), »Der Aufbau der Depression«, *IZP 22*, 379–408.
– (1939), »Das Problem der oralen Fixierung«, *IZP 24*, 239–257.
Graber, Gustav H. (1937), »Die zweierlei Mechanismen der Identifizierung«, *Imago 23*, 24–48.

Greenacre, Phyllis (1949), »A Contribution to the Study of Screen Memories«, *PSC 3/4*, 73–84.
Grotjahn, Martin (1938), »Dream Observations in a Two-Year-and-Four-Months-Old Baby«, *PQ 7*, 507–513.
Hartmann, Heinz (1950), *Ich-Psychologie*, Stuttgart, Klett 1972.
Hartmann, Heinz, Kris, Ernst und Loewenstein, Rudolph M. (1946), »Comments on the Formation of Psychic Structure«, *PSC 2*, 11–38.
Haslam, John (1798), *Observations on Madness and Melancholy*, London, Callow 1809.
Hoch, August (1915), »The Study of the Benign Psychoses«, *Johns Hopkins Bulletin 26*.
– und Kirby, George H. (1919), »A Clinical Study of Psychoses Characterized by Distressed Perplexity«, *Archives of Neurology and Psychiatry 1*.
– (1921), *Benign Stupors*, New York, Macmillan.
– und MacCurdy, John T. (1922), »The Prognosis of Involutional Melancholia«, *Archives of Neurology and Psychiatry 7*.
Hoffer, Willi (1947), »Mund, Hand und Ich-Integration«, *Psyche 18* (1964), 81–88.
Isakower, Otto (1938), »A Contribution to the Psychopathology of Phenomena Associated with Falling Asleep«, *IJPA 19*, 331–345.
Jacobson, Edith (1943), »Depression, the Oedipus Complex in the Development of Depressive Mechanisms«, *PQ 12*.
– (1946), »The Effect of Disappointment on Ego and Superego Formation«, *PR 33*.
– (1971), *Depression.* Eine vergleichende Untersuchung normaler, neurotischer und psychotisch-depressiver Zustände, Frankfurt/M., Suhrkamp 1977 (darin sind die Arbeiten von 1943 und 1946 als Kapitel 8 zusammengefaßt).
James, William (1890), *The Principles of Psychology*, New York, Henry Holt und Comp. Dt. *Psychologie*, Leipzig, Quelle und Meyer 1909.
– (1902), *Varieties of Religious Experience*, New York, Longmans, Green and Comp. 1928. Dt. *Die religiöse Erfahrung in ihrer Mannigfaltigkeit*, Leipzig, Hinrichs 1925.
– (1916), *A Pluralistic Universe*, New York, Longmans, Green and Comp.

Jekels, Ludwig (1945), »A Bioanalytical Contribution to the Problem of Sleep and Wakefulness«, *PQ 14*, 169–189.
Jones, Ernest (1909), »Psychoanalytic Notes on a Case of Hypomania«, *American Journal of Insanity 66.*
– (1911), »Some Instances of the Influence of Dreams on Waking Life«, *Journal of Abnormal Psychology* 6, 11–18.
– (1916), »Die Theorie der Symbolik«, in: *Die Theorie der Symbolik und andere Aufsätze*, Vorwort von Peter Krumme, Frankfurt/M., Berlin, Wien, Ullstein 1978, 50–114.
– (1948), Introduction to M. Klein's *Contributions to Psycho-Analysis.* Siehe Melanie Klein (1948).
Jung, Carl G. (1904), *Der Inhalt der Psychose*, Leipzig, Deuticke.
Kahlbaum, Karl (1874), *Die Katatonie oder das Spannungsirresein*, Berlin, Hirschwald.
Katan, Maurits (1940), »Die Rolle des Wortes in der Schizophrenie und Manie«, *Internationale Zeitschrift für Psychoanalyse und Imago 25*, 138–173.
Keibel, F. (1900), siehe Karl Abraham (1900).
Kirby, George H. (1912), »Dementia Praecox Deteriorations without Trends«, *New York State Hospital Bulletin.*
– (1913), »The Catatonia Syndrome and Its Relation to Manic-Depressive Insanity«, *Journal of Nervous and Mental Diseases* 40.
– (1913), »Prognostic Principles in the Biogenetic Psychoses«, *American Journal of Insanity 69.*
– (1919) mit August Hoch siehe Hoch (1919).
Klein, Melanie (1932), *Die Psychoanalyse des Kindes*, Wien, Internationaler Psychoanalytischer Verlag.
– (1935), »Zur Psychogenese der manisch-depressiven Zustände«, *IZP 23* und in: Melanie Klein, *Das Seelenleben des Kleinkindes und andere Beiträge zur Psychoanalyse*, Reinbek, Rowohlt 1972, 45–73.
– (1940), »Mourning and its Relation to Manic-Depressive States«, in: Melanie Klein (1948), *Contributions to Psycho-Analysis*, London, Hogarth. Dt.: »Die Trauer und ihre Beziehung zu manisch-depressiven Zuständen«, in: *Das Seelenleben des Kleinkindes und andere Beiträge zur Psychoanalyse*, Reinbek, Rowohlt 1972, 74–100.
– (1946), »Notes on Some Schizoid Mechanisms«. In: *Contribu-*

tions to Psycho-Analysis. Dt.: »Bemerkungen über einige schizoide Mechanismen«, in: *Das Seelenleben des Kleinkindes und andere Beiträge zur Psychoanalyse.* Rowohlt, Reinbek 1972, 101–125.
– (1948), »A Contribution to the Theory of Anxiety and Guilt«, *International Journal of Psycho-Analysis 27.* Dt.: »Zur Theorie von Angst und Schuldgefühl«, in: *Das Seelenleben des Kleinkindes und andere Beiträge zur Psychoanalyse*, Reinbek, Rowohlt 1972, 126–143.
Knight, Robert P. (1937), »The Dynamics and Treatment of Chronic Alcoholic Addiction«, *Bulletin of the Menninger Clinic 1.*
Kraepelin, Emil (1904), *Psychiatrie*, Leipzig, Barth, 7. Aufl.
Kris, Ernst (1939), »On Inspiration«, *IJPA 20*, 377–389.
– (1946), mit Hartmann und Loewenstein, siehe Hartmann.
– (1950), »On Preconscious Mental Processes«, *PQ 19*, 540–560.
– (1952), *Psychoanalytic Explorations in Art*, New York, International Universities Press. Dt.: *Die ästhetische Illusion. Phänomene der Kunst in der Sicht der Psychoanalyse.* Frankfurt/M., Suhrkamp 1977. (Darin sind als Kapitel 5 die Arbeiten von 1939, »Die Inspiration« und 1950, »Vorbewußte Geistesvorgänge« auf S. 162–175 u. 175–193 enthalten.)
Kubie, Lawrence S. (1941) mit Erickson M., siehe Erickson (1941).
– (1948), »Instincts and Homeostasis«, *Psychosomatic Medicine 10*, 15–30.
Lange, Johannes (1928), »Die endogenen und reaktiven Gemütskrankheiten und die manisch-depressive Konstitution«, in: *Handbuch der Geisteskrankheiten* (Hrsg. O. Bumke), Bd. 6, Spez. Teil II, 1–231, J. Springer, Berlin.
Levy, David M. (1928), »Fingersucking and Accessory Movements in Early Infancy«, *American Journal of Psychiatry 7.*
– (1934), »Experiments in the Sucking Reflex and Social Behavior of Dogs«, *American Journal of Orthopsychiatry 4.*
Lewin, Bertram D., siehe Bibliographie S. 223–225.
Loewenstein, Rudolph M. (1946) mit Hartmann und Kris, siehe Hartmann (1946).
Lorand, Sandor (1937), »Dynamics and Therapy of Depressive States«, *PR 24*, 337–349.
– (1946), »Neurotic Depression«, Kapitel 8 in: *Technique of Psychoanalytic Therapy*, New York, Intern. Universities Press.

– (1948), »On the Meaning of Losing Teeth in Dreams«, *PQ 17*, 529–530.

MacCurdy, John T. (1913), »Productions in a Manic-like State Illustrating Freudian Mechanisms«, *New York State Hospital Bulletin.*

– (1922) mit August Hoch, siehe Hoch (1922).

– (1923), *The Psychology of Emotion*, New York, Harcourt, Brace and Comp.

Maeder, Alphonse (1911), »Psychoanalyse bei einer melancholischen Depression«, *Jahrbuch für psychoanalytische und psychopathologische Forschungen 3*, 479–480.

Malcove, Lilian (1933), »Bodily Mutilation and Learning to Eat«, *PQ 2*, 557–561.

Mead, Margaret (1942) mit Bateson, Gregory, siehe Bateson (1942).

Mendel, Emanuel (1881), *Die Manie*, Wien u. Leipzig, Urban u. Schwarzenberg.

Meyer, Adolf (1904), in: *The Commonsense Psychiatrie of Adolf Meyer* (Hrsg. Lief), New York, McGraw-Hill 1948, 164 ff.

– (1906), »The Relation of Emotional and Intellectual Functions in Paranoia and Obsessions«, *Psychological Bulletin 3.*

– (1906), »Fundamental Conceptions of Dementia Praecox«, *British Medical Journal.*

– (1907), »Misconceptions at the Bottom of Moebius's ›Hopelessness of All Psychology‹«, *Psychological Bulletin 4.*

– (1908), »The Problems of Mental Reaction Types«, *Psychological Bulletin 5.*

– (1928), »The Evolution of the Dementia Praecox Concept«, in: *Schizophrenia*, New York, Hoeber.

Murray, Gilbert (1925), *Five Stages of Greek Religion*, 3. Aufl. Reprint New York, Doubleday Anchor Books 1951.

Nunberg, Hermann (1926), »Schuldgefühl und Strafbedürfnis«, *IZ 12*, 348–359.

– (1932), *Allgemeine Neurosenlehre auf psychoanalytischer Grundlage*, 2. Aufl. 1959, Bern, Stuttgart u. Wien, Huber 1971.

Oberndorf, Clarence P. (1929), »Submucuos Resection as a Castration Symbol«, *IJPA 10*, 228–241.

Ophuijsen, J. H. W. van (1920), »On the Feeling of Persecution«, *IJPA 1*, 235–239.

Radó, Sándor (1926), »Das ökonomische Prinzip der Technik«, *IZ 12*, 15–24.
– (1926), »Die psychischen Wirkungen der Rauschgifte«, *IZ 12*, 540–550.
– (1927), »Das Problem der Melancholie«, *IZ 13*, 439–455.
– (1934), »Psychoanalyse der Pharmakothymie (Rauschgiftsucht), I. Das klinische Bild«, *IZ 20*, 16–32.
– (1933), »Fear of Castration in Women«, *PQ 2*, 425–475. Dt.: *Die Kastrationsangst des Weibes*, Wien, Internationaler Psychoanalytischer Verlag 1934.
Rascovsky, Luis (1948) mit Angel Garma, siehe Garma (1948).
Reiss, Eduard (1910), *Konstitutionelle Verstimmung und manisch-depressives Irresein*, Berlin, Springer.
Róheim, Géza (1923), »Nach dem Tode des Urvaters«, *Imago 9*, 83–121.
– (1932), »Animism und Religion«, *PQ 1*, 59–112. Dt.: II. Teil in *Die Panik der Götter* (1972) mit einer Einf. von W. Muensterberger, München, Kindler 1975, 167–227.
Sachs, Hanns (1923), »Zur Genese der Perversionen«, *IZ 9*, 172–182.
– (1928), »Über einen Antrieb bei der Bildung des weiblichen Über-Ichs«, *IZ 14*, 163–174.
Sadger, Isidor (1911), »Haut-, Schleimhaut- und Muskelerotik«, *Jahrbuch für psychoanalytische und psychopathologische Forschungen 3*, 525–556.
Schilder, Paul (1933) mit Walter Bromberg, siehe Bromberg (1933).
Schmiedeberg, Melitta (1948), »A Note on Claustrophobia«, *PR 35–36*, 309–312.
Schüle, Heinrich (1880), *Handbuch der Geisteskrankheiten*, Leipzig, F. C. W. Vogel, 2. Aufl.
Silberer, Herbert (1909), »Bericht über eine Methode, gewisse symbolische Halluzinations-Erscheinungen hervorzurufen und zu beobachten«, *Jahrbuch für psychoanalytische und psychopathologische Forschungen 1*, 513–525.
– (1911), »Symbolik der Erwachens- und Schwellensymbolik überhaupt«, *idem 3*, 621–660.
Simmel, Ernst (1930), »Zum Problem von Zwang und Sucht«, Bericht über den 5. Allgemeinen Kongreß für Psychotherapie.

– (1944), »Self-Preservation and the Death Instinct«, *PQ 13*, 160–185.
Spitz, Rene A. (1946), »Anaclitic Depression«, *PSC 2*. Dt.: »Die anaklitische Depression«, in: *Erziehung in früher Kindheit*, Hrsg. G. Bittner u. E. Schmid-Cords, München, Piper 1968, 104–135.
Sterba, Richard F. (1946), »Dreams and Acting Out«, *PQ 15*, 175–179.
Stone, Leo (1947), »Transference Sleep in a Neurosis with Duodenal Ulcer«, *IJPA 28*, 18–32.
Waelder, Robert (1933), »The Psychoanalytic Theory of Play«, *PQ 2*, 208–224. Dt.: »Die psychoanalytische Theorie des Spieles«, *Zeitschrift für psychoanalytische Pädagogik 6* (1932), 184–194.
Warburg, Bettina (1938), »Suicide, Pregnancy, and Rebirth«, *PQ 7*, 490–506.
Winterstein, Hans (1932), *Schlaf und Traum*, Berlin, Springer.
Wittels, Fritz (1949), »The Spirit of Psychoanalysis«, *PR 36*, 240–254.
Zilboorg, Gregory (1931), »Depressive Reactions Related to Parenthood«, *American Journal of Psychiatry 10*.
– (1933), »Anxiety without Affect«, *PQ 2*, 48–67.
– (1933), »Manic-Depressive Psychosis«, in: *Psychoanalysis Today*, 2. Aufl., New York, International Universities Press 1944.
– (1935), »Zum Selbstmordproblem«, *IZP 21*, 100–102.
– (1936), »Differential Diagnostic Types of Suicide«, *Archives of Neurology and Psychiatry 35*.
– (1937), »Considerations on Suicide with Particular Reference to That of the Young«, *American Journal of Orthopsychiatry 7*.
– (1938), »The Sense of Immortality«, *PQ 7*, 171–199.
– (1941), *A History of Medical Psychology*, New York, Norton.

Namenregister

Kursiv gesetzte Seitenzahlen des Namen- und Sachregisters verweisen auf die Anmerkungen und das Nachwort des Übersetzers

Sachregister

Ausführliches Inhaltsverzeichnis